머신러닝 배웠으니 활용해 볼까요?

- 머신러닝의 시작부터 실제 적용 사례까지 -

루나파인북스

머신러닝 배웠으니 활용해 볼까요?

초판 1쇄 발행 2022년 7월 21일

지은이 | 강승우

발행인 | 권건우
편집자 | 심윤섭
디자인 | 최주은

발행처 루나파인북스   **출판신고** 2020-000056 호

주소 서울특별시 종로구 삼일대로 461 SK허브 101동 628호

홈페이지 www.lunapinebooks.com

© 루나파인북스 2022

ISBN 979-11-971199-9-6

※ 잘못된 책은 구입하신 곳에서 바꾸어드립니다.

서문

2018년 2월 가트너는 85%의 머신러닝 프로젝트는 실패할 것이고, 이런 추세는 2022년까지 지속될 것이라 예측했습니다.

가트너가 예측한 바와 같이 2022년 현재, 많은 머신러닝 프로젝트는 그 가능성을 보여주면서도 실제 업무에 성공적으로 사용되는 경우는 많지 않습니다.

실패의 원인은 다양하겠지만 업무에 머신러닝을 적용하는 적절한 안내서가 없는 것도 그 하나라 생각니다. 서점에서 찾을 수 있는 머신러닝 안내서는 머신러닝 기술 중심이 대부분입니다. 그리고 머신러닝 프로젝트 방법론에서도 일반적인 프로젝트 계획법을 얘기하는 관념적인 설명이 많습니다. 이것은 전체적인 개념을 집는 데 도움이 되지만, 마상 비즈니스 데이터가 주어졌을 경우 어떻게 시작해야 할지 막막하여 큰 도움이 안됩니다.

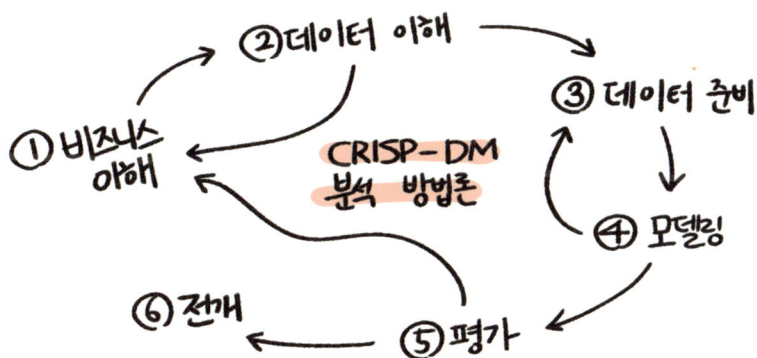

프로젝트 기획	데이터 준비	데이터 분석	시스템 구현	평가
목표 설정	데이터 정의	탐색적 분석	설계 및 구현	프로젝트 평가
업무 확인	데이터 저장소 설계	모델링	모델 배포	프로젝트 보고
프로젝트 계획	데이터 수집	모델 평가 및 검증	시스템 테스트	고도화 계획
	데이터 전처리	운영 방안 수립	시스템 운영	

   이 책에서는 필자가 진행한 몇 개의 머신러닝 프로젝트의 경험을 바탕으로 업무에 머신러닝을 도입했던 과정을 보여주고자 합니다. 그 과정에서 겪었던 어려웠던 점과 사용했던 해결 방안을 공유하고 도움이 되고 싶습니다. 기술적인 내용을 중심으로 절차적인 부분을 같이 담았습니다.
   업무에 머신러닝을 도입하는 방법은 다양할 것입니다. 그런데, 등산길도 다른 사람이 걸어간 길을 참고하여 따라가듯이, 업무에 실제 도입한 과정을 살펴보는 것은 여러분에게 도움이 되리라 생각 합니다. 그리고 그것을 바탕으로 더 나은 여러분만의 방법을 찾을 수 있을 것입니다.

   책은 4개의 장으로 구성했습니다.
   도입부에 해당하는 1장에서는 머신러닝 개념, 머신러닝의 종류 및 그 활용법에 대해서 설명합니다. 그리고 머신러닝에서 머신은 무엇을 배우고 어떻게 훈련하는지를 설명합니다.
   2장에서는 제가 수행했던 머신러닝 프로젝트를 소개합니다. 프로젝트 과정에서 겪었던 어려움과 이에 대한 대처법을 적었습니다. 사용했던 알고리즘과 데이터 처리 등 기술적인 내용 및 실무적 협의 과정을 살펴봅니다.
   3장에서는 머신러닝에 대한 다양한 주제에 대해 자유롭게 적었습니다. 뉴스와 책에서 접하는 소식에 대한 생각, 머신러닝을 공부하고 활용하면서 느꼈던 생각 그리고 사람들과의 대화 속에서 떠올렸던 상상들을 모았습니다.

마지막 4장에서는 개인적으로 데이터 분석에 관심을 갖게 된 계기와 머신러닝을 공부했던 과정을 돌아보며 필자의 생각을 적었습니다.

각 장은 독립적인 성격이어서 순차적으로 보실 필요는 없습니다. 관심사에 따라 자유롭게 앞과 뒤로 이동하면서 읽어도 무방합니다.

업무에 머신러닝 도입을 고민하시는 분들께 작으나마 도움이 되기를 바랍니다.

제 경험을 담은 이 책을 이처럼 짧은 시간에 구성할 수 있었던 것은 주변 분들의 도움이 있었기에 가능했습니다.

책의 디자인과 편집에 수고해주신 심윤섭님, 친근감 있는 삽화를 그려주신 최주은님, 꼼꼼하게 글을 읽고 검토해 주신 박소민님과 최범규님, 책의 내용을 쉽게 소개해 주신 김노은님, 김주현님, 백악님, 조다은님, 김민서님 그리고 책이 나오기까지 전체 과정을 조율하고 조언해 주신 허령님과 권건우님께 감사드립니다

끝으로 집필 작업으로 여행 중에도 여유를 갖지 못했던 시간을 묵묵히 기다려 준 아내와 딸에게 고마움을 전합니다.

추천사

   이 책은 다양한 사람들이 인공지능에 대해 알고 비즈니스 분야에서 활용하도록 돕기 위해 쓰였다. 전공자가 아닌 사람들과 과학 기술이 낯선 문과 학생들도 인공지능의 개념과 유형을 이해할 수 있다. 인공지능 분야의 최고 전문가가 현장에서 전한 따끈따끈한 이야기를 담고 있다.

   인공지능을 통한 문제 해결 경험에 그치지 않고 이것들을 책으로 엮었으니, 비로소 연구하고 개발하고 강의하고 책 쓰는 그의 땀이 결실을 맺은 것이다.

   특히 전문가의 관점에서 미디어가 제시하는 인공지능에 대한 여러 화두를 던지고 있어 인상 깊다. 독자들은 이 책을 통해 인공지능 업계를 선도하는 저자의 깊은 생각들을 엿볼 수 있을 것이다. AI의 객관성, 저작권, 편향, 그리고 딥러닝에 이르기까지 저자의 아이디어가 돋보이는 구성이 섬세하다. 저자는 이 책을 통해 현대 사회에서 인공지능이 어떻게 활용되고 있는가를 검토하고 인공지능이 나아가야 할 방향성을 제시한다. 머신러닝의 기초부터 실무까지 논해보고 그 비전을 공유하고 싶은 분들께 이 책이 도움이 되리라 기대한다. 두 번의 빙하기를 지난 인공지능이 꽃 피우는 데에 이 의 컨텐츠가 깊은 이해도와 새로운 시각을 선사할 것이다. 지금도 인공지능 기술은 보이지 않는 곳에서 활발히 쓰이고 있다. 그리고 이러한 쓰임은 갈수록 확대될 것이다.

   이제는 머신러닝을 마냥 어려워할 것이 아니라, 어떤 분야로든 인공지능을 접목하고 활용할 줄 아는 사람만이 시대의 요구에 발맞출 수 있을 것이다. 이 책을 통해 자신이 공부하고 일하는 부문에서 인공지능을 어떻게 적용할지 고민할 때, 그 자체로 새로운 기회가 될 것이다. 독자들도 이 책을 통해 미래의 기회를 잡아보기를 바란다.

- 김형래 (전) 한국오라클 대표

인공지능, 머신러닝 없이 비즈니스를 논하기 어려운 시대다. 그러다보니 상식 차원에서라도 머신러닝 관련한 책 한 권 정도는 사 둔다. 그러나 알아야 할 개념들은 많고 개념을 이해하더라도 실무에 적용해 본 경험이 없기 때문에 일반인들에게는 여전히 생생하게 와 닿지 않는 편치않은 주제들이다.

이 책은 머신러닝과 이와 관련한 개념들을 그림을 곁들인 친절하고 쉬운 설명으로 알려 준다. 머신러닝이 실제 문제 해결 과정에 어떻게 적용되는지 사례를 들어 설명하기 때문에 문과 출신의 나 같은 사람도 머신러닝이 쉽게 이해되고 활용해 볼 용기가 난다.

저자는 펜타, BEA시스템즈와 오라클을 거쳐 지금은 위데이터랩 인공지능연구소장을 맡고 있는 AI 기술의 현장 전문가다. 다양한 인공지능 프로젝트를 해 온 덕분에 그의 이야기는 현실적이고 실용적이다. 많은 사람들이 이 책을 읽고 머신러닝을 유용한 도구로 활용하여 실제 비즈니스에 적용하는 사례가 많이 나오기를 기대한다.

- 우미영 (전) 한국어도비 대표

국내에 머신러닝에 관한 수 많은 번역서가 출판되었고 머신러닝 알고리즘을 설명하는 서적도 많이 선 보였지만 실제 머신러닝 프로젝트 경험담을 녹여낸 서적은 아직까지 드문 편이다.

이번에 펴내는 강승우 부사장님의 머신러닝 책은 실제 머신러닝 프로젝트를 수행하면서 겪은 다양한 노하우를 책으로 펴냈다는 점에서 한국의 머신러닝 발전 역사에 한 획을 긋는 업적이라고 할 수 있다. 저자인 강승우 부사장님은 지난 30년간 턱시도, 웹로직 등 시스템 소프트웨어 분야에서 후배 엔지니어들로부터 구루로 존경받는 분이었다.

인공지능 시대를 맞이해서 강승우 부사장님께서 머신러닝이라는 새로운 분야에 천착하여 많은 프로젝트를 수행한 경험담을 이번에 책이라는 형태로 발표하게 되었다. 단순한 번역서가 아니라 저자의 프로젝트 경험을 녹여낸 성과이기에 머신러닝을 공부하는 분들에게 많은 도움이 될 것으로 확신한다.

- 권건우 위데이터랩 대표

목차

1장 머신러닝

머신러닝이란? ... 13
데이터 – 머신이 배우는 경험. 수치화(Digitalization)로 만든다. ... 15
인공지능, 머신러닝, 딥러닝 ... 18
머신러닝 유형 – 지도학습, 비지도학습, 강화학습 ... 24
머신러닝 유형별 수행 가능한 작업 ... 33
통계적 머신러닝과 딥러닝 ... 35
머신러닝 모델의 선택 ... 43
머신러닝에서 머신이 배우는 것 ... 47
머신러닝 모델의 평가 – 최적의 모델은 무엇인가? ... 48
데이터 전처리 ... 55
핏봇(Pivot) – 데이터 행과 열 구조 변경 ... 60
AutoML – 무엇을 얼마나 자동화 할까요? ... 64
머신러닝의 대상 선정 – 무엇을 목표로 훈련시킬까? ... 67

2장 머신러닝 사례

- AWS 사용자 이벤트 이상활동 감지 ... 75
  - 데이터와 머신러닝 모델 ... 75
  - 데이터 탐색 ... 78
  - 모델 유효성 테스트 ... 82
  - 머신러닝 훈련 대상 결정 ... 88
  - 훈련데이터 전처리 방안 ... 95
  - 훈련된 모델의 유효성 테스트 ... 100
  - 새로운 이벤트와 사용자에 대한 처리 ... 105
  - 대용량 데이터 처리 ... 106
  - 데이터 수집 툴과의 연동 ... 110
  - 운용 방안 ... 111
- 드론 이미지 판정 및 폭 자동 계산 ... 114
  - 이상 형태 판정 모델 훈련 ... 115
  - 균열의 길이와 폭 사동 계산 ... 125
  - 다중 균열의 분리 ... 129
- 웹 방화벽(WAF - Web Application Firewall) 로그 클러스터링 ... 137
  - 잘못된 탐지(False Positive) 줄이기 - 기존 논문 확인 ... 139
  - 데이터 탐색 ... 140
  - 오탐은 없다? 레이블이 없다. ... 144
  - 군집화(Clustering) 대상 필드(field) 결정 ... 146
  - 데이터 필드(field)의 수치화(벡터화 - Vectorizer) ... 147
  - 군집화 머신러닝 훈련 ... 154
- 책등(Book Spine) 인식 - 어떤 책이 몇 권일까? ... 163
  - 책등 분리하기 ... 164
  - 책등 인식 모델 테스트 1 - 광학적 문자 인식 (OCR) ... 165
  - 책등 인식 모델 테스트 2 - 딥러닝 (Deep Learning) ... 171

3장 AI와 생각들

AI는 객관적인가?   185
인공지능과 저작권 - 인공지능은 법적 권리를 가질 수 있을까?   191
잠재공간(Latent Space)   195
편향(Bias)   203
딥러닝의 3가지 미스터리
Ensemble, Knowledge-Distillation, Self-Distillation   208
설명가능한 AI (XAI - eXplainable AI)   215
딥러닝(Deep Learning)의 연결   220
딥러닝의 연결 모양   222
빅 모델 (Big Model) - 파라미터가 많은 모델이 더 똑똑한가?   230
머신러닝은 신기하고 특이한 것이 아니다 - 머신러닝은 담담하다.   235
AI 로봇의 실패와 도전   239
데이터 드리프트(Drift) - 어떻게 데이터가 변하니?   243

4장 머신러닝 학습과정을 돌아보며 새로운 지식 익히기

머신러닝 관심 갖기   249
머신러닝 공부 하기   251
도구(Tool)에 익숙해지기   254
새로운 것 시작하기   257
모든 것은 힘쓰는데 달렸다. - 조선 최고의 독서왕 김득신   259
머신러닝에 대한 전망   262

01
머신러닝

1장 머신 러닝

머신러닝에 대한 기본 개념과 역사를 짧게 소개 드립니다. 머신러닝에서 '배운다'라는 것이 무엇인지, 배우는 방법은 어떤 것인지를 얘기 드립니다. 그리고, 머신러닝을 활용할 수 있는 분야도 생각해 봅니다.

머신러닝이란?

'머신러닝(Machine Learning)'은 1959년 아서 사무엘이 처음으로 정의한 용어입니다. IBM에서 근무하던 그는 '체커(Checker)' 게임을 하는 인공지능을 개발했습니다. 그에 대한 논문 '체커 게임을 이용한 머신러닝 연구(Some Studies in Machine Learning Using the Game of Checker)'에서 머신러닝 이라는 용어를 사용했습니다.

그는 머신러닝을 "기계가 일일이 코드로 명시하지 않은 동작을 데이터로부터 학습하여 실행할 수 있도록 하는 알고리즘을 개발하는 연구 분야"라고 정의하였습니다.
현재 위키피디아에서는 머신러닝을 다음과 같이 정의하고 있습니다.

"기계 학습(機械學習) 또는 머신 러닝(영어: machine learning)은 경험을 통해 자동으로 개선하는 컴퓨터 알고리즘의 연구이다.[1] 인공지능의 한 분야로 간주된다. 컴퓨터가 학습할 수 있도록 하는 알고리즘과 기술을 개발하는 분야이다."

여기서 중요한 단어는 '경험'과 '개선'일 것 같습니다. '경험'은 머신러닝에 사용되는 데이터(Data)에 대응되고, '개선'은 성능(Performance)이 나아지도록 훈련하는 것을 의미합니다.

그런데, 머신러닝에 대한 가장 명확하게 정의내린 사람은 카네기 멜론 대학의 톰 미첼(Tom Mitchell) 교수입니다.

그는 머신러닝을 작업(Task), 성능(Performance), 경험(Experience)으로 다음과 정의합니다.

"컴퓨터 프로그램이 특징 작업에 대해 경험 E를 통해 측정되는 성능 P를 개선한다면 이는 학습한다라고 할 수 있다. (A computer program is said to learn from experience E with respect to some class of tasks T and performance measure P, if its performance at tasks in T, as measured by P, improves with experience E.)"

컴퓨터의 입장에서 경험(Experience)은 축적된 데이터(Data)를 말합니다.

위에서 살펴본 정의를 통해 정리해 보자면 "주어진 작업에 대해 그 동안의 데이터를 통해 개선할 방법을 찾는 것"을 머신러닝이라 할 수 있습니다.

데이터 - 머신이 배우는 경험. 수치화(Digitalization)로 만든다.

"잴 수 있는 것은 재고, 잴 수 없는 것은 잴 수 있도록 만들어라(Measure what can be measured, and make measurable what cannot be measured) "

르네상스 시대의 서양 과학의 역사를 연 철학적 근간이 된 갈릴레오의 말입니다. 수치화가 된 자연 현상과 사회적 현상은 과학적 접근이 가능합니다.

과학적 접근의 기초 ➔ 수치화

셀 수 있는 모든 것을 세고, 잴 수 있는 모든 것을 재어라.
그리고 잴 수 없는 것은 잴 수 있게 만들어라

- 갈릴레오

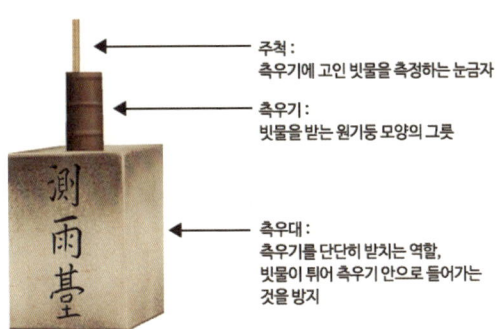

예를 들어 유럽보다 200여년 앞서 조선시대에 발명된 측우기는 강우량을 수치화하여 농경사회의 기반인 작물의 수확량을 예측할 수 있게 만들었습니다. 이를 기반으로 조세행정의 과학화를 가져왔습니다.

현상에 대해 과학적 접근을 시도하는 머신러닝은 이런 '수치화'에 기반합니다. 수치화된 데이터는 컴퓨터 계산이 가능합니다. 그리고 컴퓨터는 계산을 통해 수치 속에 숨어있는 관계를 살핍니다. 수치화된 데이터 간의 연관성 파악이 일반적인 머신러닝의 목표입니다.

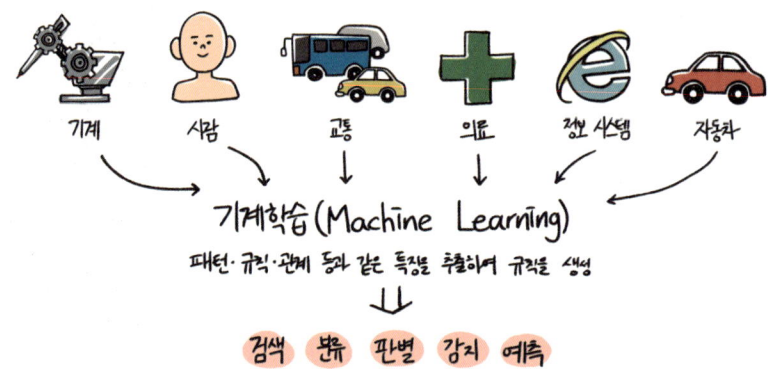

수치화의 대상은 앞서 예를 든 강수량과 같은 자연현상, 자동차나 공장의 기계 등의 센서 정보, 의료 정보 등 전통적으로 측정되는 것을 넘어서 최근에는 사람의 감정과 같은 부분도 포함되고 있습니다.

예를 들어, 대표적인 스트리밍 기업인 넷플릭스는 개인의 영화, 드라마에 대한 선호도를 수치화하여 정교한 추천시스템을 만들었습니다. 이를 바탕으로 무수히 많은 컨텐츠 중에서 각 개인이 즐길 수 있는 영화나 드라마를 추천해주고 있습니다. 이러한 추천 시스템은 넷플릭스의 핵심 자산으로 평가되고 있습니다. ("Recommendation algorithms are at the core of the Netflix product.")

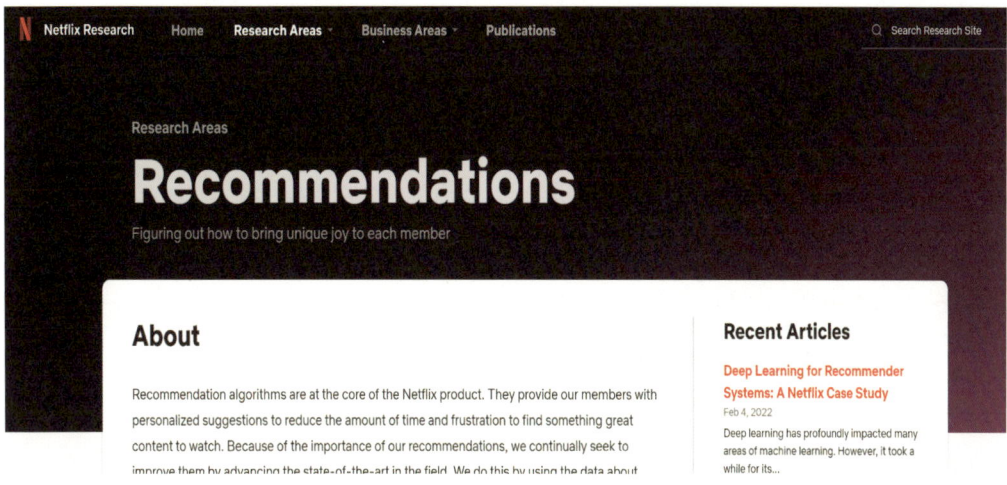

자연 현상, 센서 데이터, 사회 문화 시스템 그리고 우리 자신까지 우리 주변의 모든 것에 대한 수치화(디지탈화-Digitalization)가 진행되고 있습니다. 수치화된 데이터는 머신이 받아들일 수 있는 경험이 되어 인공지능의 영역 확장을 이끌고 있습니다.

〈 디지털 세상의 중심 머신 러닝 〉

인공지능, 머신러닝, 딥러닝

2016년 프로기사 이세돌과 구글의 자회사인 딥마인드(Deep Mind)에서 딥러닝(Deep Learning) 기술 기반으로 훈련시킨 '알파고(AlphaGo)'의 대국이 있었습니다. 프로기사와 인공지능 간의 역사적인 대국은 서울 한복판인 광화문 옆 포시즌즈 호텔에서 진행되었습니다. 대결 전 제 친구들을 포함한 많은 사람들은 프로기사의 승리를 당연시했습니다. 첫 번째 대결에서 알파고가 이겼을 때에서 남은 대결에서 프로기사의 역전을 전망하는 이도 많았습니다. 그러나, 최종 대결 결과는 1202개의 중앙처리장치(CPU - Central Processing Unit)와 176개의 그래픽 처리 장치(GPU - Graphic Processing Unit)으로 무장한 알파고가 5번의 대국에서 4번을 승리했습니다. 이는 전세계에 큰 충격을 주며 머신러닝 기술이 이루어놓은 성취를 알리는 계기가 되었습니다.

딥러닝 기술에 기반한 알파고가 가져온 충격으로 머신러닝에 익숙하지 않은 이들에게는 '딥러닝(Deep Learning)'은 인공지능 대명사가 되었습니다. 그런데, 인공지능은 보다 포괄적인 용어로 1950년대 후반부터 2번의 위기를 거치면서 발전한 모든 기술을 포괄하는 용어입니다.

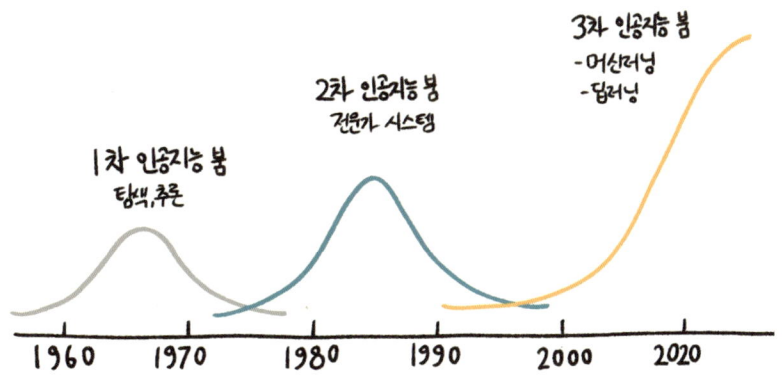

1960년대 1차 인공지능 붐을 이끈 기술은 수치화된 데이터에서 가능한 방법을 찾아가는 탐색과 추론 기반이었습니다. 앞서 소개한 체커 게임을 수행하는 인공지능은 체커판 위의 말이 움직일 수 있는 방법 중에서 가장 유리한 방법을 탐색하는 기술을 사용했습니다. 추론기반 인공지능 방법의 대표적인 사례로는 원반을 다른 타워로 옮기는 하노이탑 문제가 있습니다.

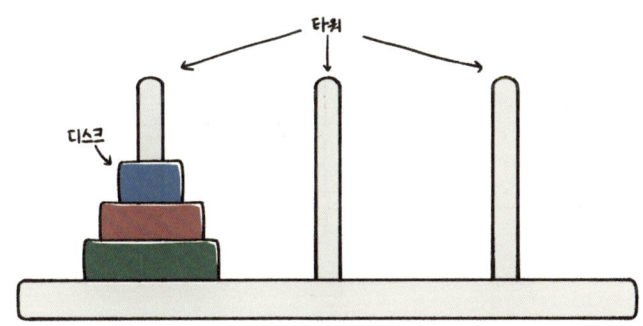

많은 기대를 모았던 당시 추론과 탐색 기반 인공지능 기술은 현실의 복잡한 문제를 해결하지 못하고 서서히 사람들의 관심에서 멀어졌습니다.

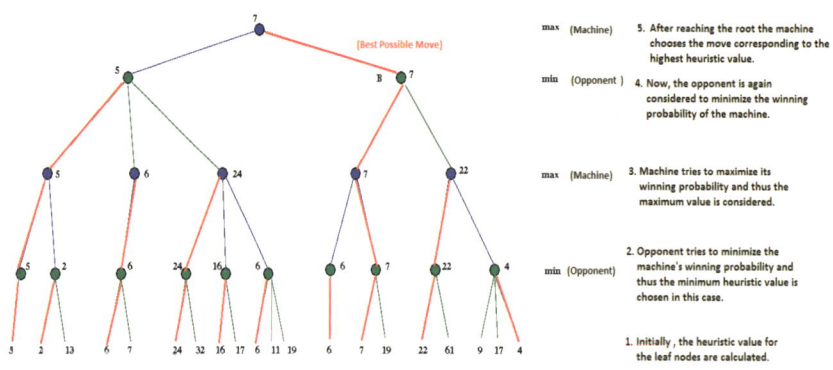

1980년대 '전문가 시스템(expert system)'이라고 불리우는 새로운 방법이 도입되면서 인공지능 기술은 다시 한번 관심을 끌게 됩니다. 전문가 시스템은 특정 영역의 전문가가 갖고 있는 지식을 컴퓨터에 심고자 하는 시도입니다. 전문가가 가지고 있는 지식을 컴퓨터가 이해할 수 있는 기호로 변환시켜서 컴퓨터 내에 '지식 창고(Knowledge base)'를 만들어 놓고 해당 지식에 대한 일반인들의 요구에 답하게 하는 방식입니다.

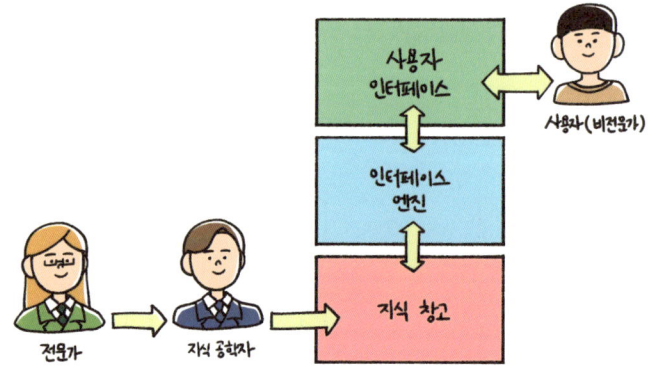

법률, 의료 등 특정 영역의 전문가 시스템을 구축하기 위한 시도가 많았습니다. 그러나 방대한 지식을 수집하기가 어려웠습니다. 그리고 수집한 지식을 컴퓨터가 이해하는 방식으로 정리하는 데에도 많은 비용이 소요됩니다. 또한 시스템이 유효성을 유지하기 위해 새로운 지식을 지속적으로 입력하는 관리에 많은 노력이 필요합니다.

Category	Problem addressed	Examples
Interpretation	Inferring situation descriptions from sensor data	Hearsay (speech recognition), PROSPECTOR
Prediction	Inferring likely consequences of given situations	Preterm Birth Risk Assessment[59]
Diagnosis	Inferring system malfunctions from observables	CADUCEUS, MYCIN, PUFF, Mistral,[60] Eydenet,[61] Kaleidos[62]
Design	Configuring objects under constraints	Dendral, Mortgage Loan Advisor, R1 (DEC VAX Configuration), SID (DEC VAX 9000 CPU)
Planning	Designing actions	Mission Planning for Autonomous Underwater Vehicle[63]
Monitoring	Comparing observations to plan vulnerabilities	REACTOR[64]
Debugging	Providing incremental solutions for complex problems	SAINT, MATHLAB, MACSYMA
Repair	Executing a plan to administer a prescribed remedy	Toxic Spill Crisis Management
Instruction	Diagnosing, assessing, and correcting student behaviour	SMH.PAL,[65] Intelligent Clinical Training,[66] STEAMER[67]
Control	Interpreting, predicting, repairing, and monitoring system behaviors	Real Time Process Control,[68] Space Shuttle Mission Control,[69] Smart Autoclave Cure of Composites[70]

〈 시도된 다양한 전문가 시스템 〉

이러한 어려움으로 인공지능 기술은 성공하지 못하고 다시 한번 관심을 잃었습니다.

두번의 시련으로 뒤로 물러나 있던 인공지능 기술은 1990년에 인터넷(Internet)의 발전과 함께 떠오른 '빅데이터(Big Data)'라는 용어와 함께 돌아옵니다. 대중화된 인터넷으로 빅데이터라고 불리우는 커다란 데이터를 생산하게 됩니다. 그리고 그 커다란 데이터를 통계적으로 분석하는 '머신러닝(Machine Learning)' 기술이 발전하게 됩니다. 2000년대에 데이터를 시각화하여 정보를 얻고, 랜덤 포레스트(Random Forest), 선형회귀(Linear Regression) 등의 모델을 사용하여 분류(Classification), 예측(Prediction) 등에 적용하여 점진적인 성공을 보여주기 시작했습니다.

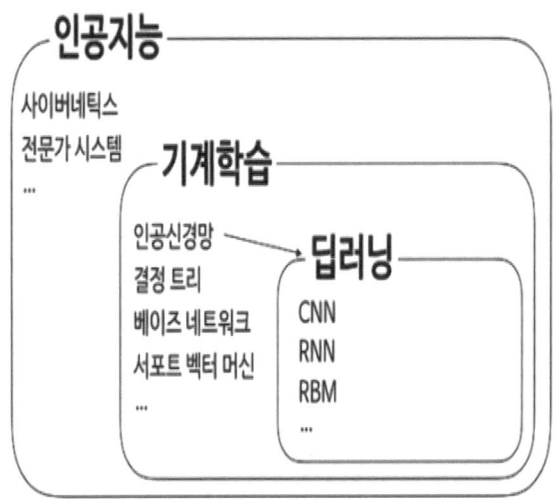

이런 성공 속에서도 데이터를 머신러닝에 사용하기 위해서는 어려움이 있었습니다. 대표적으로 머신러닝에서 훈련할 데이터를 사람이 지정해 주어야합니다. 머신러닝에 사용할 항목을 찾고 추출하는 이 과정을 '피처 엔지니어링(feature engineering)'이라고 부릅니다. 수집된 데이터는 이 과정을 통해 머신러닝에 효율적인 형태로 변형되고 추가적인 정보가 더해집니다. 성공적인 통계적 머신러닝을 위한 핵심적인 일이고 많은 시간이 소요됩니다.

예를 들어 머신이 고양이를 인식하도록 훈련시키려면 어떤 특징(feature)를 살펴보라고 해야 할까요? 눈 두개, 코 하나에 꼬리가 있으면 고양이라고 판단하면 될까요?
 이 정도 정보로는 고양이과 개를 구별할 수 없을 겁니다. 이런 어려움으로 사물을 인식하는 일은 머신러닝이 다루기 어려운 일이었습니다.

그런데 2010년부터 크게 발전한 '딥러닝(Deep Learning)' 기술은 이러한 불편을 없앴습니다. 기존의 머신러닝의 통계적 접근법에서 벗어나서 필요한 특성(feature)이 훈련과정에서 드러나도록 신경망을 구성합니다. 즉, 딥러닝 모델 속에 특성 추출과 결과 예측이 같이 담기게 됩니다.

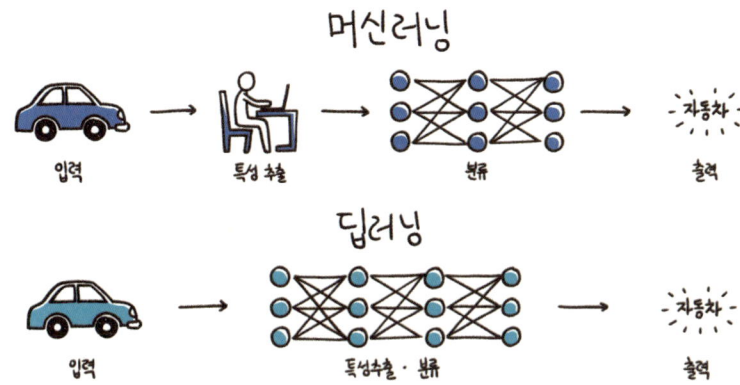

이러한 접근법으로 머신러닝을 기존 통계적 머신러닝으로 다루어지던 제한적인 영역에서 꺼내 다양한 영역으로 확장 적용할 수 있도록 했습니다. 그 결과 단순한 사물의 분류(Classification)나 회귀(Regression) 문제를 넘어서 의료 진단, 그림이나 음악을 생성하고 창작의 영역까지도 도전하고 있습니다.

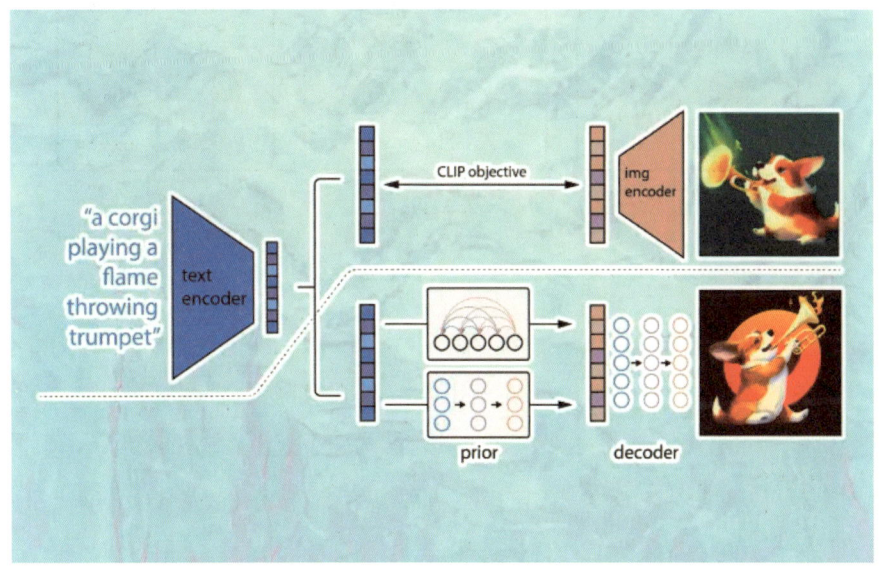

〈 말하는 대로 그림을 그리는 인공지능 DALL-E 2 〉

정리하자면 인공지능은 1960년 이래로 머신이 배울 수 있도록 시도한 모든 기술을 포함합니다. 이에는 전문가 시스템과 통계적 머신러닝과 딥러닝 기술도 포함됩니다. 그리고, 머신러닝의 범주에는 1990년대에 빅데이터와 함께 시작되어 2000년대에 발전을 이룬 통계적 머신러닝과 그 이후의 딥러닝 기술이 포함됩니다. 그리고, 딥러닝은 신경망(Neural Network) 기술을 사용하는 머신러닝의 한 분야로 2010년 대부터 크게 발전하여 현재 인공지능 분야를 이끌고 있습니다.

머신러닝 유형 – 지도학습, 비지도학습, 강화학습

머신러닝의 훈련 방식은 크게 아래의 지도학습, 비지도학습, 강화학습의 3가지로 나뉘어 집니다.

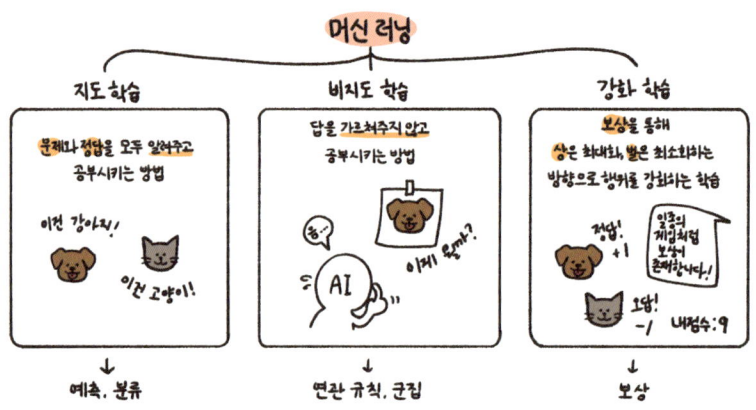

지도학습(Supervised Learning)은 입력 데이터 뿐 아니라 출력 데이터가 준비되어 있을 경우에 가능합니다. 이미지 분류 문제를 예로 들어보면, 이 사진은 코끼리이고, 이 사진은 기린이라는 것과 같은 표시가 되어 있는 데이터를 가지고 있을 경우를 말합니다. 이런 데이터를 가지고 있으면 머신에게 사진을 입력으로 주고 맞춰보라고 할 수 있습니다. 그리고 맞추면 (매개변수를 그 방향으로 조금 바꾸는) 칭찬을 하고 틀리면 (매개 변수를 반대 방향으로 조금 바꾸는) 벌칙을 가함으로써 훈련을 시킵니다. 이 과정을 통해 주어진 문제에 대한 답을 찾아가는 훈련을 하게 됩니다. 그런데, 이렇게 답이 표시되어 있는 학습 데이터는 많지 않습니다.

아래 그림은 손으로 쓴 숫자 이미지에 레이블을 달아놓은 MNIST(Modified National Institute of Standards and Technology) 데이터 셋입니다. 각각의 이미지가 어떤 숫자인지를 나타내는 레이블을 붙여 놓았습니다

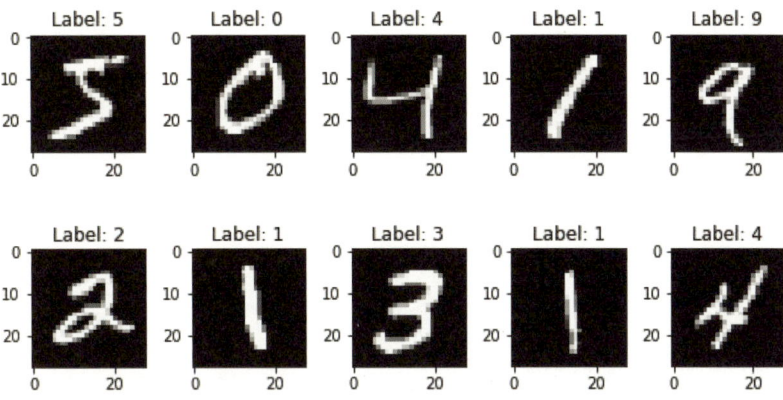

이런 데이터를 훈련시키면 편지봉투의 우편번호를 읽고 자동으로 분류해주는 시스템을 만들 수 있습니다. 아래의 사진은 미국 우편 서비스에서 사용하는 우편물 자동 분류 시스템입니다.

데이터에 표시해 둔 답을 '레이블(label)'이라고 부르고, 답을 표시하는 작업을 '레이블링(label-ing)'이라고 합니다. 미국 등 머신러닝 분야에서 앞서 가는 나라에 비해서 답이 잘 정리된 국내 데이터는 많이 부족한 형편입니다. 훈련에 필요한 데이터는 인공지능/머신러닝이 주도하는 4차 산업혁명의 기반이 됩니다. 이에 그 격차를 해소하고자 정부에서도 '인공지능 학습용 데이터 구축' 사업을 진행하고 있습니다. 그 결과물을 AI 허브 웹 사이트에서 무료로 공개하고 있습니다.

〈AI 허브 웹 사이트〉

이와 대비되게 비지도 학습(Unsupervised Learning)은 입력데이터는 존재하지만 답에 해당되는 지정된 출력 데이터가 없는 경우에 시도하는 머신러닝 방법입니다. 훈련에서 맞출 답이 없기 때문에 훈련의 결과가 옳고 그름이 될 수 없습니다. 비지도 학습의 목표는 일반적으로 입력 데이터 간의 비슷한 정도를 파악하여 비슷한 것끼리 모으는 군집(Clustering)화 입니다.

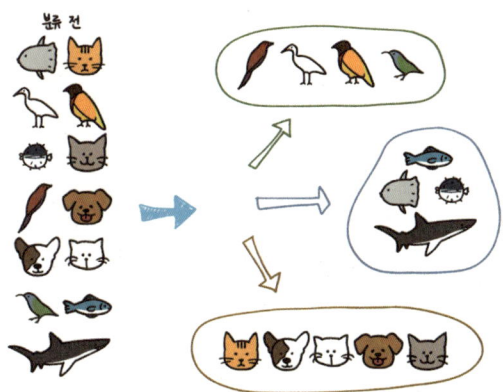

비슷한 정도를 수치화하는 비지도학습의 특성은 '이상징후감지 (anomaly detection)'에 활용할 수 있습니다. 아래의 그림에서 데이터가 모여 있는 중앙에서 멀리 떨어져 있는 점은 뭔가 이상한 데이터로 예측할 수 있습니다.

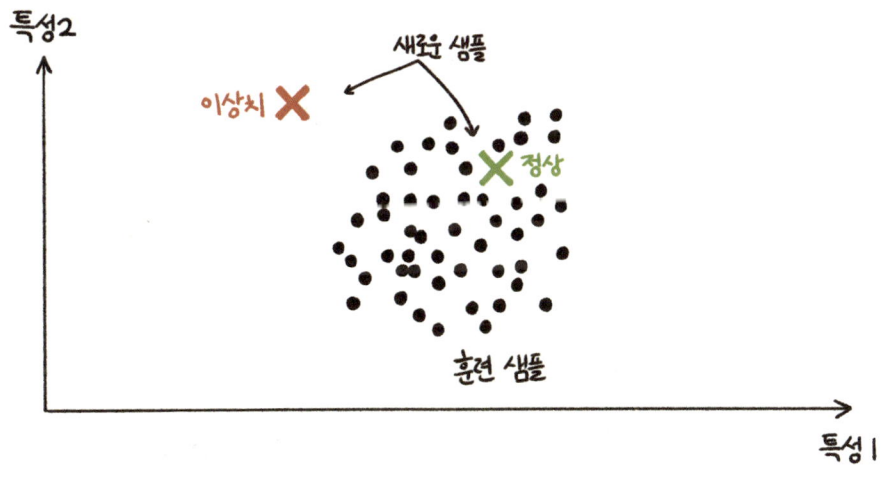

강화학습(Reinforcement Learning)은 배움이 대상이 되는 '행위자(에이전트- agent)'와 행위자의 행동에 반응하여 가르침을 주는 '환경(environment)' 간의 상호작용으로 행위자가 목표를 잘 달성할 수 있는 방법을 찾게 하는 머신러닝 방법입니다. 환경은 행위자 행동이 목표를 달성하지 못하면 (다른 방향으로 행동하도록) 벌칙을 주고, 목표를 달성하면 (그 방향으로 행동하도록) 보상을 줍니다. 행위자가 정해진 목표를 잘 달성할 수 있을 때까지 계속적인 시행착오 (trial and error)를 수행합니다.

1

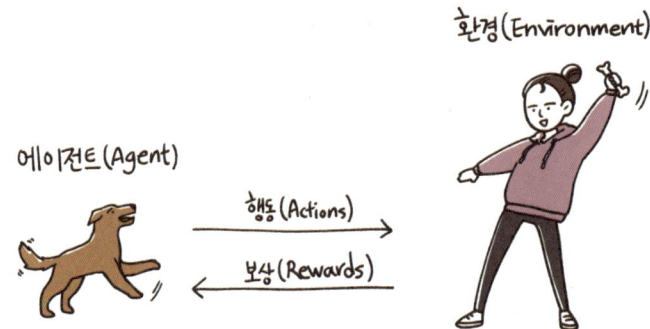

　강아지가 주인의 말에 잘 따를 수 있도록 훈련을 시키는 과정과 비슷하다고 생각하시면 됩니다. 강아지를 훈련시킬 때에 보상은 간식이 될 수도 있고, 주인의 따뜻한 손길이 될 수도 있을 겁니다. 그러면 강화학습에서 훈련 대상이 되는 행위자인 머신에 대한 보상과 벌칙은 무엇일까요? 그것은 '숫자'입니다.
　아래의 간단한 강화학습의 예를 살펴볼까요?

　행위자인 로봇은 가로 4칸, 세로 3칸의 판에 있습니다. 로봇은 상하좌우로 움직일 수 있습니다. 그리고 다이아몬드를 찾으러 갑니다. 가는 길에는 뜨거운 불이 있는 곳도 있고, 기둥이 막고 있는 장소도 있습니다. 로봇은 여러 번의 시도를 합니다. 만일 로봇이 뜨거운 불이 있는 곳에 닿으면 한번의 시도는 멈추게 되고 '-1'이라는 벌칙을 받습니다. 그리고, 다이아몬드를 찾으면 '1'이라는 보상과 함께 한번의 시도가 끝납니다.
　이렇게 받은 보상은 행위자인 해당 시도에 대한 로봇의 행동 패턴을 긍정적 혹은 부정적으로 바꿉니다. 이를 통해 점진적으로 로봇은 다이아몬드로 갈 확률을 높여갑니다.

머신러닝 배웠으니 활용해 볼까요?

2016년 프로바둑선수 이세돌을 이긴 알파고는 강화학습을 통해 바둑을 배웠습니다

초기 알파고는 많은 사람이 둔 바둑 기보를 초기 데이터로 사용하여 바둑을 시작했습니다. 그 후 기술의 발전을 통해 기보를 참조하지 않고 두 개의 머신 행위자가 서로 대국을 하면서 배워나가는 방식을 사용하게 되었습니다. 2020년 바둑, 체스, 일본 장기, 그리고 57종의 아타리 게임에서도 인간을 넘어섰습니다.

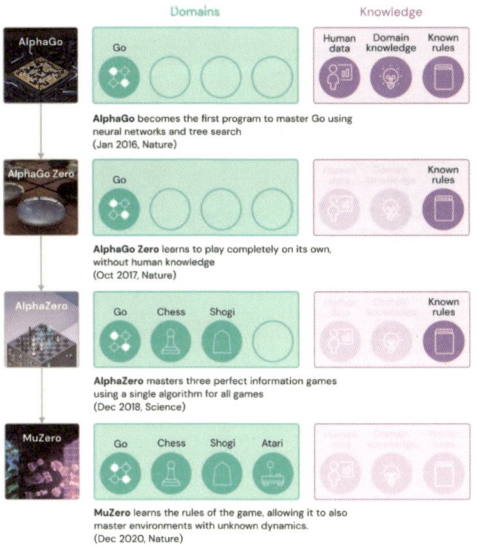

이와 같은 강화학습을 통해 자동차가 지정된 주차공간에 주차할 수 있도록 훈련시킬 수도 있습니다. 센서를 통해 들어오는 데이터를 입력으로 여러 번의 시도를 거쳐 차가 안전하게 정해진 영역으로 이동하는 방법을 배울 수 있습니다.

이렇게 보면 강화학습은 세상의 모든 문제를 해결할 수 있을 것처럼 들립니다. 그러나 현실은 그렇게 녹녹하지 않습니다. 강화학습을 적용하는 데에는 많은 제약이 따릅니다. 강화학습 특성상 수많은 시도가 필요하기 때문입니다.

예를 들어 강화학습으로 10명을 태운 우주선이 잘 발사되어 달까지 갈 수 있도록 훈련시킨다고 생각해 보시죠. 첫번째 시도는 분명히 실패할 것입니다. 훈련이 되지 않은 강화학습 모델이 우주선을 제대로 조정할 수는 없을 테니까요. 그러면 첫 우주선에 탄 10명의 탑승자는 어떻게 될까요? 우주선은 손상없이 재사용할 수 있을까요? 그리고, 그 후에 이어질 수많은 시도에는 얼마나 많은 인적 물적 비용이 필요할까요?

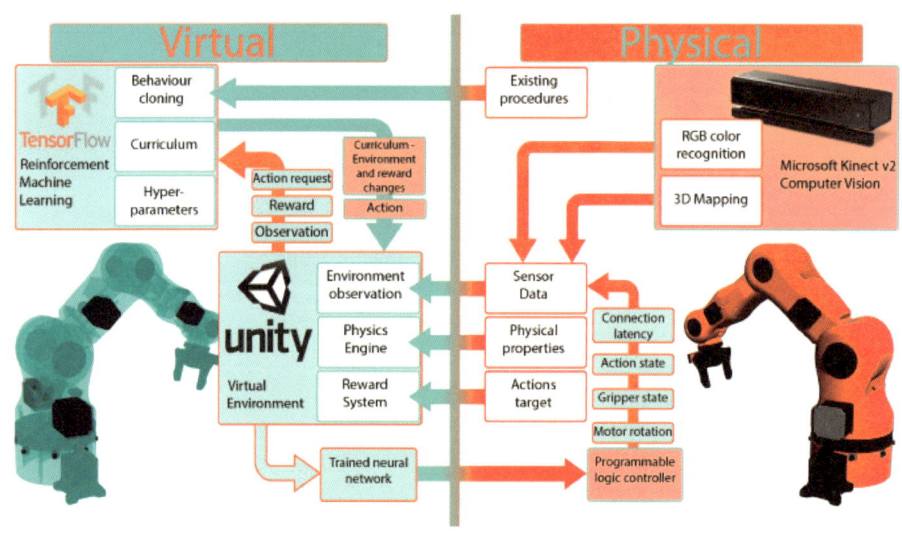

〈 디지털 트윈을 이용한 강화 학습 〉

그러나 상황이 마냥 비관적이지는 않습니다. 만일 현실세계를 컴퓨터 상의 가상세계(Cyberspace)에 구현해 놓을 수 있다면 가상환경에서의 시도는 비용이 거의 들지 않을 것입니다. 또한 다음 시도를 위한 준비 시간도 오래 걸리지 않을 것입니다. 이렇게 사이버 세계에 만들어진 현실의 복제판을 '디지털 트윈(Digital Twin)'이라고 부릅니다.

물론 복잡한 현실 세계의 사물의 특징을 뽑아내서 사이버 공간에서 쌍둥이(twin)를 만들기란 쉽지 않은 작업입니다. 그렇다고 불가능해 보이지도 않습니다. 현실 세계의 사물의 특징을 하나하나 사이버 공간에 꾸준히 이식한다면 언젠가는 가능해 보입니다.

딥러닝 기술이 머신러닝의 특징(feature) 자동으로 생성해주듯이 디지털 트윈을 만들기 위한 특성을 자동으로 만들어주는 기술을 생각해봅니다. 최근 인공지능 연구에서는 이러한 시도도 시작되는 것으로 보입니다. "디지털 트윈을 만들기 위한 신경망 모델링(Neural Network Modeling as a Method for Creating Digital Twins)"이라는 논문 제목에서 가상 사물들이 사이버 공간에 자동으로 생성되는 모습을 상상합니다.

준지도 학습 (Semi-Supervised Learning)

  준지도학습은 레이블이 표시된 데이터와 표시되지 않은 데이터를 모두 사용하여 훈련시키는 것을 의미합니다. 그 절차를 아래의 그림에서 살펴보겠습니다.

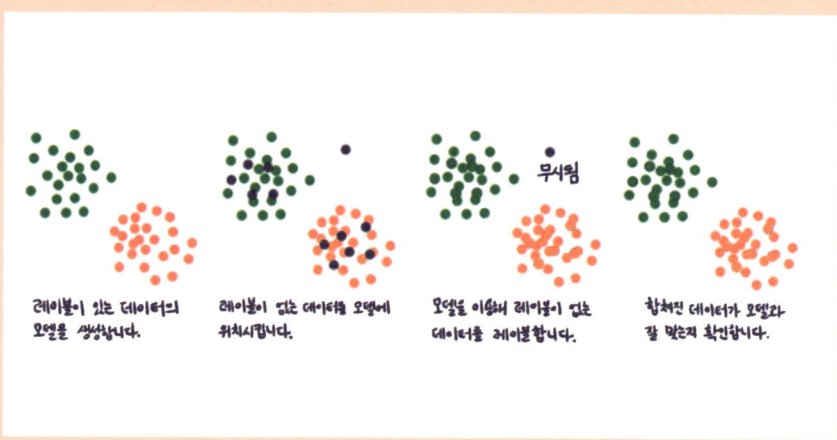

  레이블이 없는 데이터와 레이블이 있는 데이터를 비지도학습을 통해 군집화(Clustering)합니다. 그리고, 레이블이 있는 데이터가 각 레이블끼리 군집이 잘 만들어지는 지를 확인합니다. 거기에 레이블이 되지 않은 데이터를 같이 군집화합니다. 그리고 그 결과를 확인하여 해당 데이터에 가까운 레이블로 레이블링합니다. 이제 전체 데이터를 이용하여 훈련을 시킵니다.

  즉, 군집화(Clustering)라는 비지도 학습을 이용하여 빠르게 레이블링 작업을 마쳤습니다. 이는 레이블링된 데이터가 작을 경우에 유용한 기술입니다.

머신러닝 유형별 수행 가능한 작업

앞에서 간략하게 언급했는데 3가지 머신러닝 유형은 수행가능한 작업에도 차이가 있습니다.

예를 들어 레이블(답)이 없는 데이터로 훈련시키는 비지도학습으로는 '답을 맞추는' 분류(classification)나 회귀(regression) 작업을 수행할 수는 없을 것입니다. 이런 작업은 지도학습의 영역입니다.

비지도 학습이 할 수 있는 대표적인 작업은 비슷한 것끼리 모으는 '군집(Clustering)'입니다. 그리고, 비지도 학습이 처리하는 대표적인 작업은 다소 생소하게 들릴 수 있는 '차원 축소(Dimensional Reduction)' 입니다. 이는 데이터 압축과 비슷하다고 이해하시면됩니다. 현실의 데이터의 특성(feature)이 때때로 매우 많아집니다.

그런데 머신러닝 모델은 특성이 많아지면 훈련에 어려움이 있습니다. 중요도가 낮은 특성을 제거하면 좋은 훈련 결과를 보입니다. 비지도 학습 기술을 적용하면 적은 수의 중요도가 높은 특성을 골라낼 수 있습니다. 이러한 작업을 차원축소라 부릅니다.

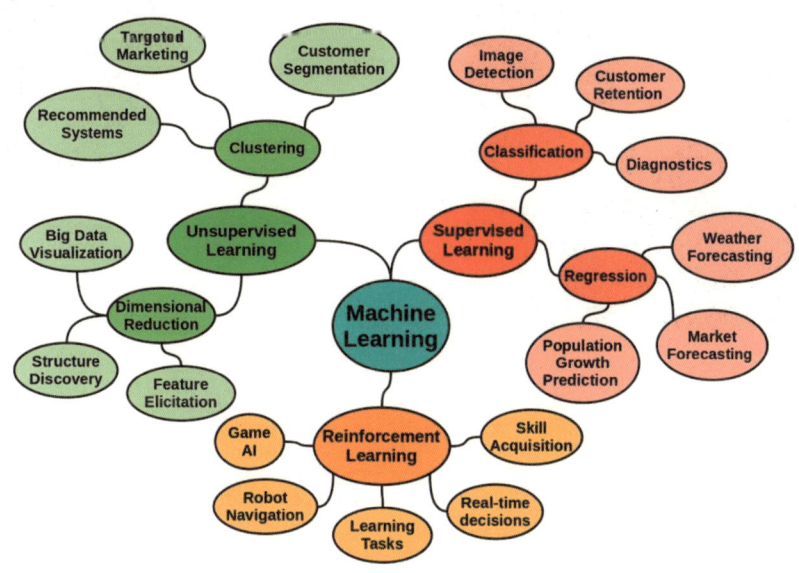

끝으로 많은 시도를 거쳐 답을 찾아가는 강화학습(Reinforcement Learning)은 로봇과 같은 사물의 제어나 게임에서 이기는 법을 찾는 작업을 수행할 수 있습니다.

그런데 현실에서 위의 세가지 머신러닝 방법의 활용도는 어떻게 될까요?

컨볼루션 신경망(CNN - Convolution Neural Network)의 창시자로 알려진 얀 르쿤(Yann LeCun)은 다음과 같이 비유했습니다.

"(인공)지능을 케이크에 비유한다면, 대부분의 케이크는 비지도 학습, 케이크 위의 장식은 지도 학습, 케이크 위의 체리는 강화 학습입니다. (If intelligence is a cake, the bulk of the cake is unsupervised learning, the icing on the cake is supervised learning, and the cherry on the cake is reinforcement learning (RL)) "

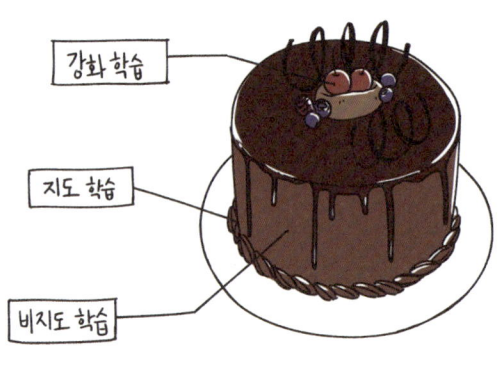

즉, 현실에서는 시행착오(trial-and error) 방식으로 배워 나갈 수 있는 환경은 극히 드물고, 또한 레이블이 붙어있는 데이터도 많지 않습니다. 대부분의 실제 머신러닝의 대상이 되는 데이터는 비지도학습으로 접근할 수 밖에 없습니다. 현실 데이터를 기반으로 한 비지도 학습의 다양한 응용 방법을 연구할 필요가 있습니다.

통계적 머신러닝과 딥러닝

최근 많은 관심을 받는 딥러닝은 이전까지의 머신러닝 기술로는 해결할 수 없었던 많은 일을 해결해 나가고 있습니다. 특히나 사진에서 객체를 찾아내는 객체 탐지나 음성을 듣고 문자로 기록하는 음성 인식 (STT – Sound To Text)등 비정형 데이터(Unstructured Data)를 처리하는 영역에서는 독보적인 결과를 보여주고 있습니다. 이는 딥러닝의 '활성화 함수(Activation Function)'가 갖는 비선형적(Non-Linear) 특징에서 비롯된 것이라 생각합니다. 일반적으로 이미지와 음성과 같은 비정형 데이터는 비선형성을 갖습니다. 활성화 함수의 추가로 얻어진 신경망의 비선형성은 이에 대응하기 좋은 모델을 만들 수 있습니다.

〈 딥러닝에 의한 객체 인식 〉

> **선형(Linear)과 비선형(Non-Linear)**
>
> 때때로 생각 없이 사용하던 용어에 대한 질문을 받게 되면 당황스럽습니다. 너무 익숙해서 그 용어에 대한 설명이 쉽게 떠올리지 못하기 때문입니다. '선형(Linear)'에 대해 설명해 달라는 요청을 받았을 때도 그랬습니다. 용어 자체에서 너무 당연하게 그려지는 개념을 설명해 달라고 하니 의아했습니다. 그런데 잠깐 생각하니 번역에 문제가 있다는 것을 알게 되었습니다.
>
> 먼저 위키피디아에 있는 '선형성(Linearity)'에 대한 설명을 살펴보겠습니다.

"선형성은 그림에서 직선처럼 표현될 수 있는 수학적 관계(함수)의 특성이다.(Linearity is the property of a mathematical relationship (function) that can be graphically represented as a straight line.)"

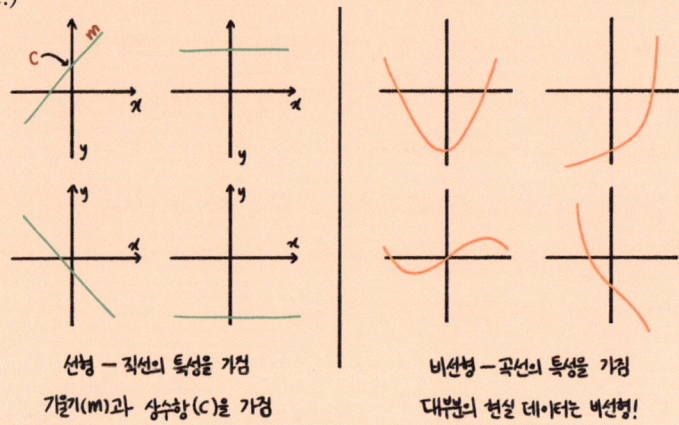

즉, 선형은 굽어진 곡선이 아닌 '직선형'을 의미합니다. 아래의 그림에서 왼쪽은 선형이고 오른쪽은 비선형입니다
.참고로 선형 관계는 아무리 층을 많이 쌓아도 하나의 선형 관계로 압축이 됩니다.
아래의 간단한 연결 관계를 살펴 볼까요.

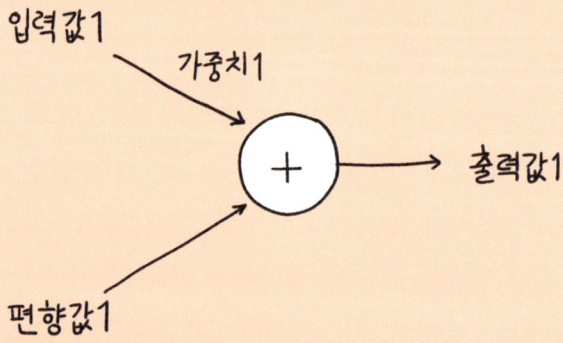

간단한 신경망(neural network)처럼 보이는 위의 관계를 수식으로 구성하면 다음과 같은 선형식이 됩니다. 아래에서 (가중치1)과 (편향값1)은 변하지 않는 상수(constant) 입니다.

식 1 : (출력값1) = (가중치1) x (입력값1) + (편향값1)

이 관계에서 딥러닝 신경망에서 층을 쌓아 올리는 것처럼 1개의 층을 더 쌓아 보겠습니다.

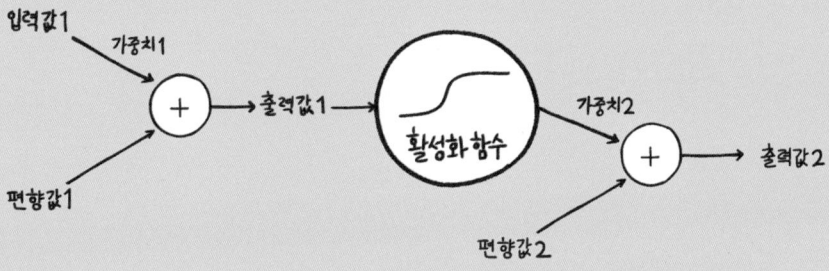

추가된 연결의 수식은 다시 다음과 같은 선형식이 됩니다. (가중치2)와 (편향값2)도 역시나 상수입니다.

식 2 : (출력값2) = (가중치2) x (출력값1) + (편향값2)

이제 2개의 선형식을 연결해 보겠습니다.
(출력값2) = (가중치2) x [(가중치1) x (입력값1) + (편향값1)] + (편향값2)
= (가중치2) x (가중치1) x (입력값1) + [(가중치2) x (편향값1) + (편향값2)]

이제 2개의 선형식을 연결해 보겠습니다.
(출력값2) = (가중치2) x [(가중치1) x (입력값1) + (편향값1)] + (편향값2)
= (가중치2) x (가중치1) x (입력값1) + [(가중치2) x (편향값1) + (편향값2)]

여기서 (가중치2)x(가중치1) 은 상수와 상수의 곱이므로 상수입니다. 그리고 [(가중치2) x (편향값1) + (편향값2)] 도 상수가 됩니다., 이 두 값을 각각 (가중치3)과 (편향값3)이라고 부르면 위의 수식은 아래와 같이 정리됩니다.

(출력값2) = (가중치3) x (입력값1) + (편향값3)

즉, (입력값1)과 (출력값2)는 선형관계가 됩니다. 선형관계인 층은 아무리 쌓아도 그냥 하나의 선형관계 층으로 변환 가능합니다. 이래서는 층을 깊게 쌓는 의미가 없습니다.

이를 피하기 위해서 딥러닝에서는 아래와 같이 층과 층 사이에 활성화 함수(Activation Function)이라는 비선형 함수를 둡니다.

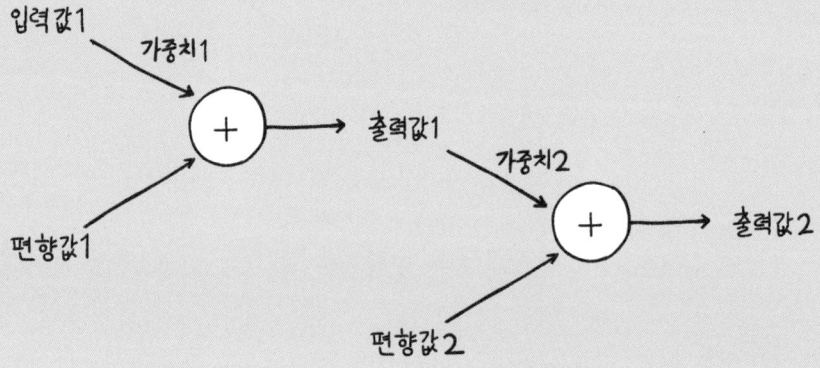

이렇게 추가된 비선형 함수 때문에 딥러닝에서 추가되는 층은 하나의 층으로 대체되지 않습니다. 결과적으로 딥러닝 모델에서는 층이 하나씩 추가될 때마다 복잡하게 비선형으로 연관되는 입력과 출력 사이의 관계를 표현할 수 있게 됩니다.

딥러닝의 활성화 함수

딥러닝의 기본이 되는 신경망(Neural Network)에 대한 연구는 1950년대부터 시작되었습니다. 그러나 신경망 연구가 성과를 거두기 시작한 것은 2012년입니다. 이러한 신경망의 성과는 '활성화 함수(Activation Function)'의 도입 이후에 이룬 쾌거입니다.

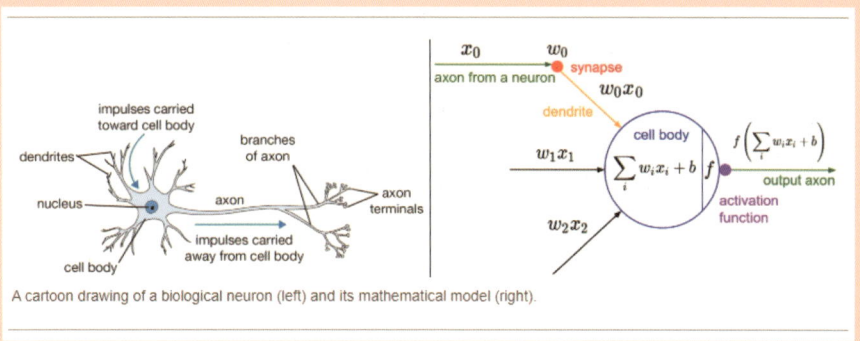

활성화 함수는 신경망에 비선형적 특성을 부여합니다. 생물의 신경 연결에 비유하자면 '역치(threshold value)'에 해당됩니다. 역치는 '생물이 반응을 일으키는 최소하는 자극의 세기'를 의미합니다. 역치를 넘어서기 전까지는 생물은 이루는 세포는 반응하지 않습니다. 역치를 넘어서는 자극이 왔을 때 세포는 반응합니다.

위의 그림 오른쪽은 신경 세포에 대한 수학적 표현으로 딥러닝 신경망을 구성하는 최소 단위입니다. 데이터가 유입되는 왼쪽에서 결과를 출력하는 오른쪽 중간 동그라미 내에 'f'로 표시되는 것이 활성화 함수 입니다. 역치를 동작을 수학적으로 모방한 여러가지 활성화 함수가 존재합니다. 대표적으로는 S 자 모양을 닮은 시스모이드(sigmoid)와 음의 값을 없애는 ReLU 등이 있습니다.

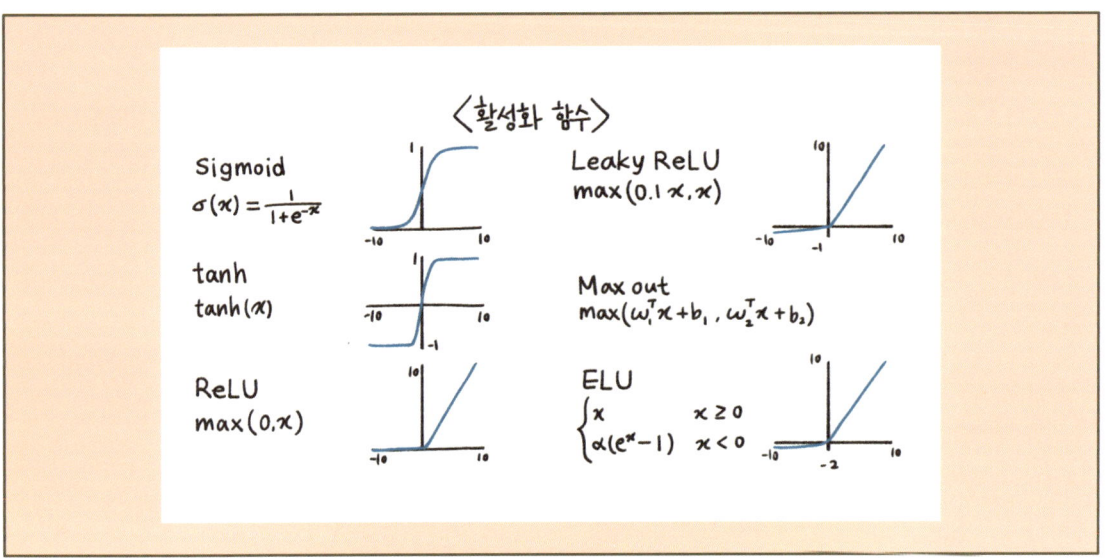

현실 세계의 비선형성에 대응하면 많은 문제를 풀어내고 있는 딥러닝은 모든 문제를 해결하는 만능 재주꾼인 것은 아닙니다. 문제의 유형에 따라서는 딥러닝이 처리하기 어려운 문제가 존재합니다.

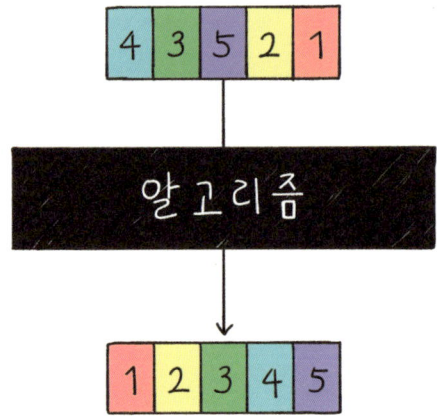

대표적인 예가 숫자를 정렬하는 '소팅(sorting)' 문제일 것 같습니다. 딥러닝은 많은 입력과 출력 사이의 비선형적인 관계를 귀납적으로 찾는 머신러닝 모델입니다. 귀납적 접근으로는 숫자를 정렬하는 알고리즘을 찾아내기는 어렵습니다. 이와 같은 추론의 영역은 딥러닝이 다루기 어렵습니다.

딥러닝이 처리하기 힘든 또 하나는 '비지도 학습(Unsupervised Learning)'입니다. 출력이 없는 딥러닝 모델은 상상하기 어렵습니다. 따라서, 딥러닝 만으로는 비지도학습의 영역인 군집화(Clustering)를 구현하기 어렵습니다.

그런데, 딥러닝에서 비지도 학습과 비슷한 역할을 하는 모델이 있습니다. '오토인코더(AutoEn-coder)'가 그렇습니다. 오토인코더는 입력값을 그대로 출력값으로 사용하여 훈련시킵니다.

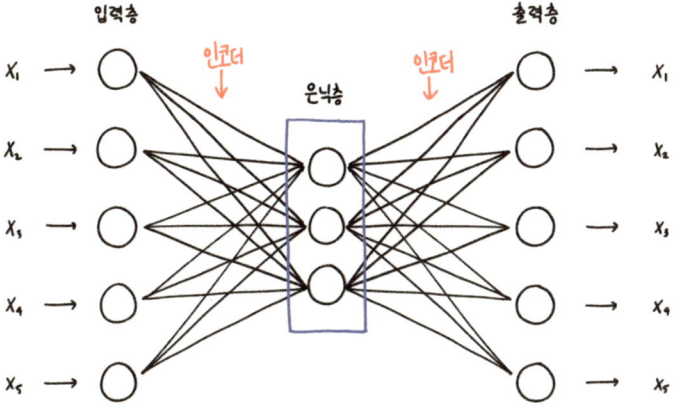

출력값에 의해 훈련이 되기 때문에 훈련은 지도학습과 비슷한 형식을 취합니다. 그러나 입력값을 그대로 출력값으로 사용하기 때문에 별도의 레이블이 필요 없습니다. 그러면 오토인코더 모델은 지도학습일까요? 비지도학습일까요?

비지도학습에 포함시키는 경우가 많은 것 같습니다. 그러나, 훈련의 방식은 분명히 지도학습의 형태를 가집니다. 오토 인코더를 별도로 '자기 지도학습(self-supervised learning)'으로 분류하기도 합니다. 별도의 레이블 없이 문장의 단어를 입력과 출력으로 하여 훈련 시키는 Word2Vec 모델도 여기에 해당 됩니다.

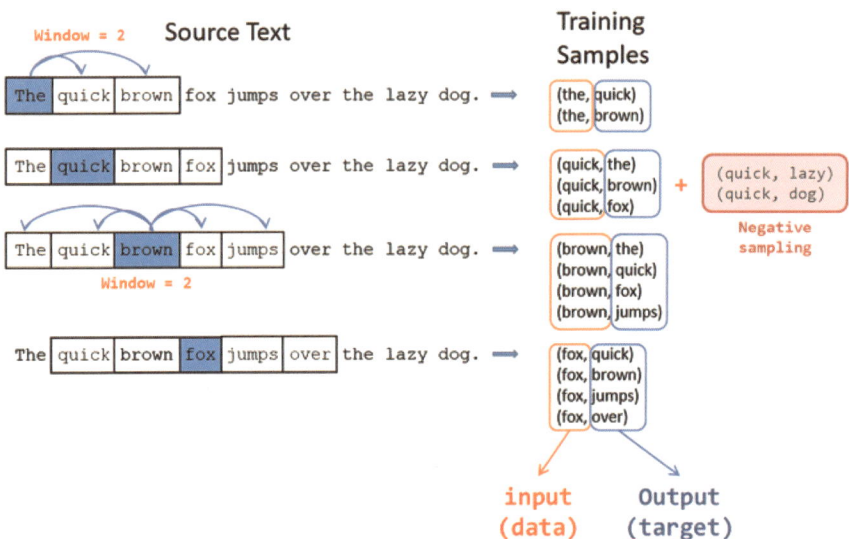

오토인코더는 비지도학습의 영역인 차원 축소(Dimension Reduction)에 사용할 수 있습니다. 그러나, 직접적으로 군집(Clustering) 기능을 제공하지는 않습니다. 오토인코더로 벡터화된 데이터를 통계적 머신러닝의 군집화 기법을 사용하여 군집을 합니다.

이와 같이 최근 많은 영역에서 대단한 성공을 거두고 있는 딥러닝도 비지도학습의 클러스터링 영역과 논리적 알고리즘으로 접근하는 영역을 다루기는 어렵습니다.

딥러닝 vs 머신러닝

요소	딥러닝	머신러닝
데이터 양	많은 데이터	적은 데이터도 가능
정확도	높은 정확도	상대적으로 낮음
훈련 시간	오래 걸림	상대적으로 짧음
하드웨어	GPU가 좋음	CPU로 훈련
하이퍼 파라미터 튜닝	다양한 방법 (뉴런수, 층 수, 활성화함수 등)	한정된 튜닝

〈딥러닝과 머신러닝 비교〉

그리고, 실제 업무에서는 아직도 통계적 머신러닝을 적용하는 곳이 많습니다. 이유를 생각해보면 딥러닝은 상대적으로 더 많은 데이터를 필요로 합니다. 그리고, 훈련에 더 많은 시간과 GPU와 같은 자원을 필요로 합니다. 그런데 무엇보다도 딥러닝 모델에서 나오는 예측 결과가 어떤 이유에서 나왔는지를 확인하기 어렵다는 점이 문제일 듯 합니다. 이를 설명가능성이라고 하고 최근에는 설명 가능한 AI(XAI - eXplainable AI)에 대한 연구도 많은 관심을 끌고 있습니다.

딥러닝에 비해 통계적 머신러닝에 사용되는 수학적 모델은 많은 경우 선형적 성질을 바탕으로 합니다. 대표적으로 선형 회귀(Linear Regression)은 데이터 분포에 가장 가까운 직선을 찾는 모델입니다.

그리고, 서포트 벡터 머신(SVM-Support Vector Machine)은 두 그룹을 가장 잘 나누는 직선(혹은 평면)을 찾는 모델입니다. 기본적으로 선형 수학을 바탕으로 비선형성을 다루기 위한 방법을 추가해 나갑니다. 태생부터 비선형성을 추구하는 딥러닝과 차이를 보입니다. 이러한 차이로 통계적 머신러닝은 정형화된 데이터(Structured Data)를 필요로 합니다. 음성이나 사진 등을 통계적 머신러닝으로 처리하고자 한다면 그 특징(feature)을 사람이 찾아서 정형화하는 과정이 필요합니다.

대표적인 통계적 머신러닝 알고리즘

Linear Regression	Logistic Regression	Decision Tree
SVM	KNN	Dimensionality Reduction
Random Forest	K-means	Naive Bayes

또 다른 차이를 보자면 통계적 머신러닝의 경우, 많은 경우에 데이터의 분포 모양을 확인하고 모델을 선택합니다. 선형 회귀는 입력에 대해 출력이 하나의 직선 주위에 모여 있을 때 사용됩니다. k-Means 클러스터링은 데이터의 그룹이 원형으로 모여 있을 때에 사용합니다. 데이터 분포에 가정으로 선택된 모델은 최적화의 여지가 많지 않습니다. 그러나 딥러닝에서는 최적화를 위해 레이어 간의 연결과 뉴론의 개수 등 다양한 변화를 시도할 수 있습니다.

머신러닝 모델의 선택

다양한 형태의 머신러닝 모델에 대해서 듣고 나면 자연스럽게 다음과 같은 의문을 갖게 됩니다. "내가 하고자 하는 업무에는 어떤 머신러닝 모델을 사용해야 되나요?"

이에 대한 답을 찾기 위해 먼저 각 머신러닝 모델에 대한 지금까지 얘기를 아래와 같이 정리해 봤습니다.

1. 레이블이 있는 데이터는 지도학습(Supervised Learning)을 사용할 수 있습니다.
    여기에는 분류(Classification)와 회귀(Regression)가 해당됩니다.
2. 레이블이 없는 데이터는 비지도학습(Unsupervised Learning)만 가능합니다.
    군집(Clustering)과 차원 축소(Dimension Reduction)가 있습니다.
3. 일부만 레이블이 있는 데이터는 준지도 학습이 가능합니다.
4. 비정형 데이터 처리는 딥러닝이 강점을 가집니다.
5. 정형 데이터의 경우는 다음과 같은 이유로 통계적 머신러닝이 많이 쓰입니다.
    상대적으로 적은 양의 데이터로 훈련 가능
    훈련에 필요한 시간과 자원이 작음
    (상대적으로) 예측된 결과에 대한 설명이 쉬움
6. 다양한 시도를 통해 배워 나가는 작업은 강화학습의 영역입니다.

정형 데이터	행과 열을 갖는 표준 데이터베이스와 같이 관계형 스키마로 구성된 데이터로 간단한 질의문을 통해 원하는 정보를 획득해 활용 ex) 데이터베이스, 스프레드 시트 등
반정형 데이터	고정된 스키마를 갖지 않는 정형 데이터로 데이터에 레코드 및 필드와 같은 구조를 갖기 위해 태그나 인덱스 등을 포함 ex) 시스템 로그, 센서 데이터, HTML 등
비정형 데이터	구조화 되지 않은 임의의 형식 ex) 이미지, 동영상, 이메일, 문서 등

〈정형, 반정형, 비정형 데이터〉

위의 기준을 가지면 머신러닝 모델 선택의 감을 가지실 수 있으리라 생각합니다. 그런데, 머신러닝 모델을 하나만 사용할 필요는 없습니다. 다양한 모델을 시험해보고 제일 나은 결과를 보이는 모델을 선택하시면 됩니다. 그리고, 몇 개의 모델을 섞어서 사용하실 수도 있습니다. 이를 '앙상블(Ensemble)' 이라고 부릅니다. 앙상블된 모델은 일반적으로 개개의 모델보다 더 나은 성능을 보입니다.

1

앙상블(Ensemble)

2006년 10월 넷플릭스(Netflix)는 그 핵심자산인 추천 엔진(Recommendation Engine) 성능을 향상하기 위한 대회를 개최합니다. 넷플릭스가 가진 데이터를 바탕으로 당시 넷플릭스 추천 엔진보다 10% 이상의 성능을 보이는 머신러닝 모델이 목표였습니다.

이를 달성하면 백만불($1,000,000)의 상금을 준다는 것이었습니다.

이렇게 시작된 대회는 머신러닝을 연구하는 사람들이 관심을 가졌습니다. 그리고 팀을 만들어 대회에 참가했습니다. 그리고, 2007년과 2008년을 거치면서 몇몇 팀들은 성능이 향상된 모델을 선보이기 시작했습니다. 그러나 목표인 10%에는 도달하지 못하고 8% 대에 머무르며 한계를 보이고 있었습니다.

그런데 2009년 10%를 넘어서는 팀이 나오기 시작합니다. 기존 한계를 넘어선 비밀은 여러 가지 머신러닝 모델을 연합한 '앙상블(Ensemble)' 모델 이었습니다. 그리고 2009년 9월 우승팀이 결정되고 백만불의 상금을 받게 됩니다.

머신러닝 배웠으니 활용해 볼까요?

앙상블 모델은 여러 개의 머신러닝 모델의 예측 결과에서 다수의 선택을 채택하는 방식입니다.

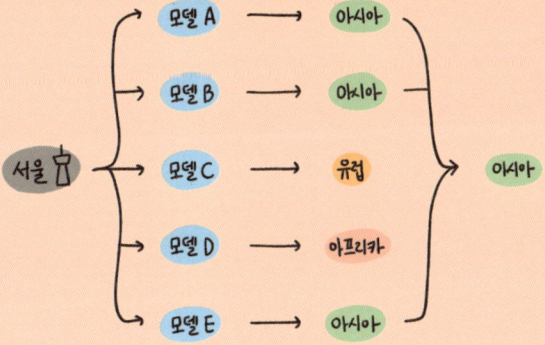

위의 그림에는 특정 도시가 어느 대륙에 속하는지를 판단하는 5개의 모델이 있습니다. 5개의 모델에 서울이 어느 대륙에 속하는지를 묻습니다. 3개의 모델이 아시아(Asia)라는 답을 내어 다수를 차지했습니다. 즉, '앙상블(Ensemble)'된 모델의 예측은 아시아 입니다.

머신러닝에서 머신이 배우는 것

머신러닝은 "기계(machine)가 배운다(learning)"는 의미입니다. 그러면 기계가 배우게 되는 것은 무엇일까요?

아래의 그림은 가장 간단한 머신러닝 모델인 선형회귀(Linear Regression)를 나타냅니다.

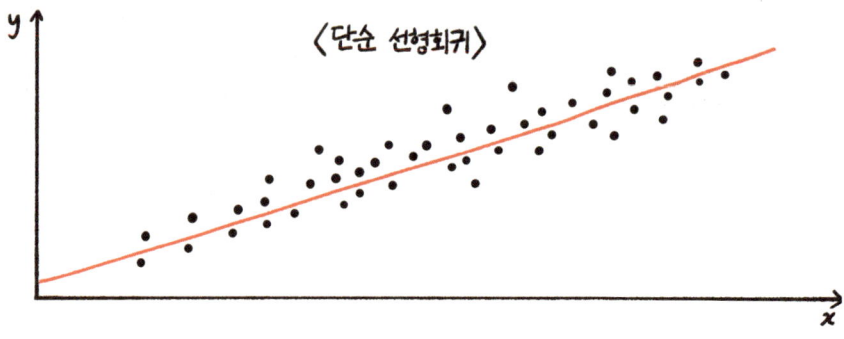

선형 회귀에 대한 수식은 다음과 같은 일차 방정식으로 표현됩니다.

$$Y(예측) = m*x(입력) + b \ (\ 중간의 \ '*' \ 는 \ 곱하기를 \ 나타냅니다. \ )$$

이는 입력 데이터 x에 대한 예측 결과 Y를 출력하는 모델입니다. 모델에서 정해지지 않은 것은 기울기에 해당되는 m과 더해지는 상수 b 입니다. 이 두가지 값을 주어진 데이터에서 배우게 됩니다.

그런데, 데이터의 분포는 완벽한 직선을 보이지는 않습니다. 일반적으로 현실의 데이터는 머신러닝 모델이 설명하기 어려운 다양한 변수가 있기 때문입니다. 머신러닝에서는 주어진 데이터의 분포를 가장 가깝게 설명할 수 있는 모델을 만듭니다.

위의 그림에서는 주어진 점들의 중간을 관통하는 직선을 구하는 것이 머신러닝의 목표입니다. 즉, 머신은 데이터를 통해 직선의 기울기 m과 상수 b와 같은 파라미터(parameter - 매개변수)를 배우게 됩니다. 배우게 되는 매개변수는 사용하는 모델에 따라 다소 차이가 있습니다.

신경망(Neural Network)으로 구성된 딥러닝에서도 머신이 배우는 것은 파라미터입니다. 아래 그림은 신경망의 기본 단위인 뉴론(neuron - 신경세포)의 수학적 모형입니다.

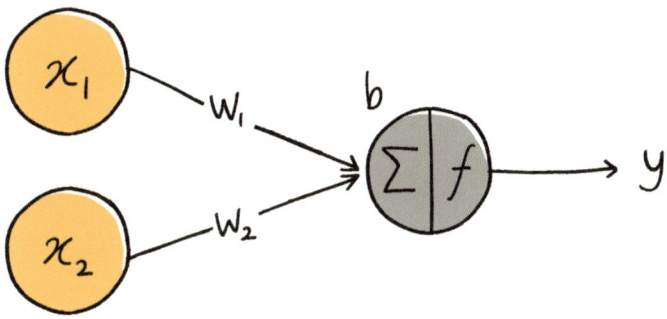

'f'로 표현된 활성화 함수(Activation Function) 빼면 앞서 살펴본 선형회귀 모델과 비슷합니다. 출력값 y는 두개의 입력 x1, x2에 가중치 w1, w2를 곱한 값과 편향 b의 합이 활성화함수를 통과하면서 결정됩니다. 머신러닝 훈련 과정에서 주어진 입력(x1, x2)에 대해 가장 가까운 출력(y)이 나올 수 있게 만들어주는 w1, w2 그리고 b를 결정됩니다. 즉, 머신은 파라미터(parameter)를 배웁니다.

그런데 모델에 따라서는 모델의 특성을 결정하는 '하이퍼 파라미터(Hyper-Parameter)'를 가집니다. 이는 훈련되어지는 파라미터가 아닙니다. 훈련 이전에 사람이 결정해 주어야 하며, 이 값에 따라서 머신러닝의 성능이 달라지게 됩니다.

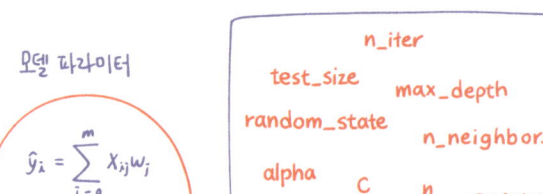

딥러닝 모델의 뉴론의 개수, 학습률(learning rate), 그리고 k-최근접 이웃(kNN -k Nearest Neighor)의 참고할 주변 데이터를 나타내는 n-neighbors 등이 있습니다. 머신러닝 모델의 최적화 과정에서 다양한 히이퍼 파라미터를 테스트하여 가장 높은 성능을 보이는 값을 찾습니다.

머신러닝 모델의 평가 - 최적의 모델은 무엇인가?

머신러닝 모델의 성능은 어떻게 측정할까요? 어떤 머신러닝 모델이 좋은 모델일까요?

이에 대한 대답은 모델이 수행하는 작업이 무엇이냐에 따라 달라집니다. 아래의 그림은 대표적인 머신러닝 작업에 대한 평가 지표를 보여줍니다.

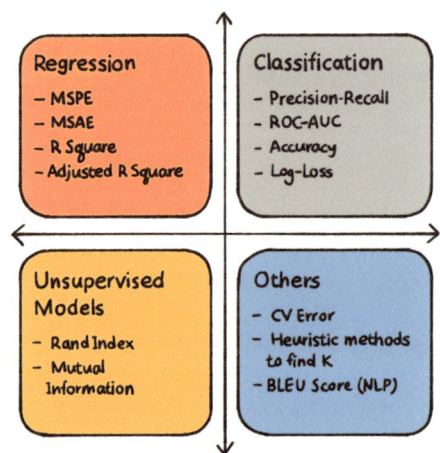

이중에서 가장 일반적인 작업인 분류(Classification)과 회귀(Regression)에 대해서 모델을 평가하는 방법을 살펴보겠습니다.

먼저 주식 가격이나 사용 전력량과 같이 숫자값을 예측하는 회귀(Regress)에 대한 평가지표를 생각해볼까요? 당연하게도 숫자값을 예측하는 경우에는 예측한 숫자값과 실제 값이 얼마나 차이가 있는지를 평가해야 할 것입니다. 이를 수식으로 적어보면 다음과 같을 것입니다.

(평가 점수) = 주어진 데이터에 대해서 (실제값) − (예측값)의 합

실제값과 예측값의 차이가 작을 수로 좋은 모델이 될 것입니다. 그런데, 여기에는 문제가 있습니다. 주어진 데이터에 대해서 모델이 예측하는 값은 실제 값에 비해 큰 경우도 있고, 작은 경우도 있을 것입니다. 두 값의 차는 음수가 되는 경우도 있고, 양수가 되는 경우도 생깁니다. 두 가지 경우는 서로 상쇄되는 효과가 생겨서 올바른 평가가 되지 않습니다. 이를 방지하기 위해 차이를 항상 양수로 만들기 위해 다음과 같이 절대값 혹은 차이를 제곱한 값의 합을 사용합니다.

평균 절대 오차(MAE -Mean Absolute Error) : $MAE = \frac{1}{N}\sum_{i=1}^{N}|y_i - \hat{y}|$

평균 제곱 오차(MSE − Mean Square Error) : $MSE = \frac{1}{N}\sum_{i=1}^{N}(y_i - \hat{y})^2$

그러면 분류(Classification) 작업에 대한 평가는 어떻게 하면 좋을까요?

분류에 대한 평가를 생각해보면 얼마나 잘 분류했는지를 정확도를 측정하면 될 것이라 단순히 생각할 수 있습니다. 이때마다 제가 예로 드는 것은 카드 부정사용 판정 사례입니다.

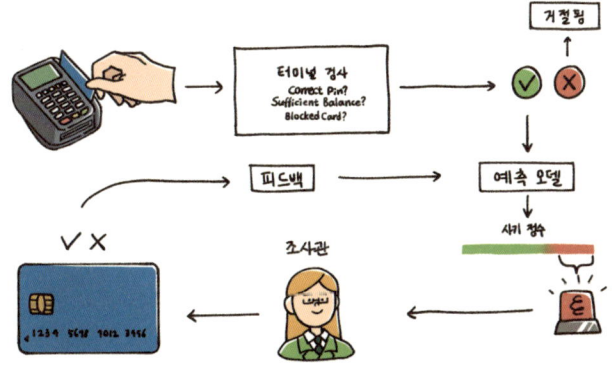

신용카드 거래는 정상 사용이거나 부정 사용입니다. 신용카드사에 쌓여 있는 거래 데이터로 훈련시킨 머신러닝 모델이 85% 정확도를 보인다면 이 모델에 대한 여러분의 평가는 어떻습니까? 나쁘지 않아 보이기도 합니다.

그런데, 저는 카드 거래에 대한 판정을 99% 정도의 정확도를 맞출 수 있습니다. 사기를 판정하는 특별한 능력이 있거나 마술을 부리는 것이 아닙니다. 비결은 데이터의 불균형성에 있습니다. 생각해보면 카드거래의 대부분은 정상 거래일 것입니다. 일반적으로 99% 이상의 거래가 정상거래입니다.

따라서, 제가 모든 거래에 대해서 '정상'이라고 판정한다면 저는 99% 이상의 정상거래를 정확히 맞추는 것입니다. 정확도가 99% 이상이 되는 것입니다.

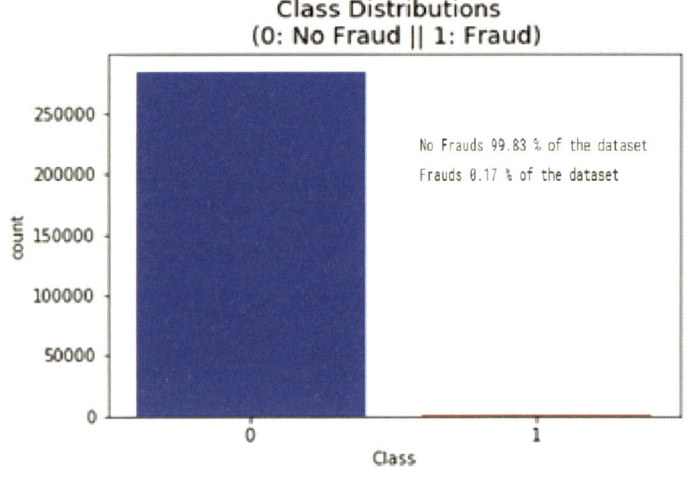

위의 그래프는 캐글(Kaggle)에 게시된 어느 유럽 카드사의 거래 정보입니다. 99.83%의 데이터가 정상 거래입니다. 단지 0.17%의 거래 데이터 만이 부정 사용입니다. 이렇게 심하게 불균형한 데이터를 다룰 때에는 모델 훈련과 그 평가에 주의해야 합니다.

불균형한 데이터로 훈련된 머신러닝 모델은 큰 그룹의 데이터 쪽으로 편향됩니다. 즉 작은 그룹을 잘 찾지 못합니다. 따라서, 훈련을 시작하기 전에 불균형을 해소해줄 필요가 있습니다.

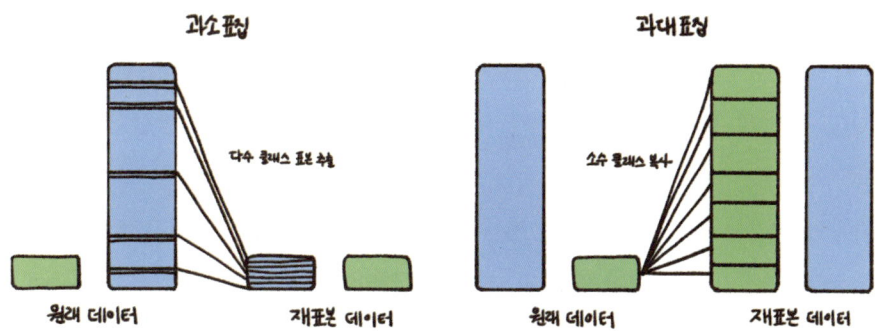

만일 데이터 양이 충분하다면 많은 쪽 데이터를 적은 쪽의 개수와 비슷하게 뽑아서 사용하는 '과소표집(Undersampling)'으로 두 그룹 간의 크기를 비슷하게 만듭니다. 그러나 데이터의 양이 충분히 크지 않다면, 작은 쪽의 데이터를 중복시켜 뽑는 '과대표집(Oversampling)'하여 데이터의 불균형을 해소합니다.

훈련된 모델에 대한 평가도 단순하게 전체적으로 맞춘 정확도(accuracy)로 평가하지 않습니다. 전체적인 정확도 값 하나 대신 다음의 두 가지 값을 측정합니다.

1. 얼마나 많은 부정 거래를 찾아 내었는가?
   이를 '리콜(recall - 소환 혹은 재현율)' 이라고 부릅니다.
2. 모델이 부정사용이라고 판정한 것 중에서 진짜 부정 사용은 몇 건인가?
   이를 '프리시젼(precision - 정밀도)' 이라고 부릅니다.

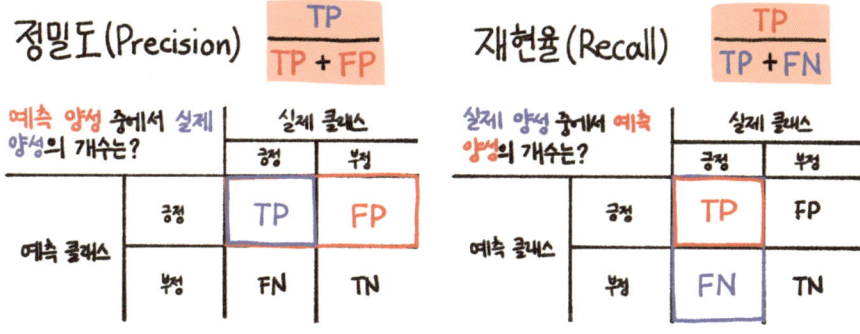

위의 두가지 값은 상충관계(trade-off)를 가집니다. 모든 부정거래를 찾기 위해 부정거래 판정을 남발 한다고 생각해 보시죠. 부정거래가 아닌 거래도 부정거래라고 판정하는 오류가 많아질 것입니다.

이는 위에서 얘기한 정밀도를 낮추게 됩니다.그리고, 판정 오류를 줄이고자 보수적으로 판정을 내리면 놓치는 부정거래 사례가 많아져 재현율(소환율)이 떨어지게 됩니다. 부정판정을 어느 정도로할 것인가를 결정하는 기준치(threshold)에 따라서 재현율과 민간도는 변하게 됩니다.

기준치에 따라 변하는 머신러닝 모델의 재현율과 민감도의 관계를 그래프로 그린 것을 '정밀도-소환율 곡선(Precision-Recall Curve)'이라고 부릅니다.

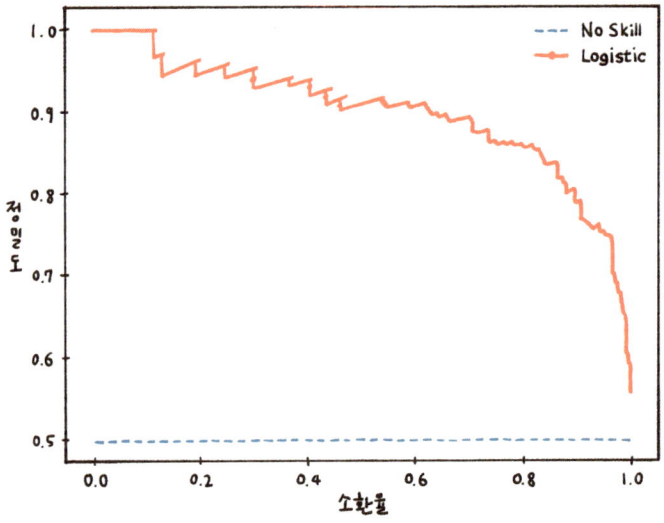

잘못된 부정판정 없이(높은 정밀도) 많은 부정사용을 찾아내면(높은 소환율) 잘 훈련된 모델일 것입니다. 즉,정밀도-소환율 곡선이 오른쪽 상단으로 확장될수록 좋은 모델입니다.

위의 그래프에서 x축과 y축을 대비되는 다른 값으로 한 그래프도 많이 사용됩니다. 잘못해서 부정사용이라고 판정한 비율(False Positive - 잘못된 부정 판정)을 x 축으로 두고, 부정판정을 맞춘 비율(True Positive - 맞는 부정판정)을 y축으로 만든 그래프를 입니다. 이를 ROC(Receiver Operating Curve - 수신자 동작(반응?) 곡선)이라고 부릅니다. 이 경우 덜 틀리고(낮은 False Positive Rate) 많이 맞추면(높은 True Positive rate) 좋은 모델이 될 것입니다. 즉 그래프가 왼쪽 상단으로 확장 될수록 좋은 모델입니다.

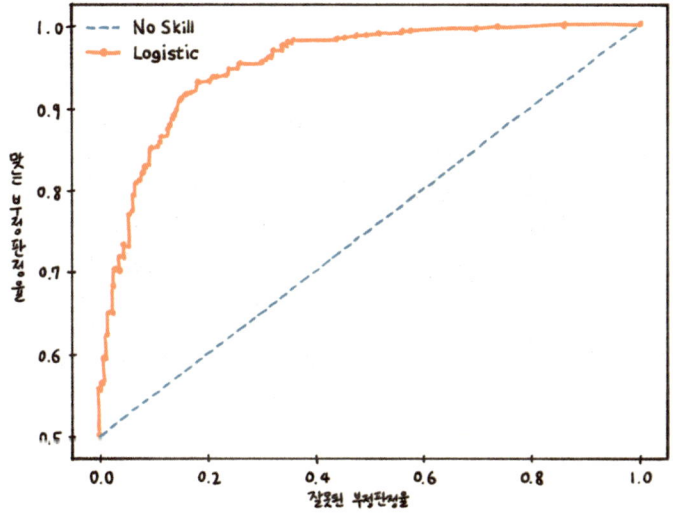

이와 같은 모델에 대한 평가를 하나의 숫자로 나타내는 방법이 AUC(Area Under Curve - 곡선 아래 면적)입니다. 위의 그래프에서 왼쪽 상단으로 그래프가 확장될수록 곡선 아래의 면적은 넓어집니다. 즉, AUC 값이 클수록 좋은 판별 모델입니다.

1

데이터 전처리

데이터 전처리는 머신러닝 모델 훈련 성능을 높이는 매우 중요한 과정입니다. 그리고, 머신러닝 프로젝트 과정에서 가장 많은 시간이 소요되는 작업입니다. 그러나, 머신러닝 교육과정에서는 상대적으로 가볍게 다뤄지는 느낌이 강합니다. 그 이유를 생각해보면 머신러닝을 익히는 과정에서는 이미 전처리되어 바로 사용할 수 있는 형태의 데이터를 다루기 때문인 것 같습니다. 예를 들어 붓꽃(Iris)의 세 품종을 분류하는 모델 훈련에 사용되는 데이터는 잘 만들어져 있습니다. 전처리 없이 바로 훈련에 사용할 수 있습니다.

영화에 대한 관객들의 평가 글로 평점을 예측하는 모델 훈련에 사용되는 IMDB(Internet Movie DataBase) 데이터 셋도 잘 정제되어 있습니다.

이 데이터를 사용하여 머신러닝을 수행하는 프로그램은 다음과 같이 매우 단순합니다.

(데이터 로드 및 길이 맞추기)

```
(X_train, y_train), (X_test, y_test) = imdb.load_data(num_words=vocab_size)

X_train = pad_sequences(X_train, maxlen=max_len)
X_test = pad_sequences(X_test, maxlen=max_len)
```

(모델 생성 및 훈련)

```
model = Sequential()
model.add(Embedding(vocab_size, embedding_dim))
model.add(GRU(hidden_units))
model.add(Dense(1, activation='sigmoid'))

model.compile(optimizer='rmsprop', loss='binary_crossentropy', metrics=['acc'])
history = model.fit(X_train, y_train, epochs=15, callbacks=[es, mc], batch_size=64, validation_split=0.2)
```

데이터 전처리하는 과정이 보이지 않습니다. 다만, 데이터의 분포를 시각적으로 살펴보는 시각화 과정만 짧게 다룹니다. 정제되지 않은 데이터를 살펴보고 필요한 부분을 뽑아내는 과정이 생략되어 있습니다.

현실 데이터는 전처리 없이는 훈련에 사용할 수 없거나, 사용하더라도 훈련결과가 매우 실망스럽습니다. 간단한 사례에서 살펴보겠습니다.

다음은 케글(Kaggle)에 공개된 워싱턴 D.C. 의 공유 자전거 이용량 데이터입니다. 데이터 셋에는 날짜와 시간, 날씨 등와 자전거 이용 대수가 기록되어 있습니다. 이 데이터로 자전거 수요를 예측하는 머신러닝 모델을 훈련시키는 과정에서 전처리가 잘 된 경우와 그렇지 않은 경우를 비교해 보겠습니다.

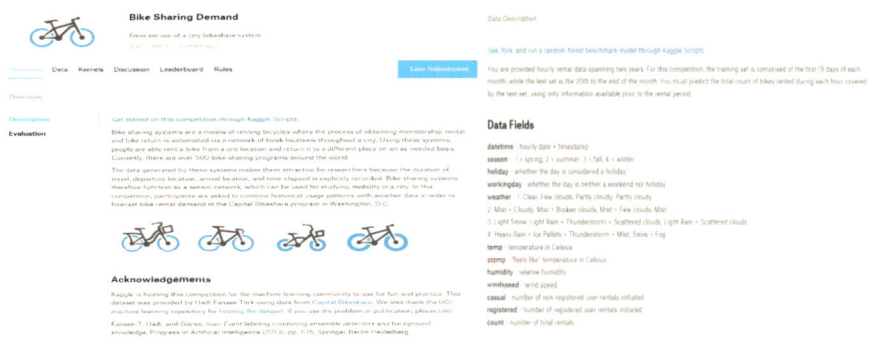

훈련에 사용한 머신러닝 모델은 '랜덤 포레스트(Random Forest)'입니다. 먼저 전처리 없이 훈련한 결과 입니다. 52.3%의 정확도로 낮은 성능을 보입니다.

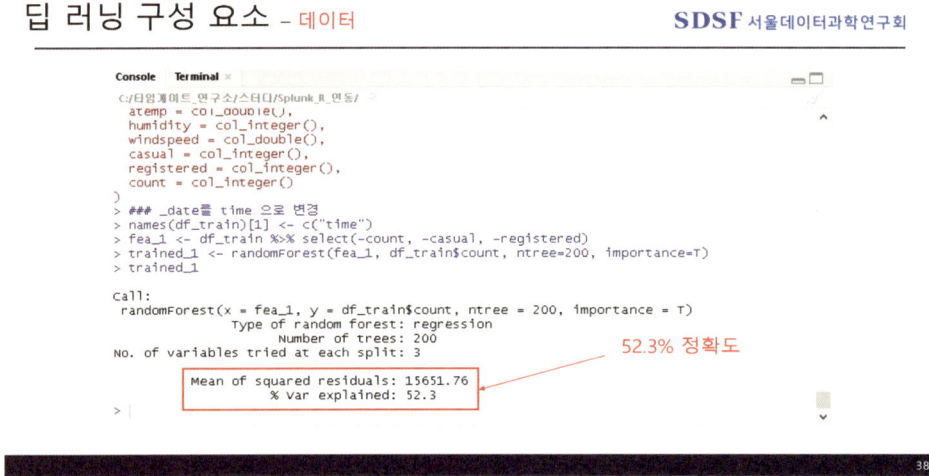

이에 시각화를 통해 데이터의 특성을 살펴보겠습니다.

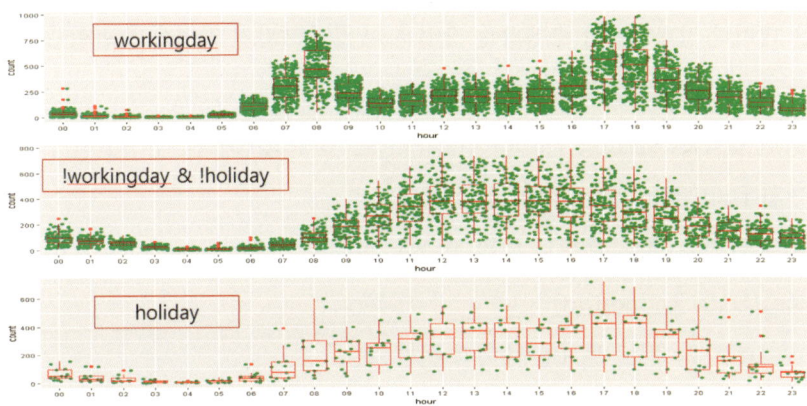

데이터의 분포는 휴일과 평일, 그리고 시간에 따라 확연한 패턴을 보이고 있습니다. 이 값들을 입력하면 예측하고자 하는 자전거 이용자수를 보다 정확하게 예측할 수 있다는 것을 알 수 있습니다.

날짜와 시간이 하나로 표시되는 'datatime'에서 시간(hour)을 뽑아내고, 휴일 여부를 머신러닝 모델의 입력으로 사용하도록 전처리한 후 모델을 훈련시켰습니다. 그 결과, 모델 성능은 85.1%로 큰 폭의 향상을 보였습니다.

머신러닝 모델 훈련에서 데이터 전처리가 매우 중요함을 보여주는 사례였습니다.

이와 같은 데이터 전처리에서 수행하는 작업은 다음의 세가지 작업을 포함합니다..

1. 데이터 클리닝(Data Cleaning - 데이터청소)

    빠진 결측값(Missing Value)처리, 이상한 노이즈(Noise) 데이터 제거 등

2. 데이터 변환(Data Transformation)

    새로운 변수 생성, 데이터 범위 표준화 등

3. 데이터 축소(Data Reduction)

    데이터 차원 축소, 필요한 데이터 선별 등

한마디로 데이터 전처리는 모델이 빠르고 정확하게 데이터의 연관성을 찾을 수 있도록 데이터를 정리 정돈해주는 작업입니다.

핏봇(Pivot) - 데이터 행과 열 구조 변경

데이터에 대한 이해는 성공적인 머신러닝 프로젝트를 위해서 필수적입니다. 데이터의 필드(field)간의 관계 파악은 머신러닝 모델의 입력을 결정하기 위한 기초 작업입니다. 머신러닝의 예측값과 연관성을 가지는 입력을 선택해야 올바른 머신러닝 결과를 얻을 수 있습니다.

데이터 탐색에서는 데이터 행과 열을 조정하면서 다양하게 데이터를 살펴보게 됩니다. 이를 '핏봇(Pivot)'이라고 부릅니다. 피봇은 문이 경첩을 중심으로 회전하듯이 관점에 변화를 주는 일을 이야기합니다.

〈 비즈니스 피봇(Pivot : 구조 변경) 〉

참고로, 비즈니스 피봇은 사업 구조를 조정하는 것을 말합니다.

1

그럼 파이선(Python)의 판다스(Pandas) 패키지에서 제공하는 피봇 기능을 살펴보겠습니다. 데이터는 시본(seaborn) 패키지에 내장되어 있는 타이타닉(titanic) 데이터셋을 사용하겠습니다. 타이타닉 데이터셋은 머신러닝 입문을 위한 데이터로 타이타닉 호 탑승자에 대한 데이터로 생존자를 예측하는 머신러닝 모델 훈련에 사용됩니다.

```
데이터 구조 확인
import numpy as np
import pandas as pd
import seaborn as sns
df_titanic = sns.load_dataset('titanic')
pd.set_option('display.max_columns', None)
pd.set_option('display.max_rows', None)
print("Titanic Data == ", df_titanic.head())
```

출력〉〉

	survived	pclass	sex	age	sibsp	parch	fare	embarked	class
Titanic Data ==									
0	0	3	male	22.0	1	0	7.2500	S	Third
1	1	1	female	38.0	1	0	71.2833	C	First
2	1	3	female	26.0	0	0	7.9250	S	Third
3	1	1	female	35.0	1	0	53.1000	S	First
4	0	3	male	35.0	0	0	8.0500	S	Third

	who	adult_male	deck	embark_town	alive	alone
0	man	True	NaN	Southampton	no	False
1	woman	False	C	Cherbourg	yes	False
2	woman	False	NaN	Southampton	yes	True
3	woman	False	C	Southampton	yes	False
4	man	True	NaN	Southampton	no	True

티켓 클래스와 성별에 대한 생존자 데이터 구조 재조정

성별(sex)을 열로, 티켓 클래스(class)를 행으로 생존가능성(survived)을 볼 수 있도록 데이터 구조를 조정합니다.

```
df_pivot = df_titanic.pivot_table(values='survived', index=['sex'], columns=['class'])
print(df_pivot)
```

출력)
```
class    First     Second    Third
sex
female   0.968085  0.921053  0.500000
male     0.368852  0.157407  0.135447
```

성별과 탑승권 클래스에 따른 생존 확률을 보여줍니다. 1등석에 탑승한 여성은 96.8% 생존하고, 남성은 36.9%의 확률로 생존했습니다. 높은 등급 티켓을 구매한 경우에 생존확률이 높고, 여성이 남성보다 생존확률이 더 높았습니다.

다중 컬럼에 대한 데이터 구조 재조정

행을 성별(sex)과 혼자 여행 여부(alone)로 변경해 보겠습니다.

```
df_pivot = df_titanic.pivot_table(values='survived', index=['sex', 'alone'],
                                  columns=['class'])
print(df_pivot)
```

출력)
```
class         First     Second    Third
sex    alone
female False  0.966667  0.931818  0.416667
       True   0.970588  0.906250  0.616667
male   False  0.425532  0.277778  0.180723
       True   0.333333  0.097222  0.121212
```

여성의 경우는 혼자 여행할 때 생존확률이 다소 높아졌고, 남성은 혼자 여행인 경우에 생존확률이 낮아졌습니다.

이번에 열을 18세를 기준으로 나누는 것을 추가해 보겠습니다.

```
age = pd.cut(df_titanic['age'], [0, 18, 100])
df_pivot = df_titanic.pivot_table(values='survived', index=['sex','alone'],
                    columns=['class', age])
print(df_pivot)
```

출력)

class		First		Second		Third	
	age	(0, 18)	(18, 100)	(0, 18)	(18, 100)	(0, 18)	(18, 100)
sex	alone						
female	False	0.9	0.976744	1.0	0.906250	0.451613	0.363636
	True	1.0	0.967742	1.0	0.892857	0.666667	0.500000
male	False	0.8	0.380952	1.0	0.037037	0.250000	0.100000
	True	NaN	0.370370	0.0	0.087719	0.133333	0.139535

대부분의 경우에 미성년(18세 이하)의 경우 생존확률이 더 높은 것을 알 수 있습니다.

이와 같은 데이터 탐색을 통해 타이타닉 호에서의 생존 가능성은 성별과 티켓 클래스, 그리고 나이에 연관성을 가짐을 확인할 수 있습니다.

AutoML – 무엇을 얼마나 자동화 할까요?

'AutoML'은 자동화된 머신러닝(Automated Machine Learning)의 약자입니다. 머신러닝 모델 생성을 사람 대신 인공지능(AI)이 한다는 의미입니다.

머신러닝 기술 적용이 산업계 전반으로 확산되면서, 데이터 관련 인력 수요가 많아졌습니다. 이에비해 필요한 지식을 갖춘 사람의 수는 적습니다. 기업들은 머신러닝 인력을 구하는 데 많은 어려움을 겪고 있습니다. 데이터와 머신러닝에 대한 지식을 갖춘 직원을 찾기에 어려움을 겪는 기업들에게 AutoML은 상당히 매력적으로 보입니다.

AutoML은 머신러닝 모델을 생성하는 데에 도움이 됩니다. 그러나, 만능은 아닙니다.

기본적인 AutoML의 동작은 머신러닝 모델과 모델에 사용되는 옵션을 다양하게 변경하면서 결과를 비교하는 것입니다. 그리고, 그 중에서 가장 좋은 결과를 보인 모델을 추천합니다. 머신러닝 프로젝트에서 사람이 추론이 필요하지 않은 작업을 자동화하는 것입니다.

AutoML에서 제공하는 기능과 장점, 그리고 그 한계를 요약해 봅니다.

기능
- 데이터 전처리 자동화
- 특징(feature) 생성과 선택 자동화
- 다양한 머신러닝 모델과 그 옵션(하이퍼 파라미터) 자동 테스트

장점
- 머신러닝 기술 접근성 높임 (쉽게 만듦)
- 모델 테스트 및 비교 자동화로 모델 훈련 생산성 향상

한계
- 훈련에 필요한 데이터 준비 기능은 없음 (데이터 수집과 레이블링은 제공 못함)
- 준비된 데이터 품질 확인 없음 ("Garbage In, Garbage Out"을 기억하세요)
- 일반적인 사례에만 적용 가능 (예외적인 경우는 자동화 어려움)
- 작업의 맥락을 고려하지 않음 (수치화된 결과 최적화에 집중)

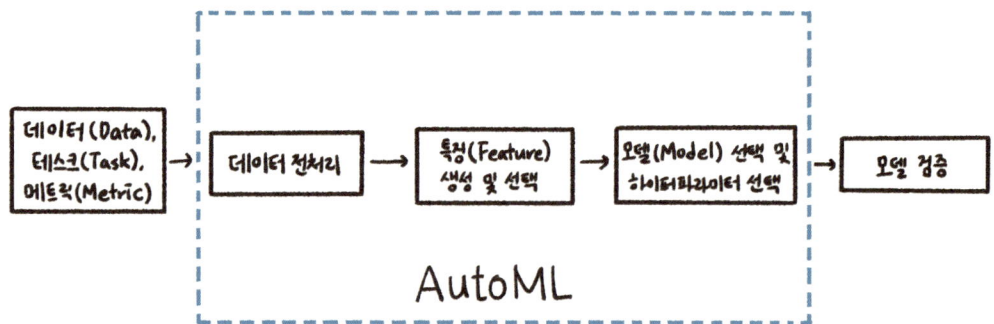

〈 AutoML의 범위 〉

개인적으로는 위에서 얘기된 AutoML의 한계점에 한 가지 단점을 추가하고 싶습니다.
바로 '비용(Cost)' 입니다.

앞서 얘기한 것처럼 AutoML은 선택가능한 머신러닝 모델과 그 옵션에 대해서 테스트하여 최적의 모델을 선택할 수 있게 해줍니다. 그 과정에는 많은 자원을 사용하게 됩니다. 그런데, 사람이 생각하기에는 불필요한 모델이나 옵션까지도 선택하게 됩니다. 즉 불필요하게 더 많은 자원을 사용하게 됩니다. 클라우드 환경에서는 GPU, CPU, Memory 등의 자원 사용은 '비용(Cost)' 입니다.
아마존, 구글 등의 클라우드 제공 업체가 AutoML기술 홍보를 강화하는 이유일 듯 합니다.

자동화의 세상에서도 인간의 수고로움(노력)은 그만의 가치가 있습니다.

1

머신러닝의 대상 선정 – 무엇을 목표로 훈련시킬까?

머신러닝은 업무 처리에 있어서 효율화와 자동화를 통해 생산성을 높일 수 있는 좋은 도구입니다. 그런데 어떤 업무에 머신러닝을 적용하는 것이 좋을까요? 모든 업무에 머신러닝을 적용할 수 있을까요? 머신러닝을 적용하기 어려운 혹은 불가능한 업무는 없을까요?

세계 경제포럼(WEF - World Economic Forun)은 2020년 10월 향후 50년간 사람이 하는 많은 일들이 컴퓨터와 로봇으로 대체될 것으로 예상했습니다. 이는 대규모 실업을 유발할 것이라 말합니다.

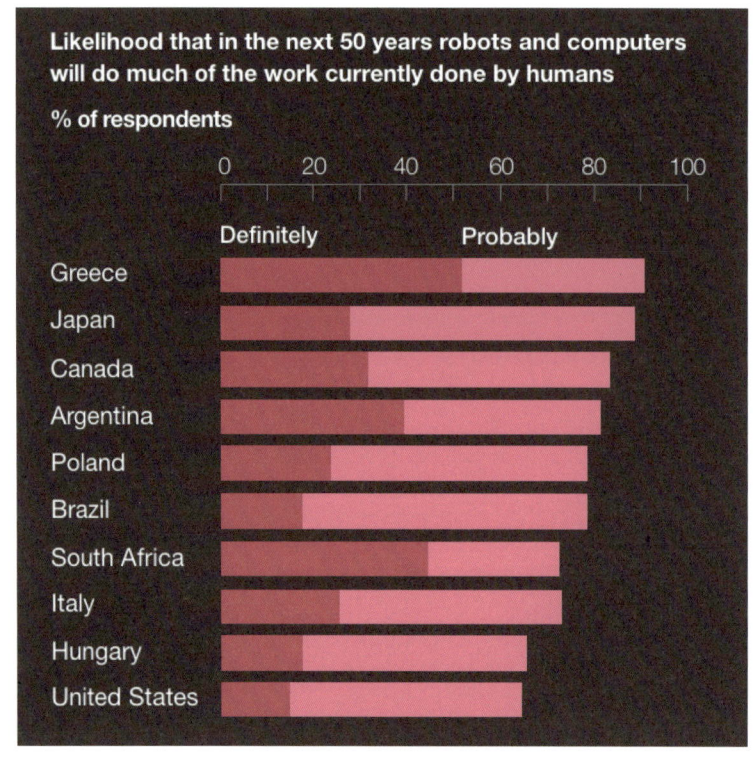

실업에 대한 경고와 함께 AI에 의해 대체되기 어려운 일로 3가지 영역의 6가지 기술을 언급하며 희망의 얘기도 전했습니다. 그 영역과 능력은 다음과 같습니다.

1. 고객에 대한 환대
    비언어적 의사소통 능력
    고객에서 깊은 공감을 표현하는 능력
2. 직원 관리
    직원 성장 관리 능력
    직원 심리 관리 능력
3. 창의성
    집단 지성 관리 능력
    조직 내에 새로운 아이디어를 현실화하는 능력

위와 같은 영역은 현재의 머신러닝 기술로는 처리하기 어렵습니다. 따라서, 이를 머신러닝 대상으로 선정해서는 성공적인 결과를 기대할 수 없습니다

그러면 어떤 업무에 머신러닝을 적용해야 효과가 있을까요?

원론적으로 생각해보면 머신이 인간보다 뛰어난 능력을 보이는 영역이 그 대상이 될 것입니다. 대표적으로 대량 통계적 계산이 필요한 경우는 당연히 컴퓨터가 (일반적인..^^;;) 인간보다 더 뛰어난 능력을 보일 것입니다. 수치적으로 비슷한 데이터끼리 군집화(clustering)하거나 그룹을 나누는 작업이 이에 해당합니다. 이전의 데이터와 차이가 많은 이상한 데이터를 찾는 이상징후탐지(Anomaly Detection)도 있습니다. 조건에 따른 사용량 예측도 이에 해당합니다. 계절과 날씨 등에 따른 구내식당 이용량 예측은 통계에 강한 머신이 처리하기 좋은 대상이라 생각됩니다.

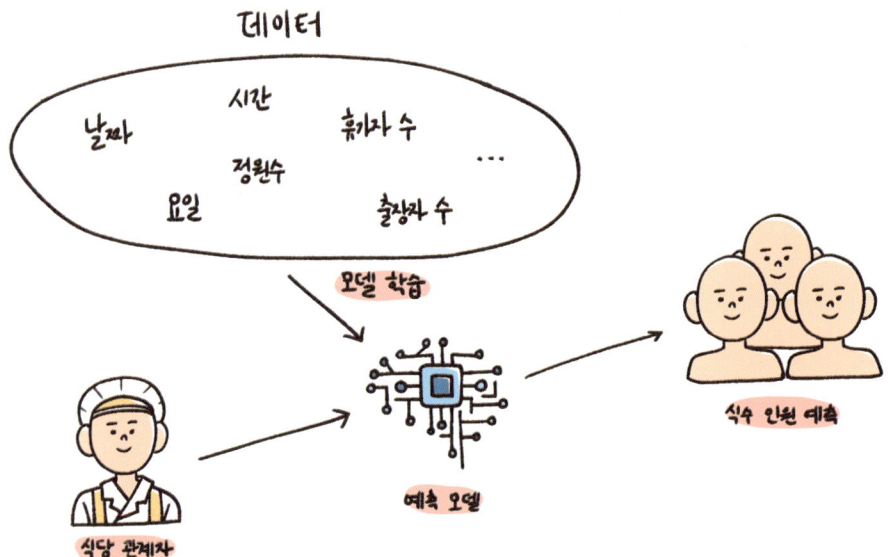

그리고 최근 딥러닝에 의해 인간의 능력을 넘어서는 객체 인식, 음성 인식 등도 좋은 머신러닝 대상입니다. 이미지 인식 분야에서 딥러닝은 2015년부터 인간을 넘어서기 시작했습니다. 이에 따라 객체 인식에서는 다양한 시도가 이루어지고 있습니다.

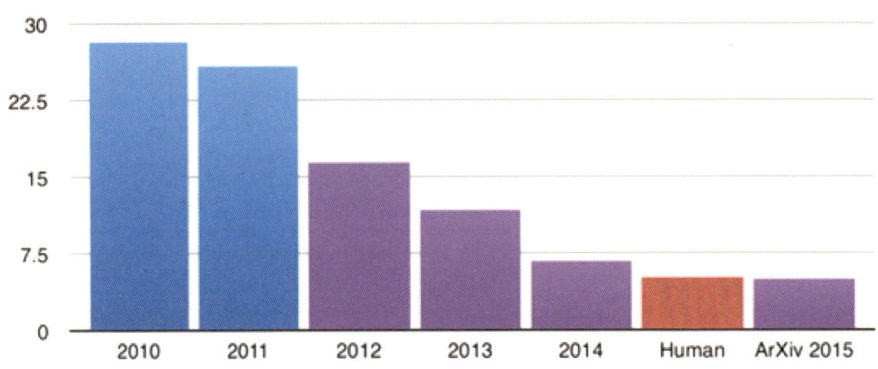

특히 엑스레이 영상 등 바이오 분야와 CCTV 영상을 통한 안전 관리 분야에서 많은 시도가 이루어지고 있습니다.

머신러닝 배웠으니 활용해 볼까요?

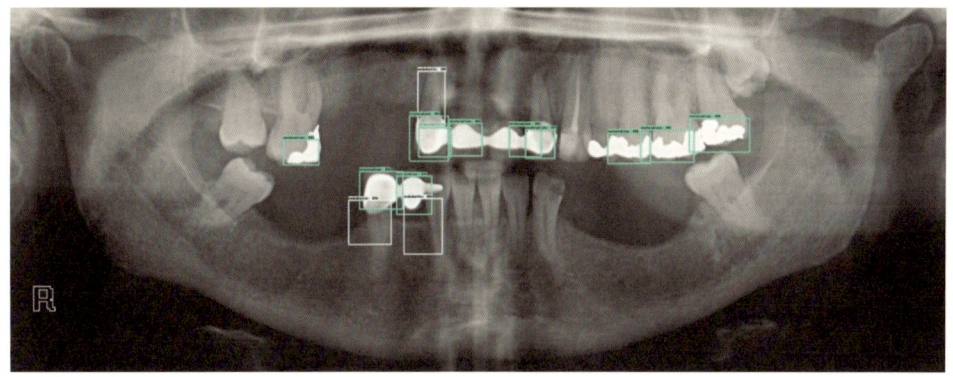

그런데, 구체적으로 주변의 업무 중에서 머신러닝 대상을 어떻게 찾을 수 있을까요?

주변의 사람들이 수작업 처리하던 일이 위와 같이 머신도 잘 할 수 있는 영역인지를 살펴보면 좋겠습니다. 만일 이에 해당된다면 그것을 머신러닝의 대상으로 시작해보는 것이 한 가지 방법이라고 생각됩니다.

와인의 가격은 와인 전문가라 평가되는 사람들이 비평에 의해 크게 영향을 받습니다. 로버트 파커는 대표적인 와인 비평가로 '와인황제'라는 별명으로 불리웁니다. 그는 연도별 지역에 따른 와인에 대한 그의 평가를 '와인 애드보켓(Wine Advocate)'으로 공개하고 있습니다.

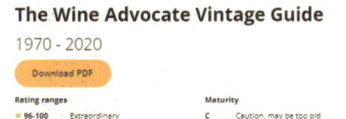  

와인을 사랑했던 프린스턴 대학 경제학 교수 오렐리 아셴펠터는 이와 같은 전문가들의 평가에 의문을 가졌습니다. 그리고 와인의 품질은 날씨, 특히 강수량과 기온에 연관됨을 알았습니다. 그리고 1990년대 초 생산 연도와 지역의 데이터로 와인 품질을 예측하는 선형회귀 머신러닝 모델을 만들었습니다.

그는 기존에 존재하는 생산 연도의 각 지역 날씨와 와인 품질에 대한 통계 데이터에서 연관성을 찾도록 모델을 훈련시켰습니다. 이러한 대규모 통계에 대한 계산은 좋은 머신러닝 적용 대상이 됩니다.

주변에서 머신러닝 기술이 잘 처리할 수 있는 작업을 찾아보세요.
그 일을 머신이 잘 할 수 있도록 훈련시켜보세요.

02
머신러닝 사례

2장 머신 러닝 사례

여기서는 앞에서 설명한 머신러닝 개념을 실제 업무에 활용했던 사례를 보여드리고자 합니다. 기술을 현실에 적용하는 과정에서는 크고 작은 어려움을 겪게 됩니다. 제가 경험에서 도움이 될 수 있으리라 생각되는 내용을 정리해봅니다. 회사명과 구체적인 데이터는 식별이 되지 않도록 변경하였음을 미리 말씀드립니다.

AWS 사용자 이벤트 이상활동 감지

인터넷 상에서 활동하는 해커들은 호시탐탐(虎視眈眈 - 호랑이가 눈을 부릅뜨고 먹이를 노려보다) 기업의 정보를 노립니다. 기업의 보안팀은 이를 막아 내기 위해 시스템의 빈틈을 살펴보고 이를 보완하는 노력에 힘쓰고 있습니다.

몇 해전 기업의 보안팀 의뢰로 1년 기간으로 이상징후 탐지를 위한 머신러닝 프로젝트를 진행했습니다. 먼저 머신러닝 훈련의 대상을 선정하는 회의가 있었습니다. 후보에는 아래의 2가지 작업이었습니다.

➢AWS 환경에서 운영되는 시스템 내의 사용자 이상 활동 탐지
➢데이터베이스에서 수행되는 SQL문에서 비정상 SQL문을 탐지

긴급성과 중요성을 살펴서 사용자 이상 활동 탐지를 대상으로 선정했습니다.

데이터와 머신러닝 모델

"(인공)지능을 케이크에 비유한다면, 대부분의 케이크는 비지도 학습, 케이크 위의 장식은 지도 학습, 케이크 위의 체리는 강화 학습입니다"

얀 르쿤(Yann LeCun)의 얘기처럼 현실 문제에서는 지도학습을 위한 레이블이 있는 데이터가 많지 않습니다. 이 프로젝트에서도 레이블링이 되어 있는 데이터는 없었습니다.

따라서, 머신러닝을 적용할 작업도 비지도학습에서 가능한 영역으로 한정되었습니다. 물론 사용가능한 머신러닝 모델도 비지도학습(Unsupervised Learning)에서 선택해야 했습니다. 몇 가지 모델을 검토한 후, 오토인코더(AutoEncoder) 모델을 이용한 이상치 탐지(Anomaly Detection) 방식을 선택했습니다.

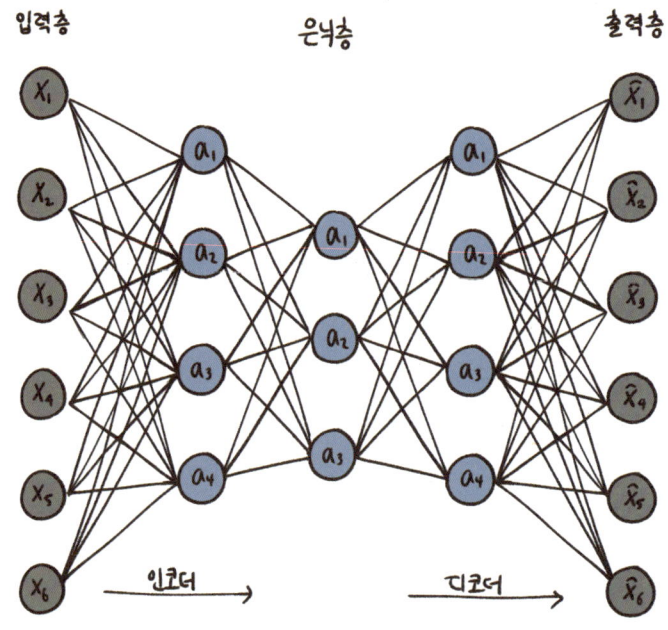

오토인코더는 딥러닝 모델로 주어진 입력에 대해 자기자신을 출력으로 갖는 모델입니다. (이런 의미에서 보자면 '셀프 인코더(Self Encoder - 자체부호기)'라는 용어가 더 적당하지 않을까 생각해봅니다.) 중간의 히든레이어(Hidden Layer)가 입출력 레이어보다 뉴론 개수가 작게 구성됩니다. 모델은 일반적으로 뉴론수가 가장 작은 '병목(bottlenect)' 부분을 중심으로 대칭으로 구성됩니다. 이 병목 부분에서 입력된 정보는 가장 작은 수의 뉴론으로 압축됩니다. 이를 입력된 정보에 대한 '코드(code - 부호)'라고 부릅니다. 코드를 만들어 내는 왼쪽 부분을 '인코더(Encoder - 부호 생성기)', 코드에서 원래 데이터로 복원하는 오른쪽 부분을 '디코더(Decoder - 부호 복원기)'라 합니다.

오토인코더를 훈련시키면 모델은 훈련에 사용한 데이터의 모양을 기억합니다. 그리고, 새로운 데이터가 입력되면 기억 속에서 그 데이터에 가장 가까운 모양을 출력으로 내보냅니다.

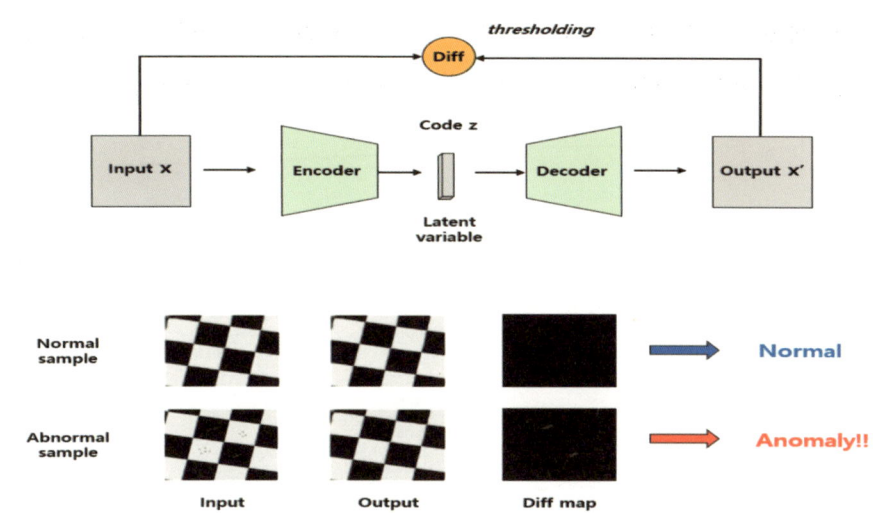

그림 출처: Improving Unsupervised Defect Segmentation by Applying Structural Similarity To Autoencoders, 2019 arXiv

autoencoder 기반 unsupervised anomaly detection

〈 오토인코더 〉

오토인코더의 이런 특성을 이용하면 위의 그림과 같이 훈련에 사용된 패턴과는 다른 패턴을 찾을 수 있습니다. 먼저 깨끗한 체크 문양 만으로 오토인코더를 훈련시킵니다. 그리고, 훈련된 깨끗한 문양을 입력하면 입력과 동일한 깨끗한 문양이 출력됩니다. 그러나, 얼룩이 묻은 체크 문양을 입력하면 입력과는 다르게 모델에 기억된 깨끗한 문양이 출력됩니다. 입력과 출력의 차이가 생기는 것입니다. 즉, 입력과 출력의 차가 큰 데이터는 모델 훈련 과정에서 없던 이전과는 다른 이상한 데이터(Anomaly)입니다.

데이터 탐색

모델 선정과 함께 취합 가능한 데이터에 대한 확인을 시작했습니다. 성공적인 머신러닝 프로젝트를 위해서는 데이터에 대한 충분한 이해가 필요합니다. 데이터의 각 필드의 의미와 범위 등 특징을 이해해야 합니다. 저는 아래와 같은 표로 데이터 필드를 정리하는 작업에서 시작했습니다

필드 명	설 명	비 고
_time	eventTime 변환 시간(eventTime - 9)	분석에 필요 없을 듯. eventTime 사용
userName	사용자 ID	accountID와 동일한가??
accountId, Type	사용자 ID, 사용자 유형	
creationDate	세션 생성 일자	
eventTime	이벤트 발생 시간	
awsRegion	AWS 이벤트 발생 데이터 센터	
errorMessage	에러메시지	
functionName	호출 함수 이름	

이렇게 정리된 표를 가지고 업무 담당자와 회의를 가졌습니다. 데이터의 각 필드의 의미에 대해 협업분들과 수차례의 회의를 통해 확인과 재확인을 했습니다. 그 과정에서 머신러닝에 사용할 field 후보를 결정했습니다.

추출 대상 필드 고려 사항

1. 6하 원칙에 해당되는 항목
   - 누가(Who), 언제(When), 어디서(Where)
   - 무엇을(What), 어떻게(How), *왜(Why)*
2. 이벤트의 항목에 따라 추출되는 필드가 다르다
3. 모니터링 대상 수 확인 필요 (10명? 100명?)
   - 개인화 할 것인가? 평균화 할 것인가?

머신러닝 배웠으니 활용해 볼까요?

머신러닝을 위해 추출할 데이터의 결정은 기사문 작성에 사용되는 6하 원칙에서 시작했습니다. 누가(Who), 언제(When), 어디서(Where), 무엇을(What), 왜(Why), 어떻게(How)에 해당하는 필드를 확인하고, 해당 필드를 훈련 대상으로 우선 검토하였습니다.

선택 후보 필드(1/2)

필드 명	설 명	비 고
username Who	사용자 이름 ???	21609 종류 (NA : 297748) 예 : "cc67972b300038cecbaa25698f297e605e5c210826e1cf6822548b32348b91a1"
userIdentity_accountId Who	사용자 ID → userName 관계는?	13 종류 (NA : 286678) 예 : "9b5e48a56d7d6cba279485c3bd125d9bac7265dda87cb238b342d2fea5f322ce"
userIdentity_creationTime When(??)	세션 생성 일자	4월 1일 03:34:57 ~ 4월 2일 14:59:54 (NA : 348395) 예 : "2020-04-02 13:29:12 UTC"
userIdentity_invokeBy Who	함수 호출 위치 → NA 인 경우는???	32 종류 (NA : 985809) 예 : "secretsmanager.amazonaws.com", "ec2.amazonaws.com", "dynamodb.application-autoscaling.amazonaws.com"
eventTime When	이벤트 발생 시간	4월 1일 15:00 ~ 4월 2일 14:59:59 (NA : 없음) 예 : "2020-04-02 14:59:59 UTC"
awsRegion	AWS 이벤트 발생 데이터 센터	18 종류 (NA : 없음) 예 : "cn-north-1", "cn-northwest-1", "eu-west-2", "eu-west-1", "us-west-2"

그리고, 각 필드의 특성을 다양한 시각화를 통해 검증했습니다. 시각화에서 특정한 패턴을 보인다면 그 패턴에서 벗어난 형태를 보이면 이상징후라 할 것입니다. 그러나, 특정한 패턴을 보이지 않고 무작위적인 모습을 보인다면 그 특성으로는 이상징후를 감지하기 어려울 것이라 생각했습니다.

다음은 휴일과 평일에 대한 사용자들의 활동 이벤트 수를 시각화한 것입니다. 휴일과 평일 간의 차이를 볼 수는 없습니다.

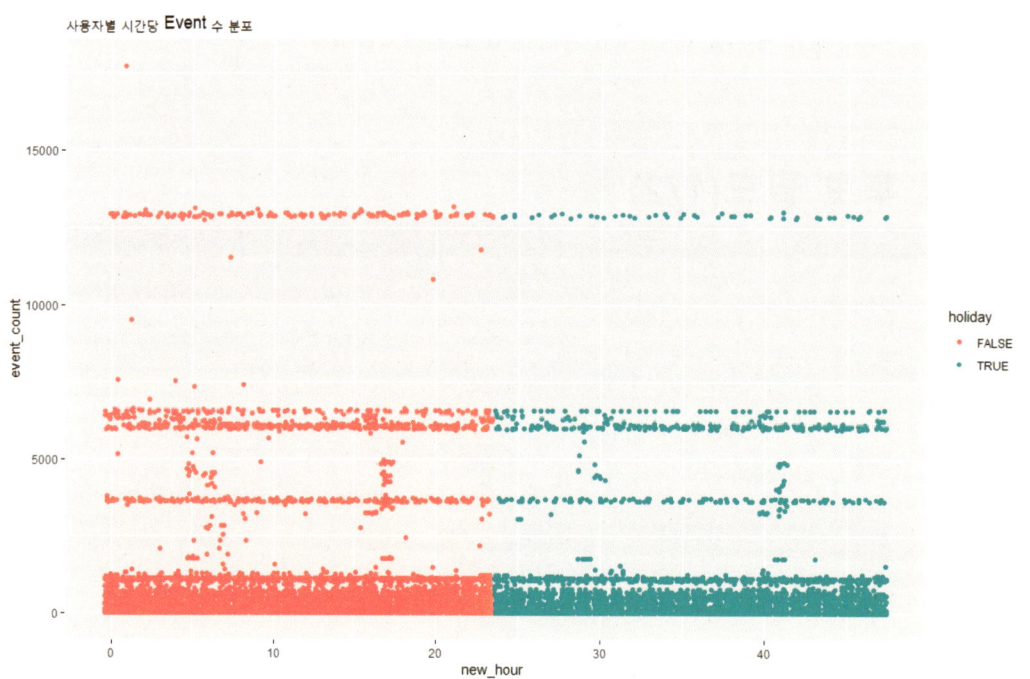

Activity 주기 확인 – 일주일 단위의 Activity 로그

- 시간당 50,000 ~ 100,000 정도의 Event 발생
- 특별한 주기는 보이지 않음

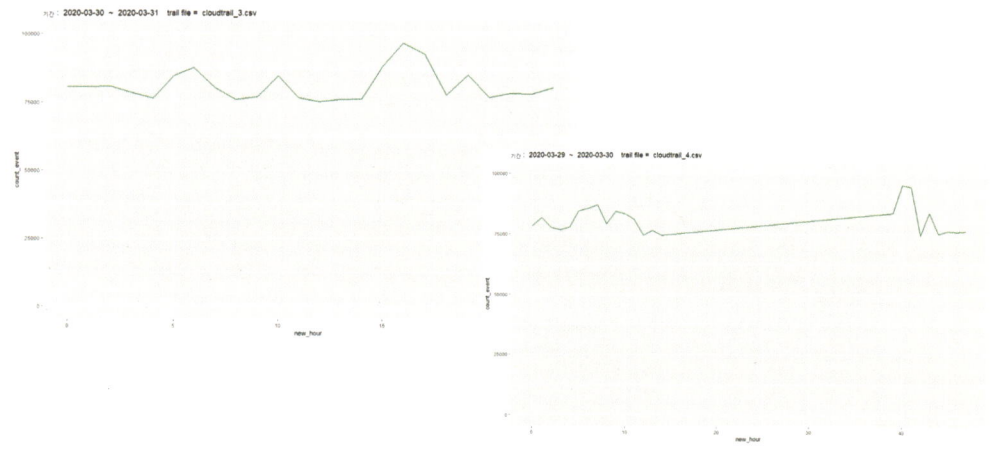

각 필드의 특성 확인 과정에서 필드 간의 연관성 확인도 실시 하였습니다.

필드 확인 – userName 과 accountId 관계는? (2/2)

- 동일한 userName에서 accountId가 다를 수 있다.

```
# ... with 22,599 more rows
> cloudtrail_2020Apr %>% group_by(userName) %>%
+   distinct(userIdentity_accountId) %>%
+   summarise(count_userIdentity_accountId = n()) %>%
+   arrange(desc(count_userIdentity_accountId))
# A tibble: 22,609 x 2
    userName                                                          count_userIdentity_accountId
    <chr>                                                                                    <int>
 1  NA                                                                                          13
 2  058c49710c4ac48870e260da2c9c7e20925726460c83aac9c5c2e647feb5a84b                             2
 3  226aac94158a5cad69b5db9cc1f99ee28600c1b822b112465b46d917dec79af0                             2
 4  3258892fa8e29c928130801251c0cd8b6a7383281a0ebfd7cad601feb8eb36d8                             2
 5  4c7abca239f67a6843a14f1298877de1a8ac6492b3aafcc8bf71540ba5b3155c                             2
 6  a5699d447912062275196d4cc586b2fc32a9acb8d364b00cccbb9d0d63314059                             2
 7  cc67972b300038cecbaa25698f297e605e5c210826e1cf6822548b32348b91a1                             2
 8  db477841d73c277de7ee2dcc84609aa23ae6c2654d70baf4109b08a1ba8eac7b                             2
 9  ea932260caf41f333fff7c41e0b0066cd105159853a9ecbbc2d86080b10e29c8                             2
10  000107df24a31070c0a148aaf2b283059f30aa7a66ebe9027a8cc3315d7a9e02                             1
# ... with 22,599 more rows
>
```

2개월간의 데이터에 대한 확인으로 훈련을 위해 추출한 필드에 대한 개괄적인 모습을 확인할 수 있었습니다. 그러나, 사용자 행동 패턴을 감지하기 위한 데이터 필드의 확정까지는 진행되지 못했습니다.

입력 데이터에 대한 협의는 추가적으로 진행하면서 머신러닝 훈련 방향을 수정하였습니다.

모델 유효성 테스트

데이터 필드의 확인과 더불어 선택한 오토인코더 모델의 유효성을 검증했습니다. 논문에서는 오토인코더는 이상치를 감지에 사용할 수 있다고 했습니다. 이를 직접 확인해 보고자 한 것입니다. 이런 확인 과정에서 모델 활용 능력을 높이고, 모델의 한계치를 확인할 수 있었습니다.

Autoencoder 고려 사항

1. 훈련되지 않은 데이터 vs 훈련된 데이터 분포 비교
2. 0 ~ 9 까지의 각 숫자의 특성을 찾을 수 있을까?
   - 개인화를 위한 테스트
   - 개인 특성 vs 그룹 특성 ➜ 장단점은?
3. 텍스트(명령어, 함수 명)에 대한 Vector화 방법은?
4. 개인화된 이상감지를 위해 필요한 데이터 양은?
5. 개인에 대한 encoding 방법은? ➜ one-hot encoding??

테스트는 오토인코더 모델을 특정 형태의 이미지로 훈련시키고 이와는 다른 이미지가 입력되었을 때 이를 감지할 수 있는지 확인하는 것으로 준비했습니다. 테스트 데이터로는 잘 알려진 MNIST를 사용했습니다.

MNIST(Modified National Institute of Standards and Technology database)데이터셋(Dataset)

MNIST는 간단한 컴퓨터 비전 데이터 세트로, 아래와 같이 손으로 쓰여진 숫자 이미지들로 구성되어 있습니다. 숫자는 0에서 1까지의 값을 갖는 고정 크기 이미지 (28x28 픽셀)로 크기 표준화되고 이미지의 가운데에 배치되었습니다. 60,000개의 트레이닝 셋과 10,000개의 테스트 셋으로 이루어져 있어서 이중 트레이닝 셋을 학습 데이터로 사용하고 테스트 셋을 신경망을 검증하는 데에 사용합니다.

테스트 시나리오는 다음과 같습니다.

1. MNIST 데이터를 로딩 합니다
2. 하나의 숫자(예를들어 '1')에 대해서 오토인코더 훈련을 합니다
3. 훈련된 오토인코더에 0~9 까지의 숫자를 입력합니다.
4. 입력 데이터와 출력 데이터의 차이를 계산합니다.

      기대하는 결과는 훈련된 숫자에 대해서는 그 차이가 작고,
      훈련되지 않은 숫자에 대해서는 차이가 작아야 합니다.

뉴론 수와 층 개수 등 몇 가지 튜닝을 거쳐서 다음과 같은 결과를 얻었습니다.

숫자 '1'을 훈련시킨 오토인코더에 '1'을 입력했을 때, 유클리드 거리는 0.74이고, 코사인 유사도 값은 0.99입니다. 그리고 다른 숫자를 입력하면 유클리드 거리는 4 이상이고, 코사인 유사도는 0.6~ 0.8 사이 값을 보입니다.

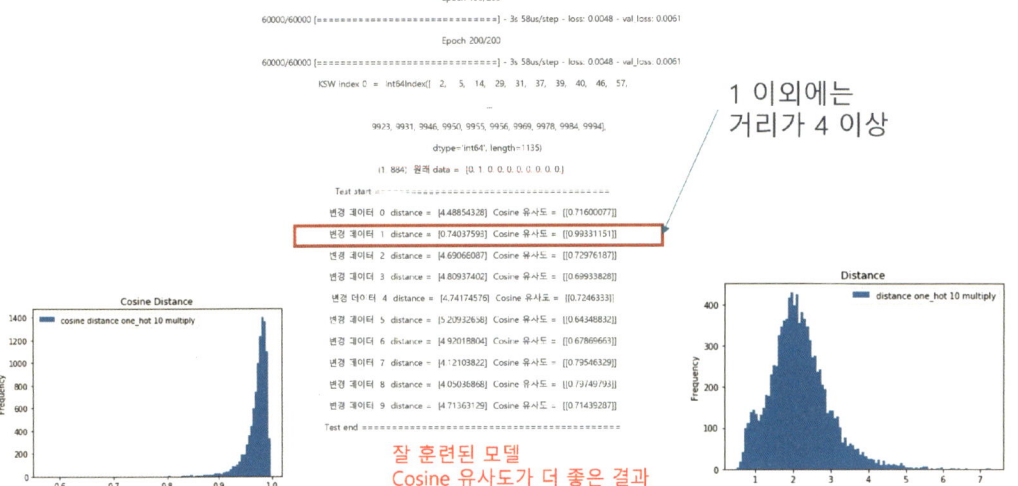

다음은 숫자 '9'를 훈련시킨 오토인코더 테스트 결과입니다. '9'에 대해서는 유클리드 거리가 1.64를 보이고 다른 숫자에 대해서는 거리가 2 이상을 보입니다.

One-Hot_10, rel_val=1, (768,512,256,128,54), 200 epochs

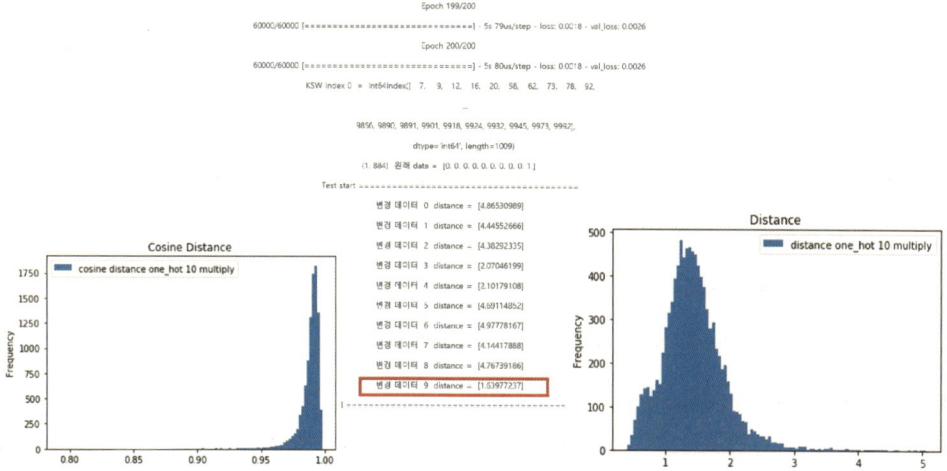

위와 같은 테스트를 거쳐 오토인코더를 이상치 감지(Anomaly Detection)에 사용할 수 있음을 확인하였습니다.

<u>Autoencoder를 이용한 MNIST 이상치 감지 테스트 프로그램</u>

```
import numpy as np
import keras
from keras.datasets import mnist
from keras.models import Sequential, Model
from keras.layers import Dense, Input
from keras import optimizers
from keras.optimizers import Adam
import pandas as pd
from keras.preprocessing import image
from matplotlib import pyplot as plt
import scipy.spatial.distance as ssd
import sklearn.metrics.pairwise as smp
(x_train, y_train), (x_test, y_test) = mnist.load_data()
```

```python
train_x = x_train.reshape(60000, 784) / 255
val_x = x_test.reshape(10000, 784) / 255
autoencoder = Sequential()
autoencoder.add(Dense(512,  activation='Relu', input_shape=(784,)))
autoencoder.add(Dense(128,  activation='Relu'))
autoencoder.add(Dense(10,   activation='linear', name="bottleneck"))
autoencoder.add(Dense(128,  activation='Relu'))
autoencoder.add(Dense(512,  activation='Relu'))
autoencoder.add(Dense(784,  activation='sigmoid'))
autoencoder.compile(loss='mean_squared_error', optimizer = Adam())
trained_model = autoencoder.fit(train_x, train_x, batch_size=1024, epochs=10, verbose=1, validation_data=(val_x, val_x))
encoder = Model(autoencoder.input, autoencoder.get_layer('bottleneck').output)
encoded_data = encoder.predict(train_x)  # bottleneck representation
decoded_output = autoencoder.predict(train_x)      # reconstruction
encoding_dim = 10

# return the decoder
encoded_input = Input(shape=(encoding_dim,))
decoder = autoencoder.layers[-3](encoded_input)
decoder = autoencoder.layers[-2](decoder)
decoder = autoencoder.layers[-1](decoder)
decoder = Model(encoded_input, decoder)
###########
# predict with trained AutoEncoder
#%matplotlib inline
# if the img.png is not one of the MNIST dataset that the model was trained on, the error will be very high.
img = image.load_img("./img_r_06.png", target_size=(28, 28), color_mode =
```

```python
"grayscale")
    input_img = image.img_to_array(img)/255
    inputs = input_img.reshape(1,784)
    target_data = autoencoder.predict(inputs)
    dist = np.linalg.norm(inputs - target_data, axis=-1)
    print("KSW sign = ", dist)
#######
## test 이미지의 거리 : Encoding이 잘 된 이미지는 거리가 멀지 않다
## 압축이 잘 되었다.
(x_train, y_train), (x_test, y_test) = mnist.load_data()
train_x = x_train.reshape(60000, 784) / 255
print(x_train.shape, " : ", train_x.shape , " : " ,x_test.shape, " : ", val_x.shape)
print(val_x[0,::])
test_index = 11
val_input = val_x[test_index,::].reshape(1,784)
print(val_input.shape)
val_out = autoencoder.predict(val_input)
dist_out = np.linalg.norm(val_input - val_out, axis=-1)
print(" distance = ", dist_out)
for idx in range(0,val_x.shape[0]):
    val_input = val_x[idx,::].reshape(1,784)
    val_out = autoencoder.predict(val_input)
    dist_out = np.linalg.norm(val_input - val_out, axis=-1)
    print( idx, " distance = ", dist_out)

val_x_out = autoencoder.predict(val_x)
dist_out  = np.linalg.norm(val_x_out - val_x, axis=-1)
df_dist_x_out = pd.DataFrame({"distance":dist_out})
print(df_dist_x_out)
```

```
############ distance plotting
df_dist_x_out.plot(kind='hist', bins=100)
plt.title('Distance ')
plt.show()
```

2 머신러닝 훈련 대상 결정

오토 인코더 모델의 유효성을 확인한 후 모델에 입력할 데이터를 결정하기 위한 탐색을 추가로 진행하였습니다.

먼저 시간대별 각 사용자에 의해 발생되는 이벤트의 수를 평일과 휴일로 구분하여 살펴보았습니다. 그래프의 0~24 시까지 빨간 부분은 평일에 해당되고, 25~48 시까지의 파란 점들은 휴일에 해당됩니다.

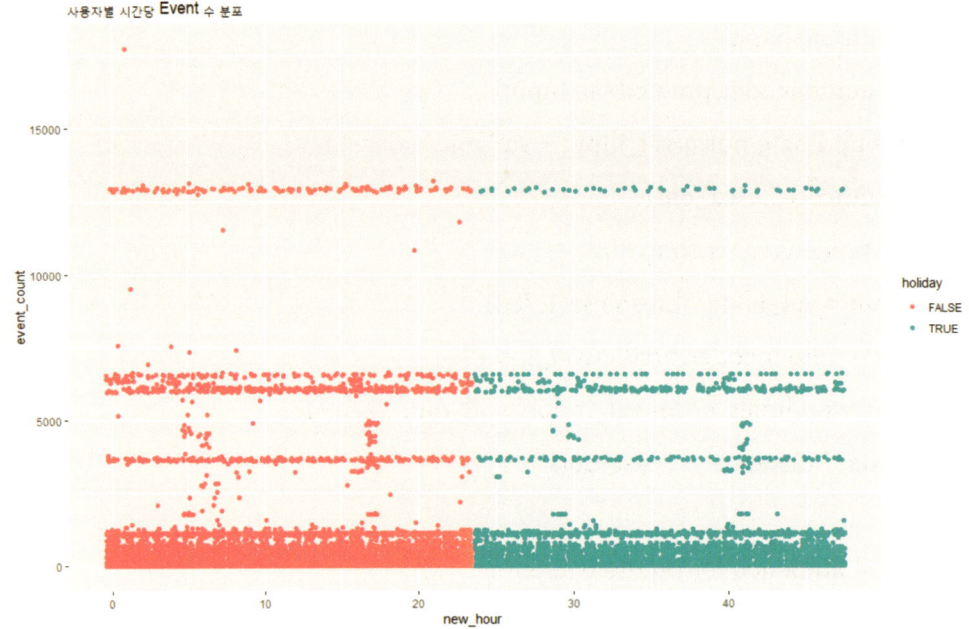

〈 시간 대별 AWS 사용자 이벤트 수 〉

위의 그래프에서 보시면 평일과 휴일의 차이는 보이지 않습니다. 그런데 특이할 만한 점은 4개의 큰 줄이 보이는 것 같습니다. 10000건 이상, 5000건과 10000건 사이, 2500건과 5000건 사이, 그리고 2500건 이하의 이벤트 수를 발생하는 사용자의 4개의 그룹으로 나눠지는 것 같습니다.

여기서 첫 번째 탐지 시나리오를 세웠습니다.
만일 사용자가 위의 4가지 그룹에만 주로 소속이 된다면 소속 그룹이 변경이 발생할 경우에 이상행동으로 통지를 하면 될 것이라는 가설이었습니다.
이를 확인하기 위하여 몇몇 사용자에 대한 AWS 이벤트 수를 확인하였습니다.

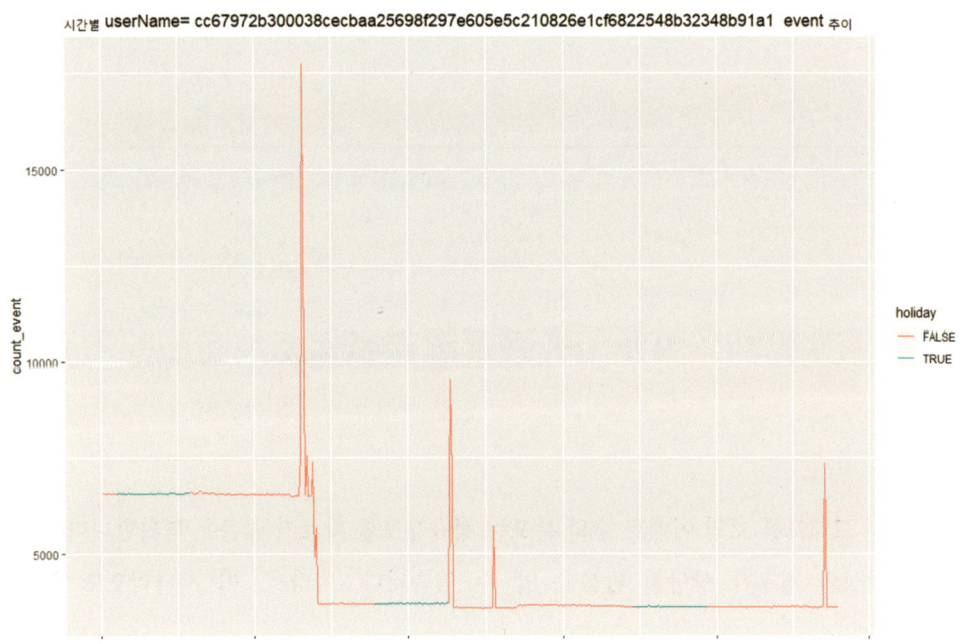

위의 사용자는 5000 건 이하를 발생시키다가 5000번 이상 그리고 때때로 10000번 이상을 발생시키기도 합니다. 즉, 사용자는 특정 그룹에 속하지 않습니다. 이벤트 수 그룹화에 따른 이상치 탐지 시나리오는 성립되지 않습니다.

두 번째 시나리오는 전체 사용자가 발생하는 이벤트 수가 정규분포를 보인다면 이벤트 수의 평균에서 3표준편차 혹은 4표준편차 이상의 이벤트가 발생하는 경우를 통보(alert) 한다는 가정입니다.

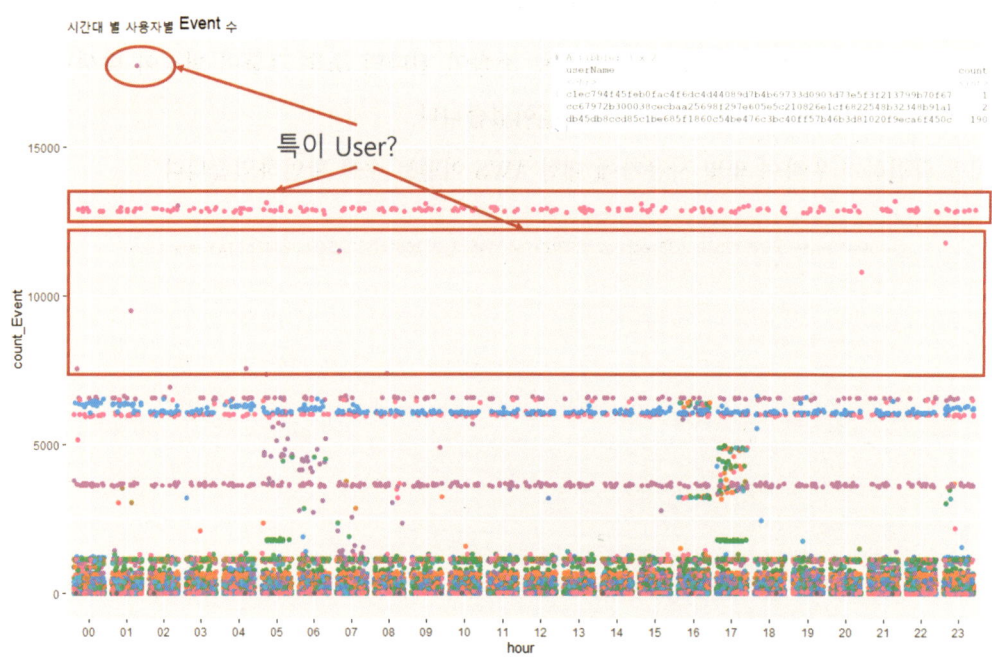

그러나 위의 그래프를 보면 이벤트 수의 분포는 정규분포를 따르지 않음은 명확합니다. 그리고, 3표준편차 이상의 경우가 상당히 많음을 알 수 있습니다. 따라서, 이 시나리오도 유효하지 않습니다.

세 번째 시나리오는 한 사용자가 발생하는 이벤트 수가 정규분포를 이룬다는 가정입니다. 그리고, 자신의 이벤트 수 평균과 표준편차를 이용하여 3 표준편차 이상의 이벤트 발생을 이상치로 평가하는 것입니다.

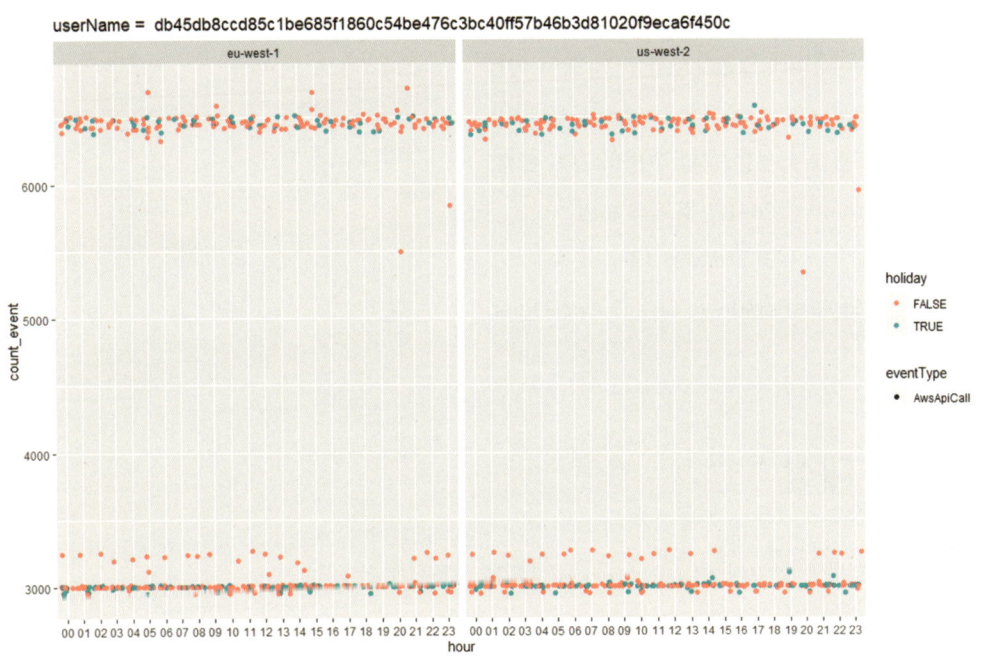

이를 확인하기 위해 한 사용자의 활동에 대한 AWS 이벤트 수를 살펴보았습니다. 그러나, 이 또한 정규분포는 아니었고, 많은 경우와 작은 경우의 두 가지 분포를 보였습니다. 이 시나리오 역시 유효하지 않습니다.

이외에도 이벤트 타입에 따른 분류, 사용하는 AWS 지역(region)에 따른 분류, source IP 주소에 따른 분류 등을 시도했으나 특정 패턴을 찾을 수는 없었습니다.

이상의 데이터 탐색을 정리하면 다음과 같습니다.

탐색 결과

1. 전처리
   ① recipientAccountId=66ccf8c9a4a8c0f3df35f4cc7fd30fc5555e2542f16f6624d24b14524552cba2
   ② userAgent="*amazonaws.com*" 혹은 userAgent="*amazon.com*" 제거
   ③ Event의 errorCode 에 대한 threat score 생성 (error_threat)

2. EDA (탐색적 데이터 분석)
   ① Event 수에 대한 1시간 단위 패턴 확인
   ② Threat Score의 1시간 단위 패턴 확인
   → 탐색 결과 : 평일/휴일 구분이 크지 않음
   → 　　　　　24시간 주기가 보임
   → 　　　　　큰 Trend는 1주 ~ 2주
   → 1개의 AwsRegion vs 다수의 AwsRegion

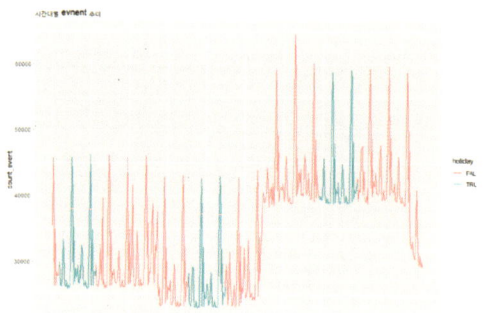

탐색 대상

1. 시스템 Anomaly
   ① Event 수 이상 검출
   ② Error Threat 수 이상 검출

2. 사용자 Anomaly
   ① 시스템 Average 에 대한 이상
   ② Personal Data에 대한 이상 (완전한 개인화는 어려움 ==> 3번 참조)
   ③ 다량의 sourceIPAddress 사용 → 10000개 이상의 sourceIPAddress의 경우도
   ④ 다수의 AwsRegion 사용 → 전체 Region 사용 경우도

3. Personalized Pattern Encoding → 완전한 개인화의 어려움 (그룹화를 할까?)
   ① 개인의 pattern에 대한 자료 부족
   ② 너무 많은 가짓수 (6347 종류)
   → Pattern이 있어야 AutoEncoding 사용 가능할 듯 !!!

다양하게 데이터를 탐색하던 중 특정 사용자의 활동에서 발생하는 이벤트 종류가 한정되어 있음을 확인할 수 있었습니다.

예를 들어 다음의 사용자는 활동이 있을때 'DescribeTargetHealth' 이벤트를 약 250번 호출하고 있습니다.

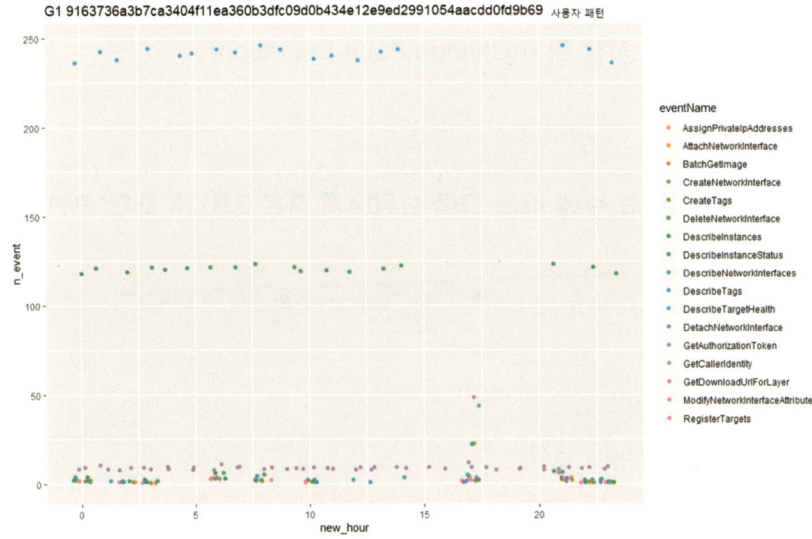

그리고, 다음의 사용자는 해당 이벤트를 약 400번 발생시키고 있습니다.

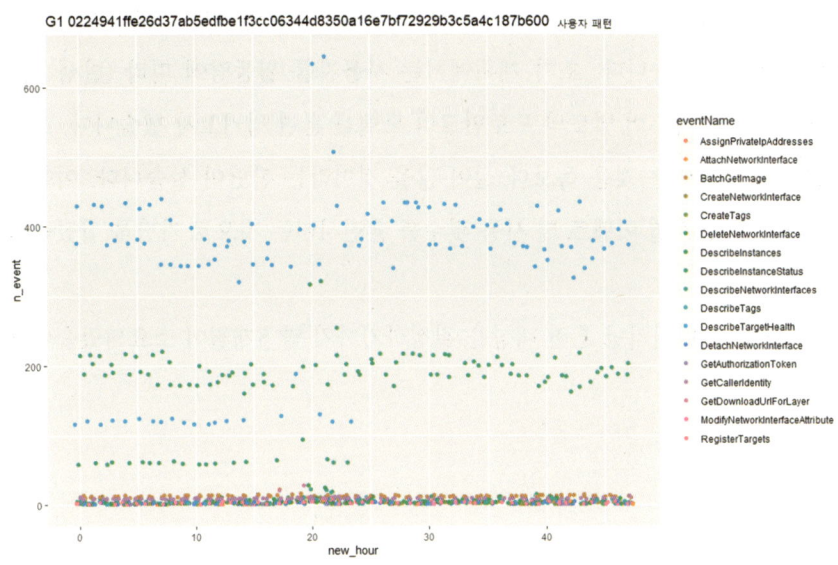

이와 같이 사용자별 사용 이벤트의 종류와 그 횟수에서 특정 패턴을 발견할 수 있었습니다. 이 패턴을 오토인코더에 학습시킨 계획을 세웠습니다.

Alert 대상

1. 시스템 Anomaly ➔ 변화 시점 탐지(Change Point Detection)
   ① Event 수 이상 검출
   ② Error Threat 수 이상 검출
2. 사용자 Anomaly ➔ 이벤트 수에 따른 그룹 설정(4개 혹은 3개) 후 패턴 훈련
   1) 사용자가 속할 그룹 선택
   2) 패턴에 사용할 필드 선정(이벤트 별 이벤트 수), 사용자 그룹
   3) 패턴 벡터 normalize
   4) train, test 데이터 분리 (8:2 정도 ?)
   5) Train 데이터로 Auto-Encoder 생성
   6) Test 데이터 입력 시, 원래 그룹 소속 그룹이 확률이 가장 높은 지 확인
   7) Auto-Encoder 모델의 정확도 평가

사용자별 이벤트별 횟수를 훈련시키는 것이 확실하기는 하나 모든 사용자에 대한 모델을 별도로 유지하는 것은 현실적이지 않았습니다. 초기 계획에서는 사용자를 활동량에 따라 (발생 이벤트 수에 따라) 3~4개의 그룹으로 나누어 별도의 오토인코더 모델을 훈련 시키고자 했습니다. 그러나, 이렇게 여러 개의 모델을 유지하는 것은 득보다 실이 많을 것이라는 판단이 섰습니다. 이에 따라 1개의 오토인코더 모델로 사용자별 이벤트 별 사용 횟수를 훈련시키는 것으로 가닥을 잡았습니다.

이렇게 데이터 탐색을 통한 머신러닝 훈련 대상을 결정하기까지 약 5개월이 소요되었습니다.

훈련데이터 전처리 방안

훈련 대상이 결정되었으므로 훈련이 잘 되도록 해당 데이터에 대한 전처리 방안을 구상했습니다. 이를 위해 먼저 훈련 대상 데이터를 시각화 하였습니다.

다음 그림은 각 사용자가 시간대별로 특정 이벤트를 얼마나 발생시켰는지를 보여줍니다. 그래프에서 색상은 이벤트의 종류를 나타냅니다.

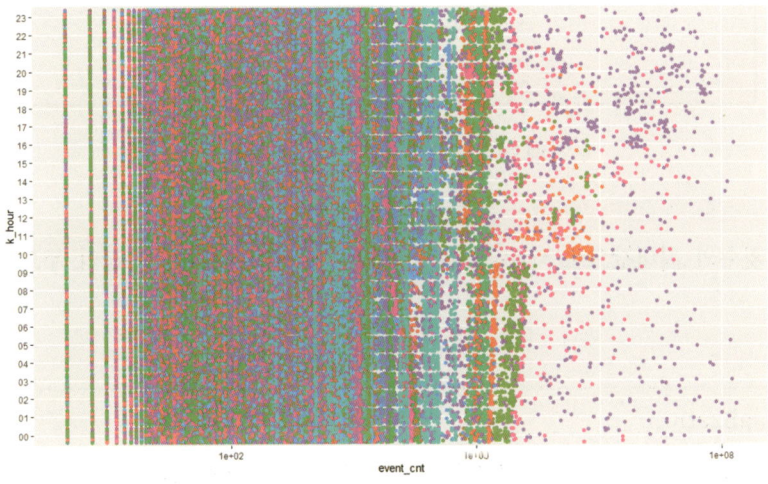

〈 사용자별 이벤트 별 시간에 따른 발생 횟수 〉

이를 각 이벤트의 최대 호출횟수로 나누는 최대-최소 정규화(Min-Max Normalization)을 시도했습니다.

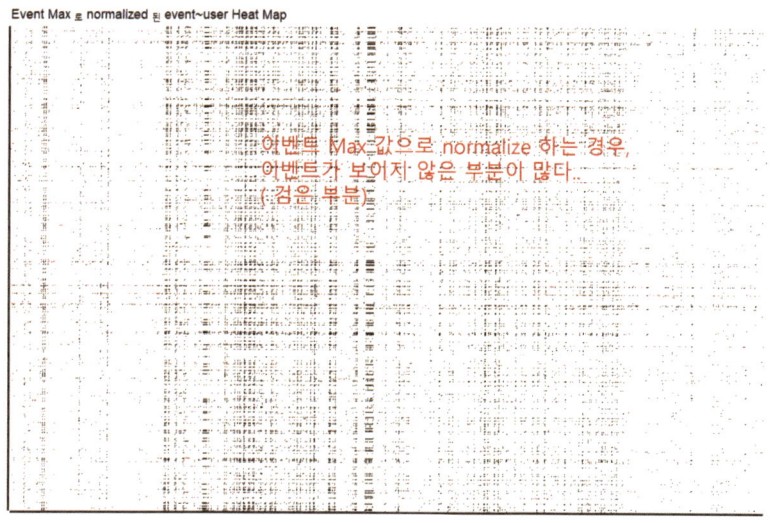

〈 이벤트 횟수에 의한 정규화 시도 〉

이벤트 발생 횟수의 최대값으로 나누어 주는 방식의 정규화 결과는 특징이 두드러져 보이지 않습니다.

정규화 (Normalization)
머신러닝에서 정규화는 모델 훈련이 더 잘될 수 있도록 데이터의 특징(feature)의 스케일(scale)을 조정하는 것입니다.

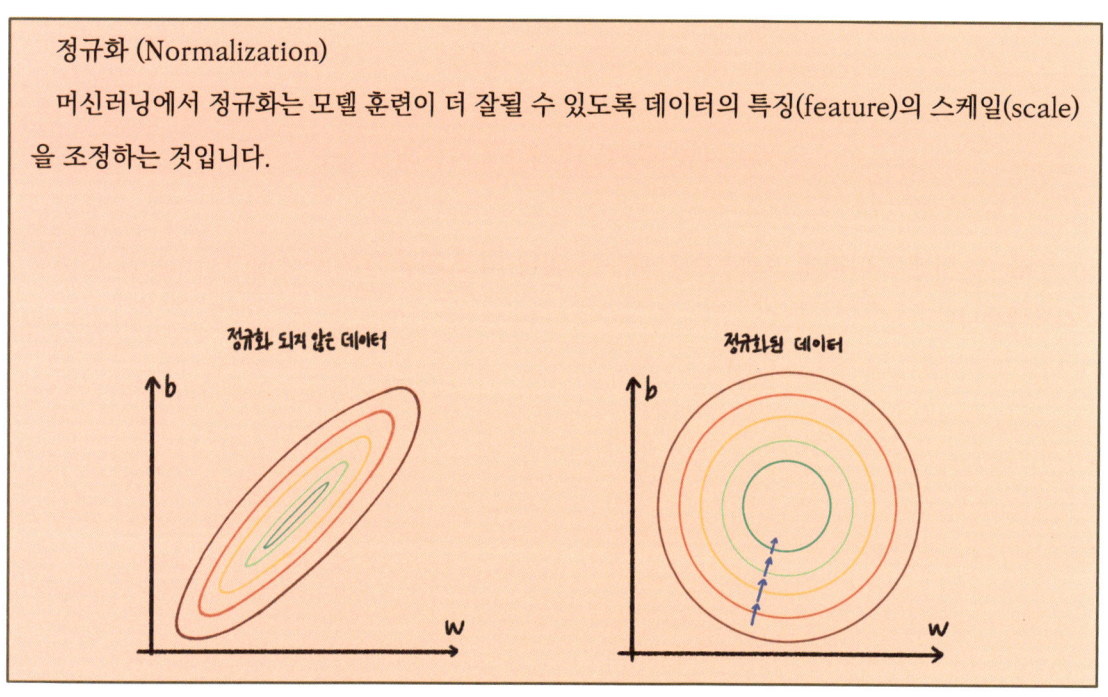

위의 그림에서 왼편 그림은 정규화 되지 않은 데이터를 나타냅니다. 머신러닝 모델이 최적화된 위치인 가운데로 이동하기 위해서는 왼쪽과 오른쪽 방향으로 왔다 갔다 하면서 훈련하게 됩니다. 그러나, 정규화된 오른쪽 그림에서는 곧바로 중심을 향해 훈련될 수 있습니다.

좀 더 구체적인 예를 들어보겠습니다.

집값을 예측하는 머신러닝 모델을 훈련시키는 경우를 살펴보겠습니다.

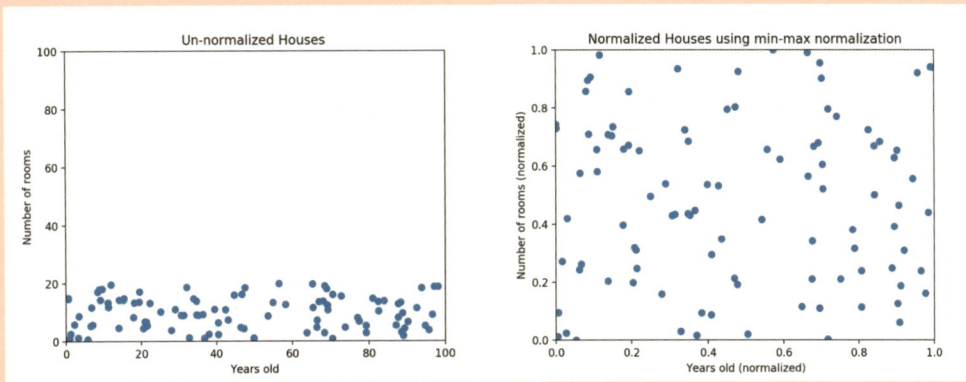

왼쪽의 정규화되지 않은 데이터 분포에서는 방의 수에 따른 데이터의 차이가 눈에 크게 띄지 않습니다. 20개 방을 가진 집과 1개 방을 가진 집 사이의 거리가 멀지 않습니다. 이 데이터로는 방의 수에 따른 변화를 모델이 잘 배우지 못하게 될 가능성이 높습니다. 반면 정규화된 오른쪽 데이터 분포에서는 방의 수와 집의 오래됨이 비슷한 크기를 가지게 되어, 두 가지 특징(feature)에 따른 집값의 차이를 훈련되는 모델이 잘 반영하게 됩니다.

대표적인 정규화 방법으로는 최대-최소 정규화(Min-Max Normalization)와 Z 값에 의한 정규화(Z-Score Normalization)가 있습니다.

최대-최소 정규화는 최소값을 0, 최대값을 1로 변환시키는 정규화로 다음과 같이 표현될 수 있습니다.

$$\frac{x - min}{max - min}$$

그리고, Z 값에 의한 정규화는 평균과 표준편차를 이용한 정규화입니다. 평균에서 몇 표준편차에 존재하는 지를 수치로 나타냅니다.

이에 각 사용자별 이벤트별 발생횟수의 최대값으로 정규화를 시도했습니다.

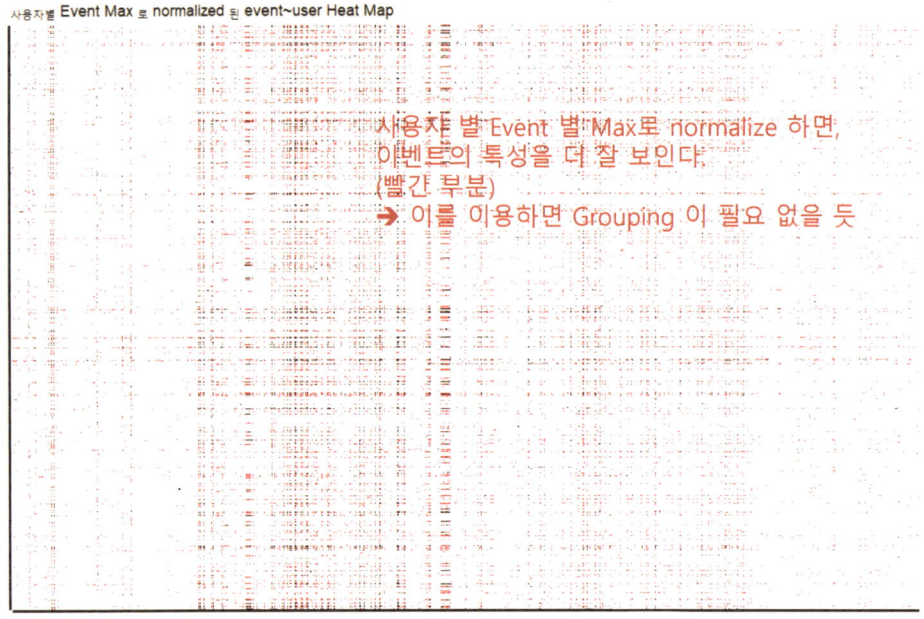

그 결과 데이터 분포가 빨간 부분과 검정 부분이 대조가 되어 특징을 잘 나타낼 수 있게 되었습니다. 이렇게 정규화한 데이터는 사용자 행동 특징을 보다 잘 보여줄 수 있을 것입니다.

실제 위의 두 가지 정규화 방식으로 오토인코더 모델을 훈련을 시켜보았습니다.

머신러닝 배웠으니 활용해 볼까요?

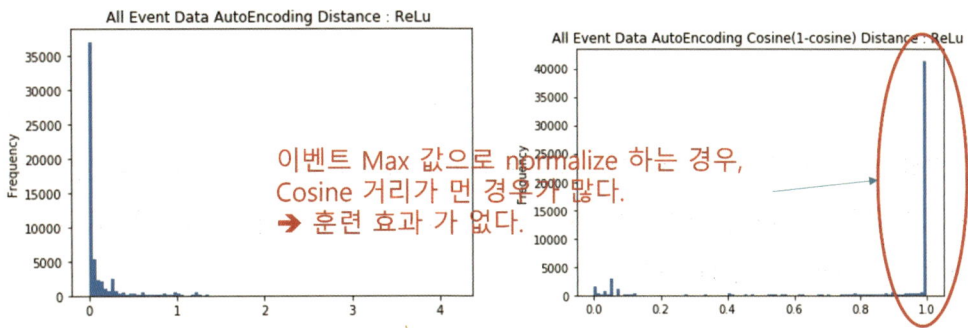

〈 이벤트 최대값에 의한 정규화 테스트 결과 〉

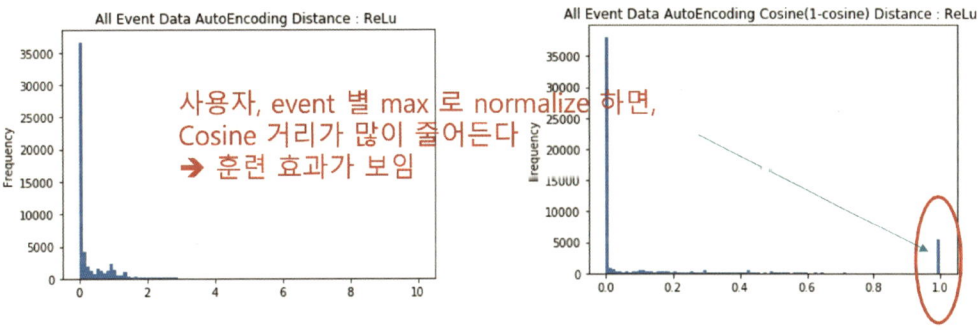

〈 사용자별 이벤트별 최대값에 의한 정규화 테스트 결과 〉

각 사용자별 이벤트의 최대값에 의한 정규화된 데이터가 보다 설득력 있는 결과를 보여줍니다.

훈련된 모델의 유효성 테스트

정규화된 데이터로 훈련된 오토인코더 모델은 과연 훈련되지 않은 입력이 있을 때 이를 구분할 수 있을까? 이에 대한 검증을 진행했습니다. 검증은 무작위로 생성한 데이터와 실제 데이터에 대한 모델의 출력 결과를 비교했습니다.

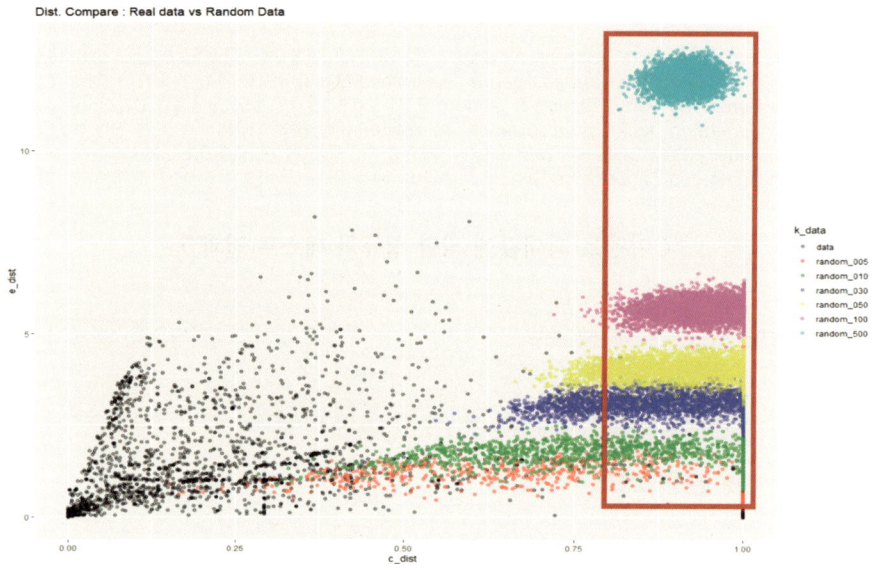

〈 실제 데이터 vs 무작위 데이터 비교 〉

그림에서 까만 점은 실제 데이터에 의한 모델 출력 결과입니다. 그리고, 색깔이 있는 점들은 각각 무작위로 5개, 10개, 30개, 50개, 100개, 그리고 500개 이벤트를 발생시켜서 훈련된 모델에 입력한 결과입니다. 모델에 의해서 실제 데이터와 구분되는 결과를 보이고 있습니다.

그런데 해킹을 당한 계정의 경우는 본인의 실제 활동에 해커의 활동이 더해져서 발생할 것입니다. 즉, 실제로 비교할 대상은 실제 데이터와 (실제 데이터 + 무작위 발생 데이터)입니다.

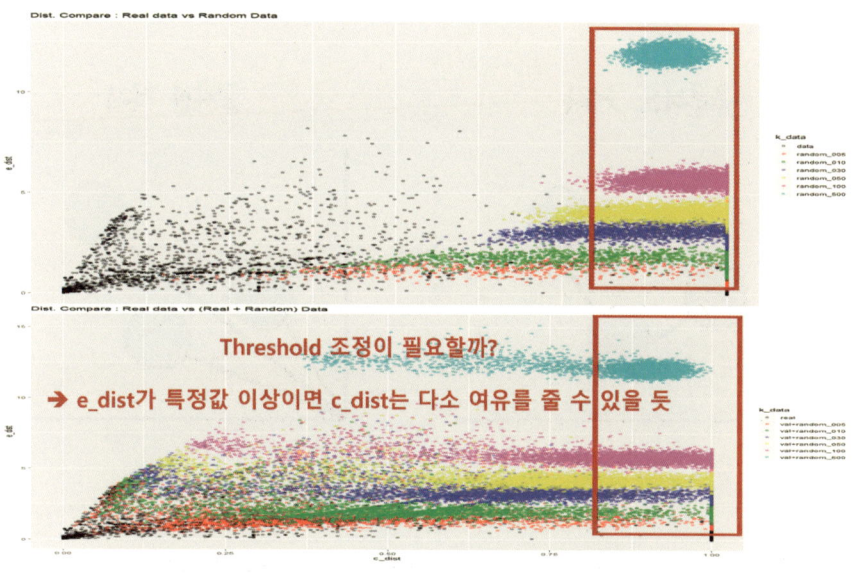

〈 실제 데이터 vs 실제 + 무작위 데이터 결과 비교〉

비교에는 유클리드 거리(Euclidean distance)와 코사인 거리(Cosine Diatance)를 같이 사용했습니다.

결과는 유클리드 거리에서 실제 데이터와 가상 데이터의 차이가 더 크게 보였습니다.

유클리드 거리(Euclidean Distance) vs 코사인 거리(Cosine Distance)

데이터 간의 거리를 측정하는 방법은 다양합니다. 대표적인 2가지 거리 측정법은 유클리드 거리(Euclidean Distance)와 코사인 거리(Cosine Distance)입니다.

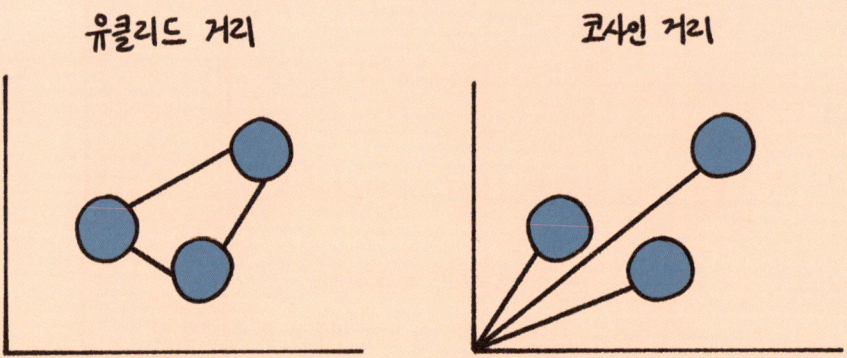

유클리드 거리는 좌표상에서 데이터 간의 직선거리를 나타냅니다. 그리고 코사인 거리는 좌표상에서 데이터의 각도 차이를 의미합니다.

코사인 유사도는 특히 문서 유사도를 측정하는데 유용합니다.

예를 들어 아래와 같은 문서 3개를 비교하는 경우를 생각해 보겠습니다.

문서 1 : 고양이 쥐

문서 2 : 고양이 쥐 강아지 호랑이

문서 3 : 고양이 쥐 고양이 쥐

위에서 비슷한 문서 두 개를 고른다면 어떻게 고르시겠습니까?

일반적인 판단으로는 고양이와 쥐가 들어있는 문서 1과 문서 3이 유사하다고 얘기할 것입니다.

이를 머신러닝 방식으로 비교해 보겠습니다.

먼저 위의 문서를 수치화(벡터화) 하겠습니다. 문서 데이터의 대표적인 수치화 방법은 각 단어의 사용 횟수를 세는 방법입니다. 사이킷런(scikit-learn)의 CountVectorizer 클래스에서 제공하는 방법입니다. 위의 세 개의 문서는 단순하니, 눈으로 단어 횟수를 세어 보겠습니다. 각 단어 출현 횟수를 수치화한 결과입니다.

	고양이	쥐	강아지	호랑이
문서 1	1	1	0	0
문서 2	1	1	1	1
문서 3	2	2	0	0

이를 파이선에서 사용하는 표현으로 바꾸면 아래와 같습니다.

(문서 1) = [1, 1, 0, 0]

(문서 2) = [1, 1, 1, 1]

(문서 3) = [2, 2, 0, 0]

위와 같이 수치화된 데이터의 유클리드 거리와 코사인 거리를 비교해 보겠습니다. 두 가지 거리를 구하는 간단한 프로그램을 작성했습니다.

```python
from numpy import dot
from numpy.linalg import norm
import numpy as np

def cos_distance(A, B):
    return np.round( 1 - dot(A, B)/(norm(A)*norm(B)), 2)
```

```
def euc_distance(A,B):
    return np.round(np.sqrt(np.sum((A - B)**2)))

doc1=np.array([1, 1, 0, 0])
doc2=np.array([1, 1, 1, 1])
doc3=np.array([2, 2, 0 , 0])

print( " 유클리드 거리 ==== ")
print("문서 1 과 문서 2 : ", euc_distance(doc1, doc2))
print("문서 1 과 문서 3 : ", euc_distance(doc1, doc3))
print("문서 2 과 문서 3 : ", euc_distance(doc2, doc3))

print( " 코사인 거리 ==== ")
print("문서 1 과 문서 2 : ", cos_distance(doc1, doc2))
print("문서 1 과 문서 3 : ", cos_distance(doc1, doc3))
print("문서 2 과 문서 3 : ", cos_distance(doc2, doc3))
```

(수행 결과)

유클리드 거리 ====

문서 1 과 문서 2 : 1.41

문서 1 과 문서 3 : 1.41

문서 2 과 문서 3 : 2.0

 코사인 거리 ====

문서 1 과 문서 2 : 0.29

문서 1 과 문서 3 : 0.0

문서 2 과 문서 3 : 0.29

> 위의 결과를 보시면 유클리드 거리는 문서 1과 문서 2, 그리고 문서 1과 문서 3이 1.41로 동일합니다. 유클리드 거리로 판정하면 문서 2와 문서 3이 문서 1에 대해서 동일한 거리만큼 떨어져 있습니다.
>
> 그런데, 코사인 거리로 하면 문서 1과 문서 3은 거리가 0으로 동일하다고 판정됩니다. 문서의 유사도 판단에서는 코사인 거리를 기반으로 하는 것이 직관적인 판단과 일치합니다.

새로운 이벤트와 사용자에 대한 처리

훈련된 오토인코더 모델은 이전에 없던 AWS 이벤트를 입력으로 받아들일 수 없습니다. 그리고, 새로운 사용자가 추가된 경우도 이전 기록이 없기 때문에 모델이 출력 결과를 신뢰할 수 없습니다. 따라서, 새로운 이벤트가 발생하거나 새로운 사용자가 추가된 경우는 별도로 통지할 필요가 있습니다.

그리고, 다음 훈련 시에는 이 데이터가 추가될 것입니다.

미팅 Revlew

✓ 사용자, 서비스 별 Max 이벤트 값을 이용하여 Normalizing.
- 1개의 모델로 전체 사용자 event 패턴 훈련
- 훈련 데이터가 존재하는 범위를 확인 ➔ 그 이상의 데이터를 reporting

✓ 새로운 데이터를 훈련된 모델에 넣어 유클리드, 코사인 거리 측정.
- 출력 데이터에서 reporting을 위한 threshold 값 설정 필요
➔ Threshold 찾기 ~~~

✓ 훈련 데이터에 없는 사용자, 서비스, 이벤트의 처리
- 새로운 서비스는 운영자가 알게 되므로 reporting 할 필요 없음
- 새로운 사용자, 이벤트는 reporting 후, 다음 훈련 데이터로 사용

➔ Reporing 내용 : New User, New Event, Threshold 이상의 Top 10 사용자

대용량 데이터 처리

이제 모델도 결정되고 훈련 데이터도 준비가 되어서 실제 훈련을 시작했습니다. 그런데 한 가지 문제가 생겼습니다. 테스트에 사용했던 데이터는 실제 데이터의 작은 부분이었습니다. 실제 데이터는 하루에 수십 기가의 크기였습니다. 머신러닝 모델을 훈련시키기 위해서 이를 메모리에 올리는 것은 상당히 부담스러운 일이었습니다. 데이터를 읽어오는 시간도 오래 걸리고, 훈련에 필요한 메모리 양도 상당히 커졌습니다. 이를 해결하기 위한 방법이 필요했습니다.

대용량 데이터 문제와 해결책

- ✓ 일반 사용자 로그는 양이 많음 ➔ 메모리 용량 초과.
    1) 그룹화 가능성 ➔ 지역별, 사용자 이름의 알파벳 사전화, 서비스 별 등
    2) 취합 기간 늘림 ➔ 기존 1시간 단위를 하루, 일주일 단위 집계
    3) 취합 주기 줄임 ➔ 매일 취합
    4) 데이터 저장 방법 효율화 ➔ 분할 저장, 분할 로딩, sparse 형식 사용
        - Sparse 데이터 형식, keras의 generator 사용
- ✓ Sparse 형식 vs Dense 형식
    - Sparse vs Dense 용량 차이는 (Data에 따라) 1000 까지 차이가 남
    - Deep Learning 훈련 시에는 Dense 형식 필요

몇 가지 방안을 고려했는데, 최종적으로 데이터 저장 방식을 밀집(Dense) 방식 대신에 희소(Sparse) 방식으로 변경하였습니다.

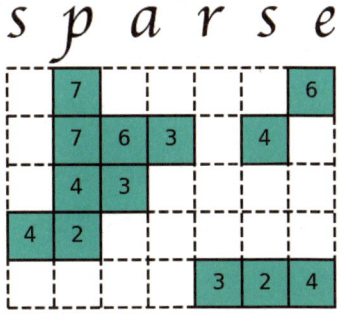

밀집(Dense) 방식과 희소(Sparse) 방식의 표현법은 다음과 같은 차이를 보입니다.

```
In [8]: coo = sparse.coo_matrix((data, (row, col)), shape=(6, 7))
In [9]: print(coo)  # coordinate-value format
# (1, 1)    2
# (3, 4)    5
# (0, 2)    9
# (2, 3)    1
# (4, 3)    6
In [10]: coo.todense()  # coo.toarray() for ndarray instead
Out[10]:
matrix([[0, 0, 9, 0, 0, 0, 0],
        [0, 2, 0, 0, 0, 0, 0],
        [0, 0, 0, 1, 0, 0, 0],
        [0, 0, 0, 0, 5, 0, 0],
        [0, 0, 0, 6, 0, 0, 0],
        [0, 0, 0, 0, 0, 0, 0]])
```

희소(Sparse) 행렬 표현법은 0이 아닌 데이터가 존재하는 위치와 그 값을 저장합니다. 위의 예에서는 (1,1) 위치에는 2가 존재하고, (3,4) 위치에는 5가 존재합니다. 이를 밀집(Dense) 행렬 표현법은 0을 그대로 모두 표시합니다. 데이터가 존재하는 위치가 적을수록 희소(Sparse) 행렬 표현을 사용했을 경우에 메모리 절약이 커집니다. 훈련에 사용하는 AWS 이벤트 데이터의 경우, 희소 행렬 표현은 밀집 행렬 표현에 비해 그 크기가 약 1/1000로 줄어들었습니다.

그런데 문제는 머신러닝 모델의 입력과 출력이 희소(sparse) 표현법을 지원하는가를 확인해야 합니다. 케라스를 이용한 딥러닝 모델의 경우 입력에서는 아래와 같이 희소 표현법을 지원합니다.

```
tf.keras.Input(
    shape=None,
    batch_size=None,
    name=None,
    dtype=None,
    sparse=None,
    tensor=None,
    ragged=None,
    type_spec=None,
    **kwargs
)
```

그러나 출력 부분에서는 희소 표현법이 지원하지 않습니다. 이상치 감지를 위해 사용하는 오토인코더 모델은 입력과 출력이 동일한 데이터를 사용합니다. 따라서, 오토인코더에는 희소 표현법을 사용할 수가 없었습니다. 이런 제약으로 인해 모델 훈련에서는 다음과 같이 희소 표현 방식의 데이터에서 한번 배치 작업을 위한 만큼의 데이터를 밀집 표현 방식으로 변환하여 입력하는 방식을 사용했습니다.

```python
def generate_arrays_from_file(f_data, b_size) :
    # 1. sparse input을 읽어들임
    # 2. 무한 루프로
    #   2-1. 주어진 배치 만큼 잘라냄
    #   2-2. 자른 slice를 dense 형으로 바꿈
    #   2-3. 변환된 np.array를 yield 함
    sparse_matrix = scipy.sparse.load_npz(f_data)
    print("loaded matrix shape = ", sparse_matrix.shape)
    pos_reading = 0
    while True :
        batch_data = sparse_matrix[pos_reading:pos_reading + b_size,:]
        batch_data = scipy.sparse.csr_matrix.todense(batch_data)
        yield batch_data, batch_data
        pos_reading += b_size
```

〈 희소 표현 행렬을 밀집 표현 행렬로 변환 〉

데이터 수집 툴과의 연동

해당 고객사에서는 AWS에서 모니터링 데이터를 취합하는 툴로서 스플렁크(Splunk)를 사용하고 있었습니다. 취합된 데이터를 훈련된 오토인코더 모델을 통해 예측 결과를 만들었을 경우, 그 결과를 다시 스플렁크의 대시보드로 내보내야 했습니다. 이를 위해서는 스클렁크와 훈련된 모델을 연동시켜야 하는데, 고객사에서는 딥러닝을 지원하지 않는 오래된 버전을 사용하고 있었습니다. 그렇다고 고객사의 스플렁크 버전을 올리는 것은 상당히 큰 작업이어서 진행하기 어려웠습니다.

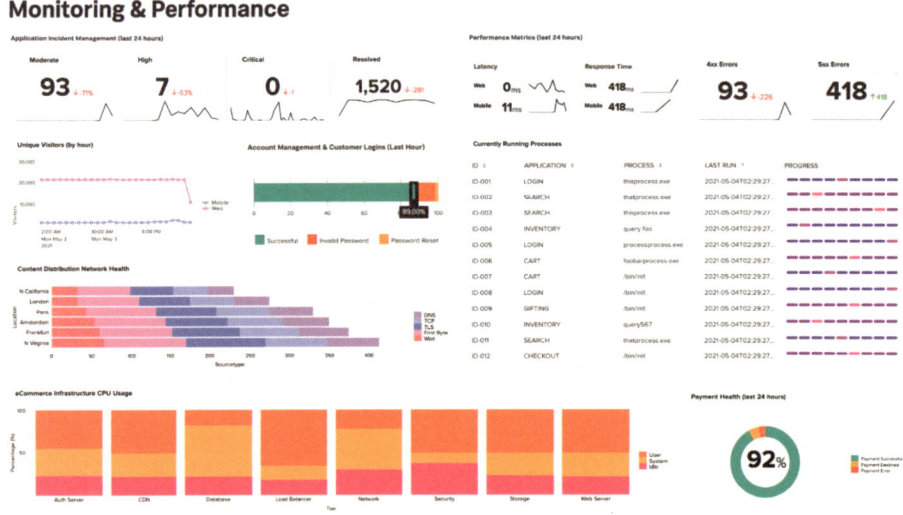

〈 스플렁크 대시보드 〉

바로 연동할 방법이 없기 때문에 별도의 AWS 인스턴스에서 텐서플로우(tensorflow)를 설치하여 훈련된 모델을 운영하는 방법을 택했습니다. 데이터의 전달은 취합된 데이터를 파일로 저장하고, 모델은 전달받은 파일에서 데이터를 읽어서 예측을 진행했습니다. 그리고, 결과도 CSV(Comma Separated Value) 형식 파일로 전달했습니다 모델을 실행하는 AWS 인스턴스는 GPU가 필요했고, 메모리도 상대적으로 많이 필요했습니다. 그러나 해당 인스턴스는 모델에 의한 예측 동안에만 필요하므로 하루 10분 내외의 시간 동안만 사용했습니다.

운용 방안

이제 모델의 유용성과 연동 방안까지 정리가 되었습니다. 다음으로 장기적인 모델의 운용 방안을 준비했습니다.

Auto Encoder 생성 절차

1. 매달 훈련 데이터 취합
2. 서비스, 사용자, 날짜, 시간, 이벤트 별 발생 수 취합
3. 서비스, 사용자, 이벤트 별 Normalization (Max 값으로 나눔)
    → 이벤트의 영향력을 표준화
4. 달 별로 데이터 취합 저장
5. 매달 추가된 데이터 통합 훈련
    → 1년(12개월) 데이터 유지

〈 오토 인코더 모델 운용 계획 〉

모델의 훈련은 매달마다 합니다. 그리고, 조직의 변화는 일년 단위일 것으로 판단하여 훈련용 데이터는 1년분을 유지합니다. 그리고, 이전에 발생했던 이벤트 이름과 활동했던 사용자는 별도의 파일로 관리합니다.

2 AutoEncoder 기반 이상 징후 탐지 프로그램

1. normalizer.py : AutoEncoder 훈련 데이터 전처리
   - 입력 : cloudtrail.csv (service, k_day, k_hour, username, eventName, event_cnt)
   - 출력 : train_data.csv, val_data.csv, event_names.csv, event_max.csv, train_data_index.csv, val_data_index.csv, train_data_sparse.npz, test_data_sparse.npz user_names.csv

2. Model_gen.py : AutoEncoder 훈련 후 모델 생성
   - 입력 : event_names.csv, event_max.csv, train_data_index.csv, val_data_index.csv, train_data_sparse.npz, test_data_sparse.npz
   - 출력 : model_encoded.h5

3. predict.py   : 생성된 모델을 이용하여 이상징후 탐지
   - 입력 : model_encoded.h5, event_names.csv, event_max.csv, new_inputs.csv, user_names.csv
   - 출력 : new_outputs.csv, new_users.csv, new_events.csv

〈 오토인코더 이상징후 탐지 프로그램 구성 〉

오토인코더 기반 이상징후 탐지 프로그램은 다음의 3개의 모듈로 구성이 됩니다.

1. 데이터 전처리를 위한 정규화 모듈(normalizer.py)
2. 모델 훈련을 위한 모듈 (model_gen.py)
3. 훈련된 모델을 이용하여 이상징후를 탐지하는 예측 모듈(predict.py)

이상으로 프로젝트 시작에서 모델을 실제 환경에 적용하는 1년간의 과정에 대한 정리를 마칩니다. 초기 머신러닝의 대상과 입력 데이터 필드를 결정하는 과정이 지연되면서, 프로젝트 마무리에 대한 걱정도 있었습니다. 진행과정에서도 처리가 어려운 크기의 데이터, 대시보드와 연동 등 크고 작은 이슈가 있었습니다. 1년 동안 발생하는 문제에 하나하나 대응하고 마무리가 될 수 있었던 것은 토론과 작업에 적극적으로 임해주신 프로젝트 참여하신 분들 덕분이라 생각됩니다. 프로젝트의 성공은 참여자에 의지가 좌우하는 것 같습니다.

드론 이미지 판정 및 폭 자동 계산

아시는 분으로부터 드론 이미지에 대한 분석 요청을 받았습니다. 건물 외벽의 균열, 백태 등의 이상을 판정하는 딥러닝 모델 생성에 대한 것이었습니다.

수집된 5 종류의 이상(균열, 박리, 박락, 백태, 철근노출)에 대해서 딥러닝 모델로 훈련시켜 판정을 내리고 그 크기를 자동 계산하는 내용입니다. 이미지에서의 크기이므로 단위는 픽셀(pixel) 단위로 판정했습니다. 하나의 픽셀의 실제 크기는 사진을 찍는 시점에서 드론과 대상 건축물 사이의 거리를 바탕으로 계산하기로 결정을 하였습니다.

처리해야 할 작업은 크게 2가지로 1) 어떤 이상인지에 대한 판정과 2) 균열로 판정될 경우 폭, 길이에 대한 자동계산이었습니다.

Crack 판정 절차

1. Drone 동영상에서 Crack Detection (Object Detection – YOLO)
2. Detection 된 영역 정밀 촬영
   1) Crack 크기 확인을 위한 정보 포함
   2) 그림자 효과 없애기 위한 flash
3. 정밀 촬영 사진 판별 (Classification – CNN 혹은 YOLO)
4. 균열 영역 확인 (Segmentation 혹은 Filtering)
5. 균열 폭, 길이 계산

→ Detection, Classification, Segmentation/Filtering 모델 필요

이상 형태 판정 모델 훈련

드론에서 찍은 이미지에 대한 이상 형태에 대한 판정은 이미지 분류만 잘 되어 있다면 어렵지 않은 부분이었습니다. 간단한 컨볼루션 신경망(CNN – Convolutional Neural Network)으로도 가능할 것이라 생각했습니다.

```python
model = models.Sequential()
model.add(layers.Conv2D(32, (3, 3), activation='relu',
        input_shape=(input_height, input_width, input_channel)))
model.add(layers.Conv2D(32,(3,3), activation='relu'))
model.add(layers.MaxPooling2D((2, 2)))
model.add(layers.Conv2D(64, (3, 3), activation='relu'))
model.add(layers.Conv2D(64, (3, 3), activation='relu'))
model.add(layers.MaxPooling2D((2, 2)))
model.add(layers.Conv2D(128, (3, 3), activation='relu'))
model.add(layers.Conv2D(128, (3, 3), activation='relu'))
model.add(layers.MaxPooling2D((2, 2)))
model.add(layers.Conv2D(128, (3, 3), activation='relu'))
model.add(layers.Conv2D(128, (3, 3), activation='relu'))
model.add(layers.MaxPooling2D((2, 2)))
model.add(layers.Flatten())
model.add(layers.Dense(512, activation='relu'))
# 8개에 대한 Classification
# model.add(layers.Dense(num_classes, activation='softmax'))
model.add(layers.Dense(num_classes, activation='sigmoid'))
```

〈 이상 형태 판정을 위한 CNN 모델 〉

엔비디아(NVIDIA) GPU 서버에서 텐서플로우(tensorflow)와 케라스를 모델을 구성하고 훈련시켰습니다. 수집된 이미지의 다양한 면을 살피기 위해서 케라스의 이미지 데이터 증강 클래스 ImageGenerator를 사용하여 훈련할 이미지를 생성하였습니다.

```python
from tensorflow.keras.preprocessing.image import ImageDataGenerator

# 모든 이미지를 1/255로 스케일을 조정합니다
train_datagen = ImageDataGenerator(rescale=1./scale_factor,
                                   rotation_range=5,
                                   width_shift_range=10,
                                   height_shift_range=10,
                                   channel_shift_range=0,   # Color 변화
                                   brightness_range=[0.7,1.0],
                                   shear_range=0.2,
                                   zoom_range=0.2,
                                   )

train_generator = train_datagen.flow_from_directory(
        # 타깃 디렉터리
        train_dir,
        # 모든 이미지를 150 × 150 크기로 바꿉니다
        target_size=(input_height, input_width),
        batch_size=input_batch_size,
        # binary_crossentropy 손실을 사용하기 때문에 이진 레이블이 필요합니다
        class_mode='categorical')
```

〈 데이터 증강을 한 케라스 ImageGeneraor 〉

데이터 증강 (Data Augmentation)
데이터 증강은 기존 데이터를 약간의 변형을 통해 가상의 새로운 데이터를 생성하는 작업입니다. 데이터가 많아질수록 훈련된 모델의 정확도는 높아집니다.

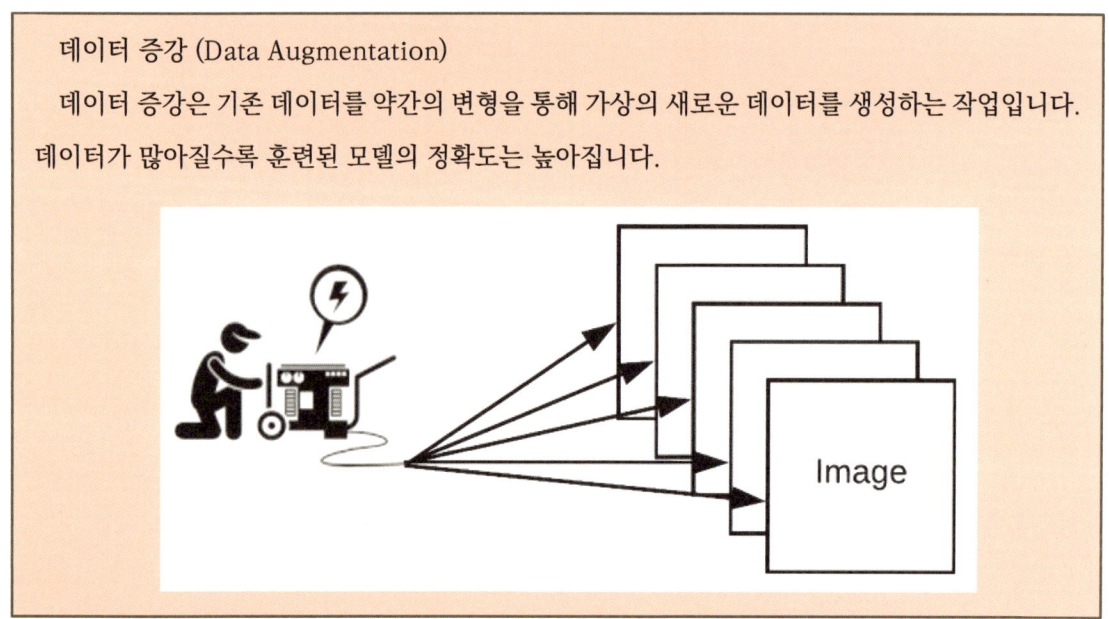

케라스에는 이미지 데이터 증강 클래스인 ImageGenerator가 내장되어 있습니다. 해당 클래스는 원본 이미지에 대한 이동, 회전, 밝기 조절 등 다양한 변환 기능을 제공하고 있습니다.

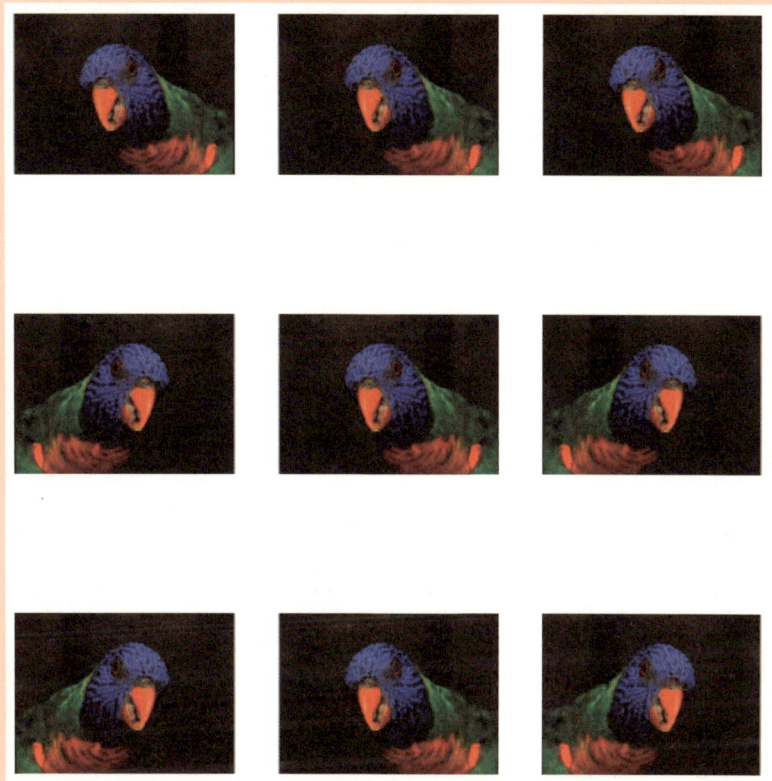

〈 ImageGenerator에 의해 생성된 이미지 〉

케라스는 내장된 데이터 증강 클래스와 사용자가 직접 데이터 증강 클래스를 만들 수 있는 방법을 제공합니다.

그런데 다양한 건축물의 다양한 형태의 이미지에서 패턴을 찾는 작업은 쉬운 일은 아니었습니다. 예를 들어 아파트 벽면 균열 이미지와 육교의 균열 이미지는 차이가 큽니다. 더욱이 나누어진 이상 상태가 상호 독립적이지 않습니다. 철근 노출은 균열이나 박락 등이 같이 존재합니다. 그런데 이미지에 대한 레이블은 한 가지로만 되어 있습니다. 이에 대한 논문을 확인하였습니다. 그러나 적용은 다음 고도화 프로젝트로 넘겼습니다.

		Linear				Fine-Tuned			
Loss	Labels Per Image	VOC12	COCO	NUS	CUB	VOC12	COCO	NUS	CUB
$\mathcal{L}_{BCE}$	All Pos. & All Neg.	86.7	70.0	50.7	29.1	89.1	75.8	52.6	32.1
$\mathcal{L}_{BCE-LS}$	All Pos. & All Neg.	87.6	70.2	51.7	29.3	90.0	76.8	53.5	32.6
$\mathcal{L}_{IUN}$	1 Pos. & All Neg.	86.4	67.0	49.0	19.4	87.1	70.5	46.9	21.3
$\mathcal{L}_{IU}$	1 Pos. & 1 Neg.	82.6	60.8	43.6	16.1	83.2	59.7	42.9	17.9
$\mathcal{L}_{AN}$	1 Pos. & 0 Neg.	84.2	62.3	46.2	17.2	85.1	64.1	42.0	19.1
$\mathcal{L}_{AN-LS}$	1 Pos. & 0 Neg.	85.3	64.8	48.5	15.4	86.7	66.9	44.9	17.9
$\mathcal{L}_{WAN}$	1 Pos. & 0 Neg.	84.1	63.1	45.8	17.9	86.5	64.8	46.3	20.3
$\mathcal{L}_{EPR}$	1 Pos. & 0 Neg.	83.8	62.6	46.4	18.0	85.5	63.3	46.0	20.0
$\mathcal{L}_{ROLE}$	1 Pos. & 0 Neg.	86.5	66.3	49.5	16.2	87.9	66.3	43.1	15.0
$\mathcal{L}_{AN-LS}$ +LinearInit.	1 Pos. & 0 Neg.	-	-	-	-	86.5	69.2	50.5	16.6
$\mathcal{L}_{ROLE}$ +LinearInit.	1 Pos. & 0 Neg.	-	-	-	-	88.2	69.0	51.0	16.8

Table 1. Multi-label test set mean average precision (MAP) for different multi-label losses on four different image classification datasets. We present results for two scenarios: (i) training a linear classifier on fixed features and (ii) fine-tuning the entire network end-to-end. In all cases the backbone network is an ImageNet pre-trained ResNet-50. All methods below the break use only one positive per image (*i.e.* 1 Pos. & 0 Neg.), while methods above the break use additional supervision. In each column we bold the best performing single positive method and underline the second-best. For each method and we select the hyperparameters that perform the best on the held-out validation set. For losses labeled with "LinearInit." we freeze the weights of the backbone network for the initial epochs of training and then fine-tune the entire network end-to-end for the remaining epochs. Note that this linear initialization phase is identical to the training protocol for the "Linear" results.

실제 훈련에서는 증강된 이미지 데이터와 필터 개수와 레이어 수 등 몇 가지 튜닝을 거쳐 약 86% 정도의 판정 정확도를 가진 모델을 생성했습니다. 모델 훈련에는 약 14.6 시간이 소요되었습니다.

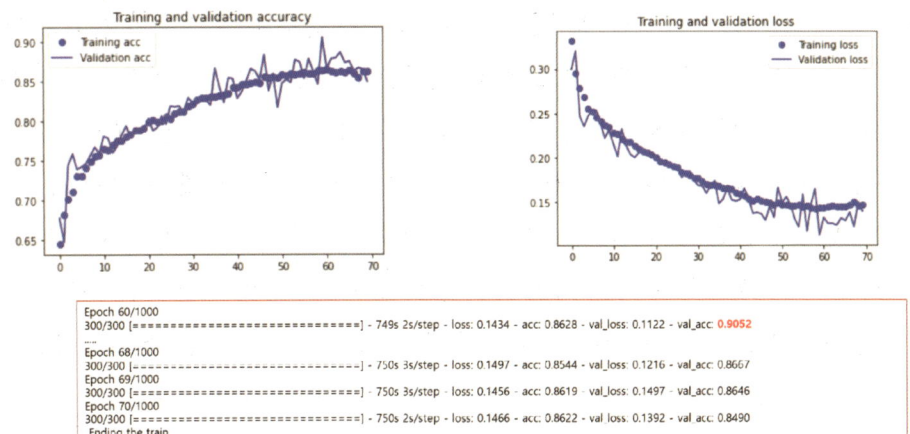

〈 균열 판정 모델 훈련 〉

　딥러닝 모델 훈련에 소요되는 시간은 훈련 데이터의 크기와 개수, 모델의 유형과 크기에 따라 큰 차이가 있습니다. 특히 그래픽 처리 장치 (GPU : Graphics Processing Unit)를 사용하면 딥러닝 훈련시간을 크게 단축할 수 있습니다. 위에서 14.6 시간의 훈련시간은 GPU 장비를 사용해서 얻어진 시간입니다. GPU의 도움이 없었다면 훈련시간은 10배는 더 소요되었을 것입니다.

중앙처리장치(CPU : Central Processing Unit) vs 그래픽 처리장치(GPU : Graphics Processing Unit)

딥러닝 모델 훈련은 많은 수학적 계산을 필요로 합니다. 그런데 그 계산이 어려운 계산은 아닙니다. 컴퓨터에서 계산은 일반적으로 중앙 처리장치(CPU)에서 이루어집니다. 컴퓨터의 응용분야가 넓어지고 많아지면서 수행할 계산이 많아지다 보니 중앙 처리장치(CPU)에 부담이 급격히 증가하게 되었습니다. 이에 중앙처리장치의 부하를 덜어줄 방법이 필요했습니다.

그래픽 처리장치(GPU)는 중앙처리장치가 하는 계산작업 중에서 쉬운 작업을 대신하기 위해 만들어졌습니다. 그 이름처럼 시작은 화면에 그림을 그리는 작업을 처리하기 위해서 만들어졌습니다. 게임과 같은 프로그램에서는 어느 위치에 어떤 그림이 그려져야 할지 빠르게 계산되어야 합니다. 이 모든 계산을 중앙처리장치에서 수행하면 보이는 화면이 느려지게 됩니다. 이를 빠르게 처리해주는 것이 그래픽 처리장치(GPU)입니다.

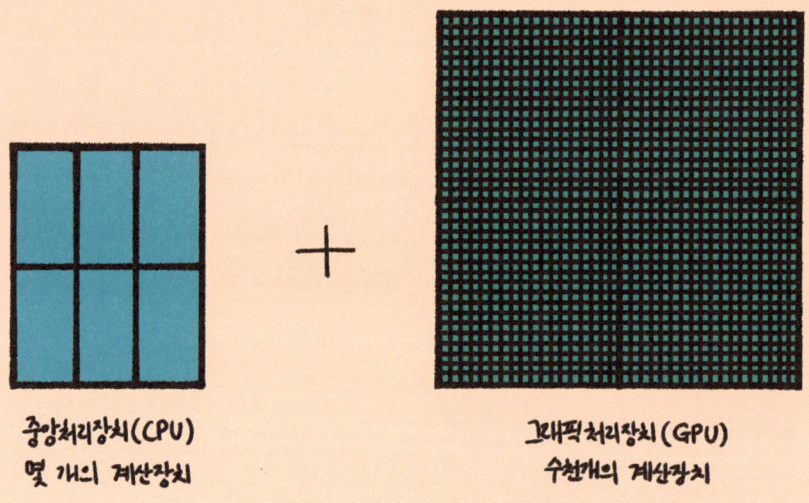

중앙처리장치(CPU)
몇 개의 계산장치

그래픽처리장치(GPU)
수천개의 계산장치

위의 그림에서 보시면 중앙 처리장치(CPU)에는 복잡한 계산까지 가능한 계산장치(core)가 몇 개 있습니다. 그래픽 처리장치(GPU)는 단순한 계산이 가능한 수천 개의 계산장치(core)로 구성됩니다. 각 계산 장치는 동시에 계산이 가능합니다. 따라서 많은 양의 단순한 계산이라면 그래픽 처리장치(GPU)가 중앙 처리장치(CPU)에 비해서 수십 배 빠릅니다.

딥러닝의 훈련과정에서는 더하기, 빼기, 곱하기 등 단순한 계산을 엄청나게 많이 해야 합니다. 이 계산은 그래픽 처리장치(GPU)에서 처리하기 적합한 형태입니다.

그래픽 처리장지(GPU)의 발달로 딥러닝 훈련시간은 수십 배 이상 빨라졌습니다. 이러한 하드웨어의 발전은 딥러닝 기술 발전의 기반이 되었습니다.

비교 항목	CPU	GPU
의미	중앙처리장치(Central Processing Unit)	그래픽 처리장치(Graphics Processing Unit)
방향성	낮은 지연시간	높은 처리량
장점	순차 처리	병렬 처리
계산장치(core)	수십 개의 강력한 계산장치	수천 개의 단순한 계산장치
속도	효율적	중앙처리장치보다 빠름

딥러닝 모델을 훈련시킬 경우에 훈련 데이터에 대한 과적합을 방지하기 위한 방법으로 케라스(Keras)에서는 'EarlyStopping' 클래스를 제공합니다.

2 EarlyStopping

EarlyStopping class

```
tf.keras.callbacks.EarlyStopping(
    monitor="val_loss",
    min_delta=0,
    patience=0,
    verbose=0,
    mode="auto",
    baseline=None,
    restore_best_weights=False,
)
```

EarlyStopping 클래스는 훈련 시에 지정된 손실 함수(loss)의 값이 더 이상 줄어들지 않으면 훈련을 중단시킵니다. 위의 예에서는 '검증 손실(val_loss)' 값이 줄어들고 있는지를 살펴봅니다. 클래스 사용에서 중요한 파라미터는 'patience'입니다. '인내'를 의미하는 이 파라미터는 검증 손실이 줄어들지 않는 것을 얼마나 참고 기다릴 것인가를 뜻합니다. 예를 들어서 patience=3 으로 설정하면 3 에포크(epoch) 동안 '감시(monitor)'하는 값이 줄어들지 않으면 훈련을 중단합니다.

훈련과정에서 유용한 또 다른 케라스 클래스는 'ModelCheckpoint'입니다. 여기서 'Checkpoint'라는 것은 컴퓨터에서 자료에 대한 변경을 수행하기 전에 데이터를 복제해 두는 것을 의미합니다

DEFINITION

checkpoint

 By TechTarget Contributor

What is a checkpoint?

A checkpoint, in a virtualization context, is a snapshot of the state of a virtual machine. Like a restore point in Windows operating systems, a checkpoint allows the administrator to return the virtual machine to a previous state.

Checkpoints are most commonly used to create backups before conducting updates. Should an update fail or cause problems, the administrator can return the virtual machine to its state prior to the update. The *recover* action is used to return the system to the checkpoint state.

딥러닝 모델에서 Checkpoint를 만드는 것은 추가적인 훈련을 해서 모델의 변경이 이루어지기 전에 모델을 저장해두는 것입니다. 추가적인 훈련으로 모델이 과적합될 경우 Checkpoint에서 저장된 모델을 사용하고자 하는 것입니다.

ModelCheckpoint

`ModelCheckpoint` class

```
tf.keras.callbacks.ModelCheckpoint(
    filepath,
    monitor="val_loss",
    verbose=0,
    save_best_only=False,
    save_weights_only=False,
    mode="auto",
    save_freq="epoch",
    options=None,
    initial_value_threshold=None,
    **kwargs
)
```

Callback to save the Keras model or model weights at some frequency.

기본적으로는 매 에포크(epoch)마다 훈련된 모델을 저장합니다. 이 방식은 상당히 많은 모델을 저장하게 되어, 디스크를 불필요하게 사용하게 됩니다. 매번 저장하기 위한 시간도 소요됩니다. 게다가 저장된 모델 중에서 최상의 모델이 어떤 것인지 찾기도 어렵습니다.

이런 불편을 줄여주는 옵션이 'save_best_only' 입니다. 이 값을 'True'로 설정해 주면 훈련에 의해서 'monitor'에 설정한 값이 나아졌을 경우에만 모델을 저장합니다. 이 옵션을 설정해 두면, 최종적으로 저장된 모델이 최상의 모델이 됩니다.

EarlyStopping 클래스와 ModelCheckpoint 클래스는 옵션을 설정하여 인스턴스를 생성한 후에 아래와 같이 모델을 훈련시키는 fit() 함수 호출 시에 'callbacks' 옵션에 지정해 주면 됩니다.

```python
early_stopping_patience = 10
# Add early stopping
early_stopping = keras.callbacks.EarlyStopping(
    monitor="val_loss", patience=early_stopping_patience, restore_best_weights=True
)
# Add Model Checkpoint
model_checkpoint = keras.callbacks.ModelCheckpoint(
    filepath = "/notebook/swkang/model", monitor="val_loss",    save_best_only=True
)

num_epochs=1000
history = model.fit_generator(
    train_generator,
    steps_per_epoch=100,
    epochs=num_epochs,
    validation_data=validation_generator,
    callbacks=[early_stopping, model_checkpoint],
    validation_steps=20)
```

위의 설정으로 모델 훈련에서 과적합을 방지하고, 최적으로 훈련된 모델을 저장할 수 있습니다.

균열의 길이와 폭 자동 계산

균열 이미지에 대해서는 균열의 폭과 길이를 자동으로 계산할 수 있는 기능이 요구되었습니다. 한 지점에서의 균열의 폭은 adaptive 원형 마스크(Circular Mask) 법을 이용하여 계산했습니다

Crack 폭 계산 (원형 마스크법)

Crack 의 줄기 분할 (1차 : 1줄기 crack, 2차 : 다줄기 crack 진행)

Pixel의 x 축을 따라 이동하면서 폭 계산

1. Crack 중심점 계산 (x-c, y-c)
2. 중심점에서 원 그리기
   1) 원의 크기를 0 에서 키워 나감
   2) 원의 면적 (pi * r^2) >= (원 내의 crack pixel 수) * 2 에서 멈춤
3. 폭, 길이 계산
   1) Crack 길이 a = 2 * r
   2) Crack 폭   b = pi * (길이 a)/8

Pixel 의 실제 거리 정보 필요 !!!

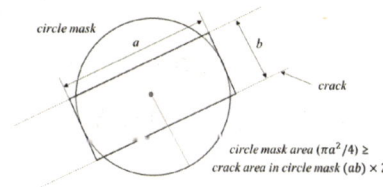

〈 균열 폭 자동 계산법 〉

균열 전체에 대한 폭 계산은 균열 이미지를 따라가면서 자동으로 처리가 합니다. 이때 이동한 픽셀의 수가 균열의 길이가 될 것입니다. 이를 위해서 균열을 자동으로 따라가는(tracing) 알고리즘을 구상했습니다.

Crack Tracing 자동화 방법

1. 크랙 줄기 분리
   - 동일한 x에 2개의 y가 존재하지 않도록 분리
2. 분리된 크랙 따라가며 변동되는 폭 계산
   1) 맨 왼쪽 에서 크랙 끝까지 중심 이동 하면서 폭 계산
      - 크랙 폭 계산 (원형 마스크법)
   2) (크랙 길이) = (중심 이동 pixel 수) x (pixel의 실제 길이)
- 크랙 tracing 방향 결정
  - X_c 증가 시 Y_c 증가 혹은 감소 확인
    - Y_c 변하지 않으면 $X_c + 1$ 로 이동
    - Y_c 증가하면 Y_c+1로 이동
    - Y_c 감소하면 Y_c-1로 이동

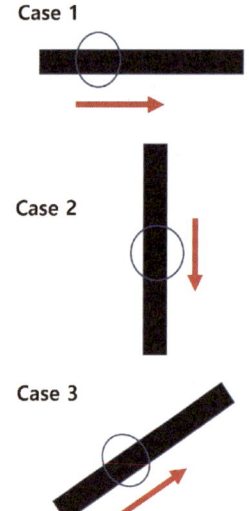

단일 줄기의 균열에 대해서 왼쪽에서부터 이동하면 이미지가 위로 향하는지 아래로 향하는지에 따라 균열을 따라가도록 프로그램을 작성했습니다. 작성된 프로그램의 정확도를 확인하기 위해 가로 형태, 세로 형태, 그리고 대각선 형태의 이미지에서 길이와 폭을 계산하여 실제 값과의 오차를 확인하였습니다.

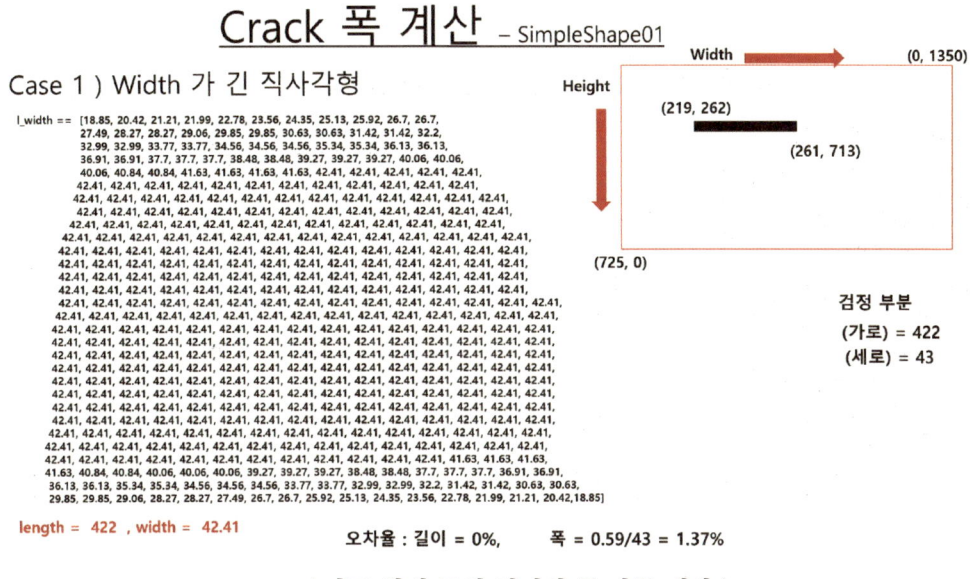

〈 가로 형태 균열 길이와 폭 자동 계산 〉

가로 형태의 경우 자동 계산에 의한 오차가 길이에 대해서는 0%, 폭에 대해선 1.37%를 보였습니다.

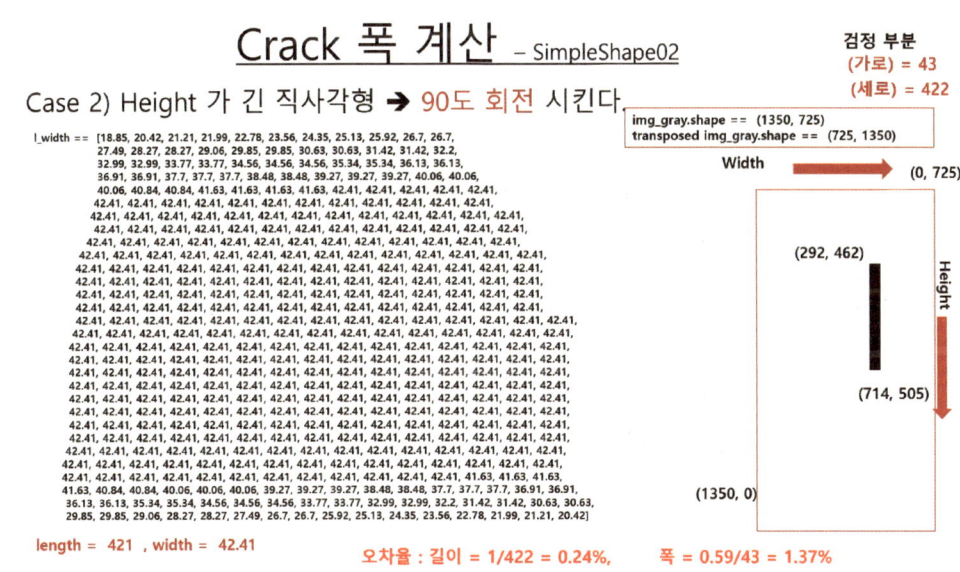

세로 형태는 길이에서 0.24%, 폭에서는 1.37%의 오차가 있었습니다.

Crack 폭 계산 – SimpleShape03

Case 3) 기울어진 직사각형 ➜ 다음 점을 구한다..

```
l_width == [3.14, 5.5, 8.64, 11.78, 12.57, 15.71, 16.49, 18.85, 20.42, 21.21,
20.42, 21.99, 21.99, 22.78, 22.78, 24.35, 24.35, 25.13, 25.92, 25.92, 26.7, 26.7,
27.49, 27.49, 28.27, 29.06, 29.06, 29.85, 29.85, 30.63, 30.63, 30.63, 31.42, 32.2,
32.2, 32.2, 32.99, 32.99, 33.77, 33.77, 33.77, 33.77, 34.56, 34.56, 34.56, 35.34,
35.34, 35.34, 35.34, 35.34, 35.34, 35.34, 35.34, 35.34, 35.34, 35.34,
35.34, 35.34, 35.34, 35.34, 35.34, 35.34, 35.34, 35.34, 35.34, 35.34, 3
5.34, 35.34, 35.34, 35.34, 35.34, 35.34, 35.34, 35.34, 35.34, 35.34, 35.34,
35.34, 35.34, 35.34, 35.34, 35.34, 35.34, 35.34, 35.34, 35.34, 35.34, 35.34,
35.34, 35.34, 35.34, 35.34, 35.34, 35.34, 35.34, 35.34, 35.34, 35.34, 35.34,
35.34, 35.34, 35.34, 35.34, 35.34, 36.13, 36.13, 36.13, 36.13, 36.13, 36.13,
36.13, 36.13, 36.13, 36.13, 36.13, 36.13, 36.13, 36.13, 36.13, 36.13, 36.13,
36.13, 36.13, 36.13, 36.13, 36.13, 36.13, 36.13, 36.13, 36.13, 36.13, 36.13,
36.13, 36.13, 36.13, 36.13, 36.13, 36.13, 36.13, 36.13, 36.13, 36.13, 36.13,
36.13, 36.13, 36.13, 36.13, 36.13, 36.13, 36.13, 36.13, 36.13, 36.13, 36.13,
36.13, 36.13, 36.13, 36.13, 36.13, 36.13, 36.13, 36.13, 36.13, 36.13, 36.13,
36.13, 36.13, 36.13, 36.13, 36.13, 36.13, 36.13, 36.13, 35.34, 35.34, 35.34,
35.34, 35.34, 35.34, 35.34, 35.34, 35.34, 35.34, 35.34, 35.34, 35.34, 35.34,
35.34, 35.34, 35.34, 35.34, 35.34, 35.34, 35.34, 35.34, 35.34, 35.34, 35.34,
35.34, 35.34, 35.34, 35.34, 35.34, 35.34, 35.34, 35.34, 35.34, 35.34, 35.34,
35.34, 35.34, 35.34, 35.34, 35.34, 35.34, 35.34, 35.34, 34.56, 34.56,
34.56, 34.56, 33.77, 32.99, 32.99, 32.2, 32.2, 32.2, 31.42, 30.63, 30.63, 29.85,
29.06, 29.06, 29.06, 28.27, 28.27, 26.7, 26.7, 25.92, 25.92, 25.13, 25.13, 24.35, 24.35, 22.78,
22.78, 21.21, 21.99, 21.21, 21.21, 20.42, 18.85, 16.49, 15.71, 12.57, 9.42, 8.64, 5.5, 4.71]
```

length = 333 , width 36.13

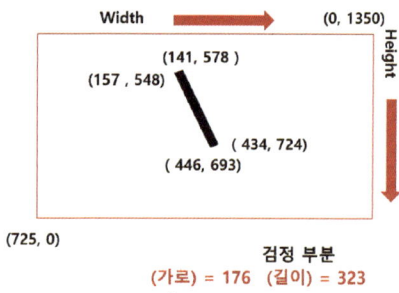

img_gray.shape == (725, 1350)
transposed img_gray.shape == (1350, 725)

검정 부분
(가로) = 176   (길이) = 323
(세로) = 305   (폭) = 34

오차율 : 길이 = 28/305 = 9.18%,   폭 = 2.13/34 = 6.26%

대각 형태의 경우는 길이에서 9.18%, 폭에서 6.26%의 오차를 보였습니다. 길이의 오차가 커진 이유는 왼쪽 꼭짓점에서 오른쪽 꼭짓점까지 곡선 형태로 길이가 측정이 되어서 발생한 것입니다. 이 경우에도 10% 이내의 오차를 보여서 자동 계산의 유효성 검증을 마무리했습니다. 그리고, 실제 균열 이미지에 대해서 테스트를 했습니다.

Crack 폭 계산 – Real_black_03

Case 4) 실제 크랙 데이터

```
start_x = 196   end_x = 2233
l_width == [0.79, 0.79, 0.79, 0.79, 0.79, 8.64, 11.0, 11.0, 11.78, 11.78, 11.78, 12.57, 11.78, 12.57,
12.57, 12.57, 12.57, 12.57, 12.57, 13.35, 11.0, 11.78, 9.42, 11.0, 8.64, 9.42, 7.85, 8.64, 7.07, 8.64,
6.28, 9.42, 11.0, 11.0, 11.0, 10.21, 10.21, 10.21, 10.21, 10.21, 10.21, 10.21, 9.42, 9.42,
8.64, 8.64, 8.64, 7.85, 7.85, 7.85, 7.85, 7.07, 7.07, 3.93, 3.93, 3.14, 2.36, 1.57, 1.57, 0.79, 4.71,
5.5, 6.28, 6.28, 7.07, 7.85, 8.64, 8.64, 9.42, 9.42, 9.42, 9.42, 9.42, 8.64, 8.64, 8.64, 7.85,
....
24.35, 25.13, 25.13, 25.13, 25.13, 25.13, 25.92, 25.92, 25.92, 25.92, 25.92, 25.92, 25.92,
25.92, 25.92, 25.92, 25.92, 25.92, 25.13, 25.13, 25.13, 25.13, 25.13, 25.13, 25.13,
25.13, 25.13, 25.13, 25.13, 25.13, 24.35, 24.35, 24.35, 24.35, 24.35, 24.35, 24.35, 24.35,
....
14.14, 13.35, 13.35, 13.35, 12.57, 12.57, 12.57, 12.57, 11.78, 11.78, 11.78, 11.0, 11.0,
11.0, 11.78, 11.78, 11.78, 11.0, 11.78, 11.78, 11.78, 11.0, 9.42, 10.21, 9.42, 9.42, 8.64, 8.64, 6.28, 4.71]

length = 2091  , width = 25.92
```

length = 2091 , width = 25.92

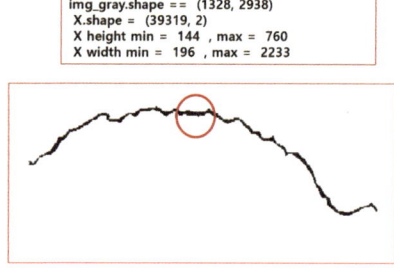

img_gray.shape == (1328, 2938)
X.shape = (39319, 2)
X height min = 144 , max = 760
X width min = 196 , max = 2233

다중 균열의 분리

앞의 균열 폭과 길이의 자동 계산은 단일 균열에 대한 것입니다. 실제에서는 균열 줄기는 여러 개로 퍼져 있을 수 있습니다. 이 경우 각 균열의 줄기를 분할하여 단일 균열 형태로 만들어야 앞에서 작성한 알고리즘을 사용할 수 있습니다.

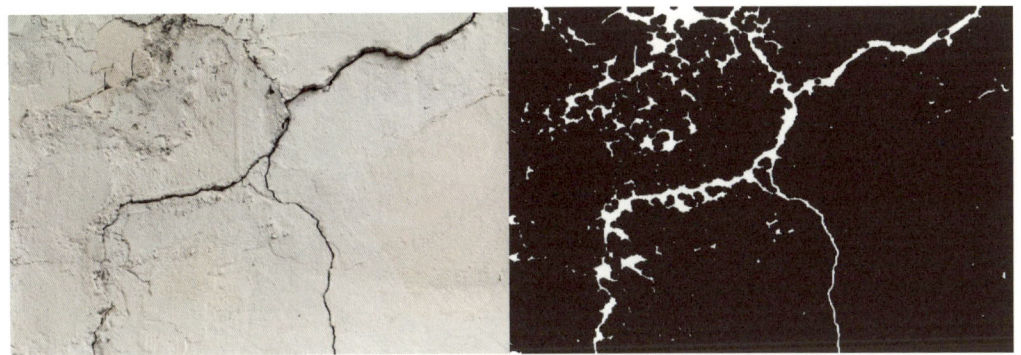

〈 여러 줄기를 가진 균열 〉

다중 균열을 분할하기 위해 고려한 방법은 점에 대한 군집화(Clustering)입니다. 군집화 알고리즘으로는 점의 밀도에 따라 군집화하는 DBSCAN(Density Based Spatial Clustering of Applications with Noise)과 데이터가 여러 개의 정규분포로 구성되어 있다는 가정에서 군집화하는 GMM(Gaussian Mixture Model)을 테스트했습니다.

Scikit-Learn 군집화(Clustering) 알고리즘 비교

파이썬(python)의 Scikit-Learn 패키지는 통계적 머신러닝을 위한 패키지입니다. 통계적 머신러닝에 사용되는 모델과 전처리를 위한 함수 들로 구성되어 있습니다.

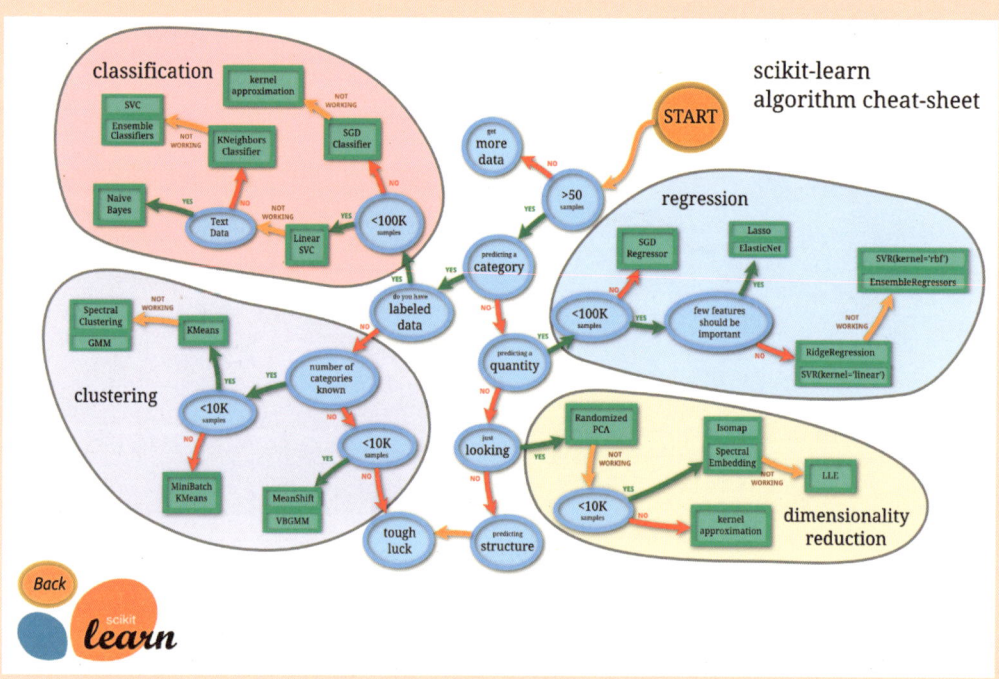

비지도 학습인 군집화(Clustering)에 대한 다양한 클래스도 포함하고 있습니다. 군집화는 군집의 모양을 가정한 군집화, 데이터 간의 거리 기반의 군집화, 점의 밀도 기반 군집화 등이 있습니다. 방법에 따라 군집화의 결과가 상당한 차이를 보입니다. 따라서, 군집화 방법은 데이터 분포에 대한 이해를 바탕으로 결정되어야 합니다.

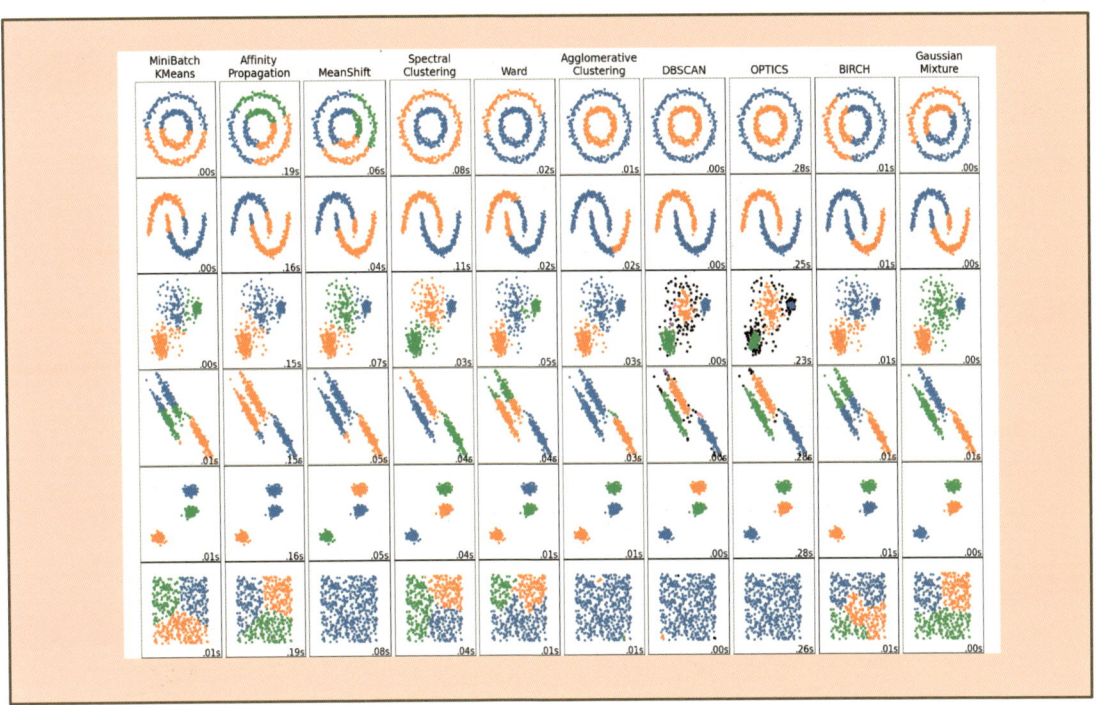

DBSCAN 방식은 밀도가 높은 곳의 점들을 하나의 군집으로 만들어 줍니다. 그리고, 밀도가 낮은 지역의 점은 소음(Noise) 혹은 이상치(Anomaly)로 처리합니다.

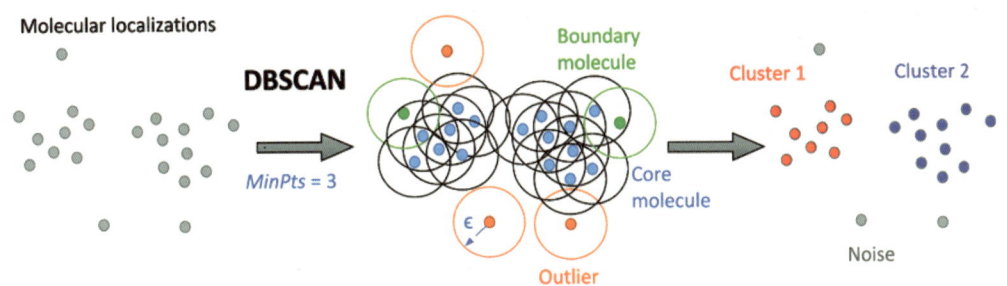

〈 DBSCAN 알고리즘 〉

DBSCAN 알고리즘은 특성상 한 이미지에서 떨어져 있는 2개의 균열은 잘 분리하지만 연결이 되어 있는 경우는 분리할 수 없습니다.

균열 분할 자동화

Case 1) 떨어진 2개의 단일 균열 : DBSCAN

Case 2) 2개 줄기 연결 균열 : BGMM

Case 3) 다중 줄기 연결 균열 : BGMM

Case 4) 분리된 2개의 다중 균열 : DBSCAN, BGMM

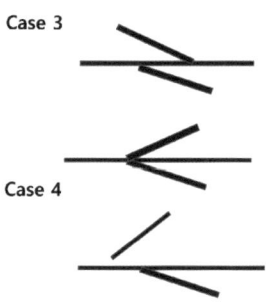

DBSCAN : 언저리 점을 잃기 않기 위해 옵션 필요
BGMM : weight_concentration_prior 값을 매우 작게 (0.00001) 하여 긴 꼬리 분류 가능하게 함

연결되어 있는 다중 균열을 분리하기 위한 알고리즘으로 BGMM(Bayesian Gaussian Mixture Model)을 테스트했습니다. BGMM 모델은 가우스 분포(정규 분포)의 연합으로 가정하는 GMM 모델에 베이지안 방식으로 더해서 군집의 개수를 자동으로 계산합니다. 정규 분포를 가정하기 때문에 만들어지는 군집은 (2차원 상에서 보면) 타원형을 이룹니다.

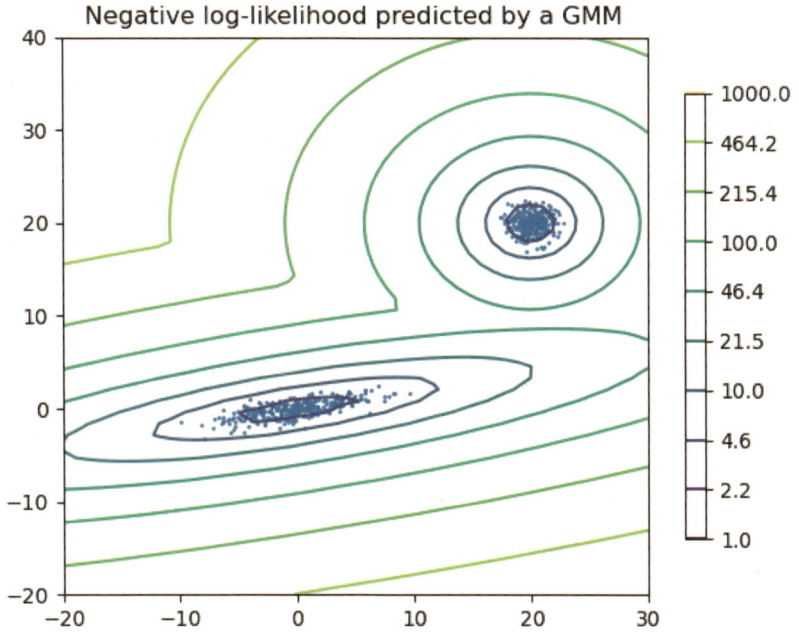

다음은 DBSCAN을 이용한 군집화 결과를 보여줍니다.

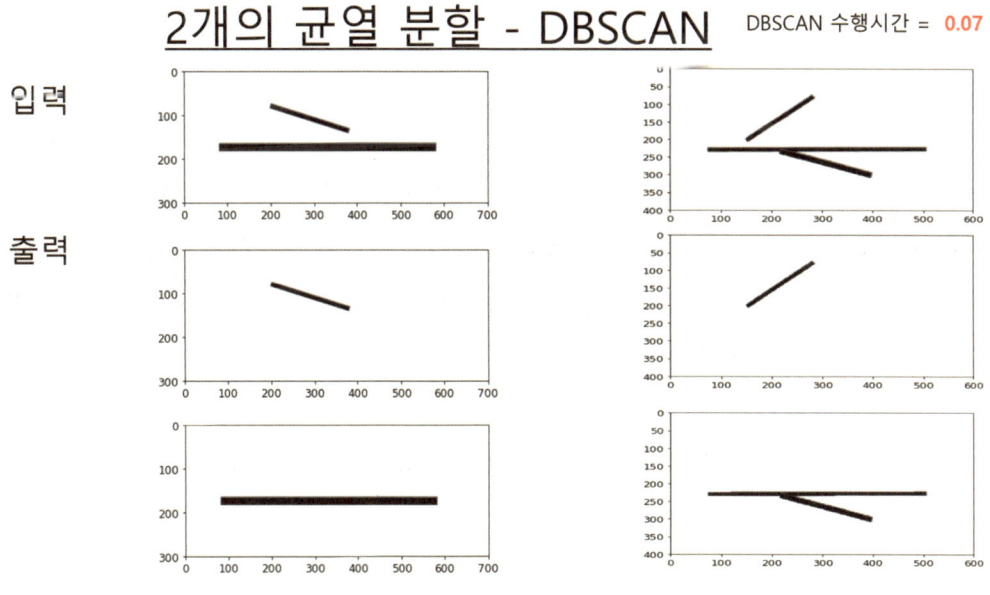

〈 DBSCAN 알고리즘에 의한 균열 분할 〉

왼쪽의 분할된 이미지는 쉽게 분리가 되는 것을 알 수 있습니다. 그러나 오른쪽의 그림에서는 위의 줄기는 분할되지만, 아래쪽의 연결된 줄기는 분리되지 않습니다. 그런데 수행 시간은 0.07초로 빠르게 처리됩니다.

BGMM 알고리즘으로 연결된 2개의 줄기를 분할한 결과 입니다.

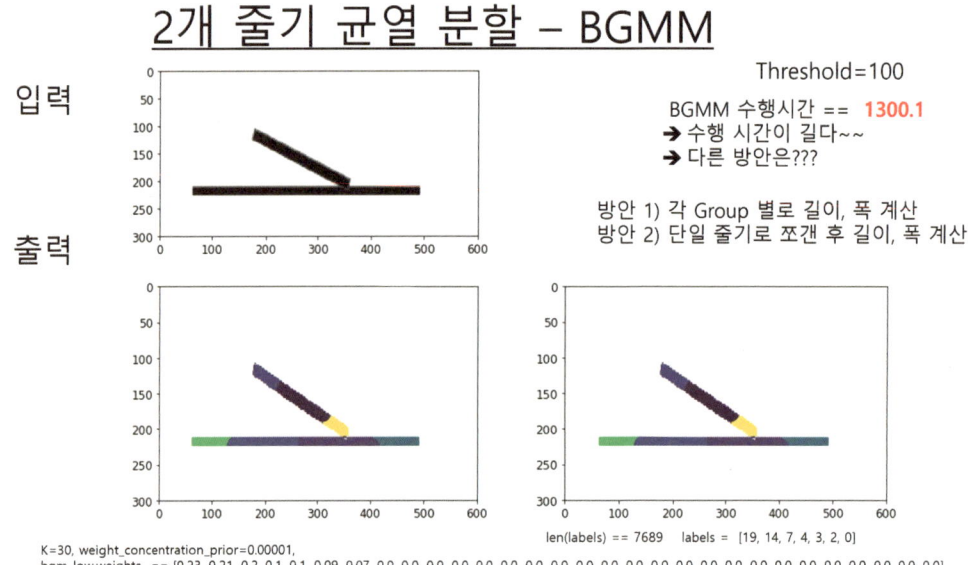

입력에 대해서 다른 색깔로 칠해진 부분은 다른 군집으로 분할된 것입니다. 위의 예에서는 6개의 작은 줄기로 분할되었습니다. 이상적인 분할은 아니지만 각각의 분할은 단일 균열 형태이므로 사용할 수는 있습니다. 그런데 문제는 수행 속도에 있습니다. 위의 분할에 걸린 시간은 1300초입니다. 20분 이상이 걸렸습니다.

수행 속도와 분할 결과에 대한 불만족으로 새로운 방법을 찾기로 했습니다. 이미지의 줄기를 분할하는 새로운 알고리즘을 구상했습니다.

Crack 줄기 분리 자동화

- 검정 점 위치 Width의 처음부터 끝까지
- 초기 줄기 생성 ➔ ①
- Width를 따라가면서 Height의 검정 점 그룹 찾기
  - ✓ 초기 줄기와 거리가 threshold 보다 작으면 초기 줄기에 추가
  - ✓ Threshold 보다 크면 ➔ ② 다음 줄기 생성
- 줄기가 만나는 위치에서는 threshold 내의 첫번째 줄기에 추가 ➔ ③
- 종료 ➔ ④

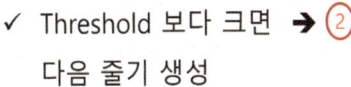

줄기 분할을 위해 이미지의 왼쪽에서부터 존재하는 점을 찾습니다. 오른쪽으로 한 픽셀씩 이동하면서 기존 줄기에 점 군을 추가하거나, 새로운 줄기를 추가해가는 방식입니다.

3개 슬기 균열 분할 - New Alogrithm

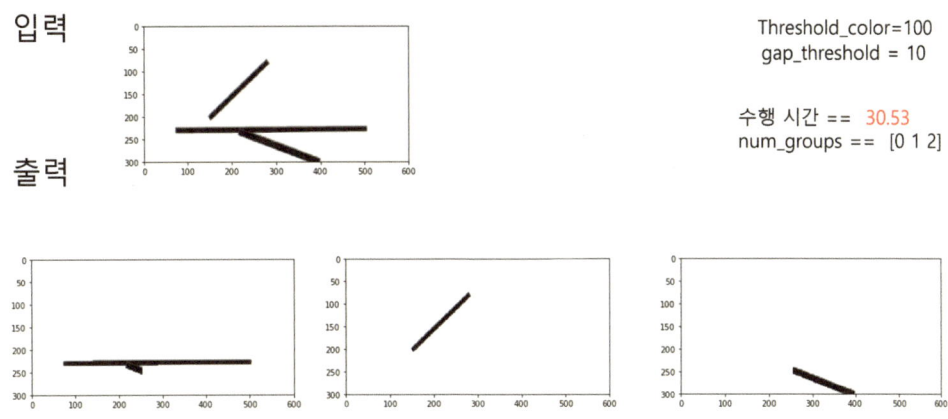

새로 만들어진 알고리즘으로 분할된 이미지입니다. 3개의 독립된 균열로 잘 분할이 되었습니다. 그리고 분할에 걸린 시간은 30.5초 정도로 DBSCAN이나 BGMM 알고리즘에 비해 수행 속도가 훨씬 빠릅니다.

머신러닝 프로젝트에서는 가능한 활용 가능한 기존 알고리즘을 찾아서 이를 활용해야 합니다. 그러나, 조건에 맞는 알고리즘이 없을 경우에는 새로운 방법을 찾는 시도도 필요합니다. 금번 작업에서는 DBSCAN, BGMM 같은 알고리즘이 프로젝트에서 요구되는 기능을 수행하지 못해 새로운 방법을 찾았습니다. 찾는 과정은 쉽지 않았지만, 원하는 결과를 얻었을 때 큰 성취감을 느낄 수 있었습니다.

웹 방화벽(WAF - Web Application Firewall) 로그 클러스터링

웹은 특성상 외부로 연결되어야 하기 때문에 필연적으로 공격에 노출됩니다. 웹 방화벽은 네트워크 방화벽과는 달리 웹 애플리케이션에 대한 보안에 특화되어 있습니다.

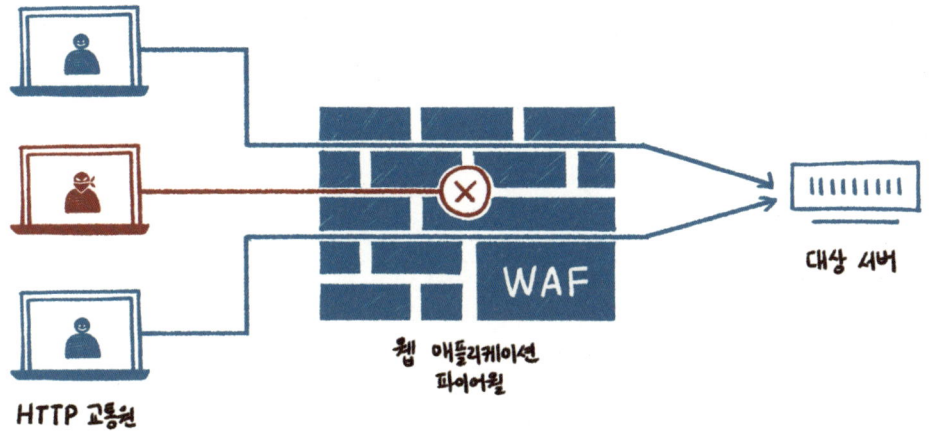

〈 웹 방화벽 〉

네트워크 파이어월(Firewall)이 OSI 7 계층 중에서 4번째 계층인 전송계층(Transport Layer)에 대한 보안을 담당하는 데에 비해, 웹 애플리케이션 파이어월은 7번째 계층인 애플리케이션 계층에 대한 보안을 담당합니다. 그중에서도 웹은 HTTP 프로토콜을 사용하므로 해킹에 해당되는(의심되는) HTTP 요청을 탐지합니다.

모드 시큐리티(ModSecurity)는 오픈소스 방화벽입니다. 그런데 자체적으로는 보호 기능을 거의 제공하지 않습니다. 여기에 방화벽 규칙을 설정해야 합니다.

modsecurity
Open Source Web Application Firewall

2

OWASP(Open Web Application Security Project)에서는 modsecurity에서 사용할 수 있는 일반적인 공격 탐지 룰을 제공합니다. 이를 핵심 규칙 집합(CRS – Core Rule Set)이라고 부릅니다.

OWASP ModSecurity Core Rule Set
The 1st Line of Defense Against Web Application Attacks

The OWASP ModSecurity Core Rule Set (CRS) is a set of generic attack detection rules for use with ModSecurity or compatible web application firewalls. The CRS aims to protect web applications from a wide range of attacks, including the OWASP Top Ten, with a minimum of false alerts. The CRS provides protection against many common attack categories, including SQL Injection, Cross Site Scripting, Local File Inclusion, etc.

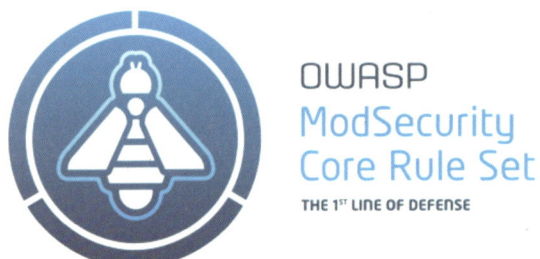

그런데, 핵심 규칙 집합(CRS)은 상당히 많은 양의 탐지 로그를 발생시키고, 이 중에서 많은 로그는 위협이 되지 않는 내용입니다. 이를 '오탐(False Positive)' 라고 부릅니다. 탐지된 로그 중에서 오탐 비율은 많게는 40%에 육박한다고 합니다. 이렇게 높은 오탐 비율은 회사 보안팀의 부담이 됩니다. 그리고, 많은 양으로 인해 일일이 로그 검사를 할 수 없어서 보안의 약점으로 작용할 수 있습니다.

잘못된 탐지(False Positive) 줄이기 - 기존 논문 확인

의뢰를 받은 것은 WAF로그에 대한 '정탐(True Positive)'과 '오탐(False Positive)' 레이블이 되어있는 데이터가 있으니, 이를 머신러닝 훈련시켜 오탐을 걸러내 달라는 것이었습니다. 사전 조사로 2018년 발표된 WAF 로그에 대한 머신러닝 결과를 담고 있는 논문을 확인하였습니다.

해당 논문에서는 전문가들이 고른 HTTP 해킹 공격에서 많이 사용되는 다음의 64개의 특징(feature)을 토큰(Token)으로 요청을 수치화(벡터화) 하였습니다.

Table I
SELECTED FEATURES BY THE SECURITY SPECIALIST

<	../	alert	exec	password
<>	'	alter	from	path/child
<!--	"	and	href	script
=	(	bash_history	#include	select
>	)	between	insert	shell
—	$	/c	into	table
——	*	cmd	javascript:	union
-	*/	cn=	mail=	upper
-->	&	commit	objectclass	url=
;	+	count	onmouseover	User-Agent:
:	%00	-craw	or	where
/	%0a	document.cookie	order	winnt
/*	Accept:	etc/passwd	passwd	

수치화된 HTTP 요청으로 Random Forest, kNN 등의 머신러닝 알고리즘의 입력으로 사용하여 정탐과 오탐을 훈련시켰습니다.

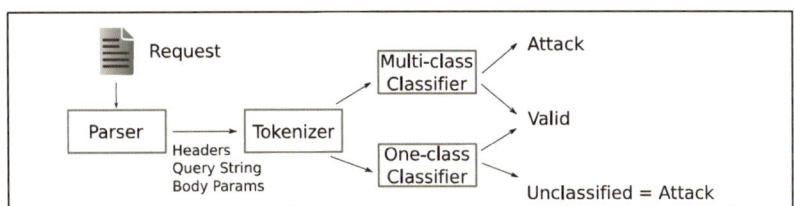

Figure 1: Learning architecture

훈련 결과는 Random Forest가 가장 좋은 결과를 보였고, 모든 경우 오탐을 줄이는 효과가 있었다고 논문은 적고 있습니다.

데이터 탐색

필드 명	설 명	비 고
Attack_Effect	공격 결과	Web scanning, Information leakage
Rawdata	공격 데이터	L=english&pmc_username=%22%3E%3Cscript%3Ealert(1337)%3C/script%3E%3C </br> QueueFilter=yu1ey%22%3e%3cscript%3ealert(%221%22)%3c%2fscript%3eqb68</br> a=display&templateFile=../../../../../../../../../../../../etc/passwd</br> a=display&templateFile=../../../../../../../../../../../../windows/win.ini</br> /base/static/c:/windows/win.ini</br> /base_import/static/c:/windows/win.ini</br>
attack_name	공격 이름	Web Scanning Attack
attack_rating	공격 위험도	LOW
attack_time	공격 시간	2021-06-01 4:32:00 PM

WAF 로그에 표시되어 있는 정탐과 오탐을 출력으로 지도학습(Supervised)을 계획했습니다. 그리고, 훈련에 사용할 필드를 탐색하기 위해 데이터를 살피기 시작했습니다. 데이터에는 HTTP 요청(Rawdata)과 공격 이름(attack_name), 그리고 공격의 결과로 해당 웹 사이트의 여파(Attack_Effect) 등이 포함되어 있었습니다. HTTP 요청(Rawdata)을 수치화(벡터화) 하여 공격 이름(attack_name)을 예측할 수 있는 모델을 구상했습니다.

먼저 데이터 분포를 확인했습니다. HTTP 요청(Rawdata)을 확인했던 논문에서 사용했던 64개의 특징(feature)로 벡터화했습니다.

테스트 데이터에 대한 거리 분포

- Account Report : 962 샘플 , Account Data : 6월 15일 데이터 중 10만 건
- 주어진 64개 feature에 대한 벡터화
- 유클리드 거리는 크기가 작은 벡터로 인해 변별력이 없는 듯
- 코사인 거리의 threshold 정하기 : 0.3 ???
- 코사인 거리가 먼 경우는 정상 혹은 새로운 위협

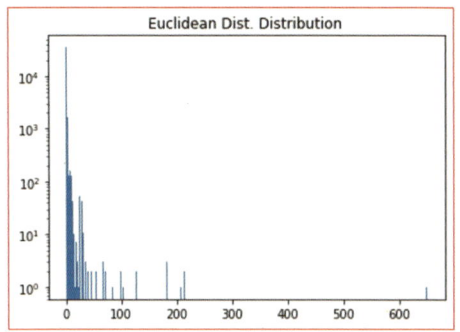
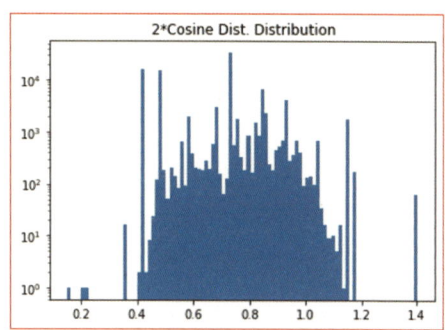

위의 데이터는 핵심규칙집합(CRS)에서 탐지된 데이터이므로 대부분이 정탐(True Positive)일 것이라는 가정을 한다면 멀리 떨어져 있는 데이터 들이 오탐(False Positive)일 가능성이 높을 것으로 판단했습니다. 어느 정도로 멀어지면 오탐으로 통지(alert)를 할지에 대한 판단 기준(threshold)이 필요했습니다.

그리고, 논문에서 언급된 64개 특징(feature)에 대한 검증 및 추가적인 특징이 필요한 지에 검토를 계획했습니다. 사용할 머신 러닝 모델은 k 최근접 이웃 분류 알고리즘(k Nearest Neighbor Classifier)을 고려했습니다.

490만 1개 attack (attack name)

waf_report_2021-09-06.csv 로 scaling

```
processing 4 M entries =  6863.328125
processing 4M + 1649 entries =  6866.640625
StandardScaler fit() ==  0.0
StandardScaler transform() ==  1.640625
DataFrame creation ==  0.015625

Scaled data ==================
dist. between centers == 508.3450034261254
data std =  6.506703612186601
report std =  1042.5568782130033
```

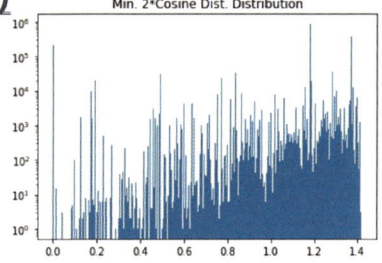

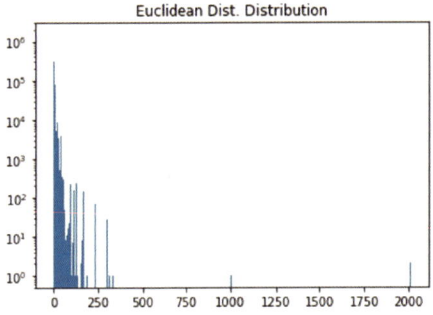

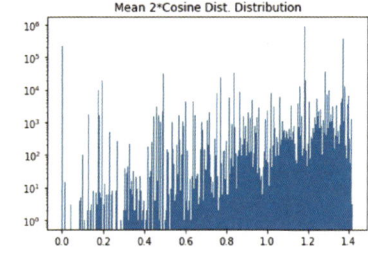

```
Bayesian GMM : n_components =  10
==================
Weights =  [0.41 0.47 0.   0.   0.01 0.05 0.05 0.   0.01 0.  ]
Bayesian GMM processing time ==  33649.765625
```

추가 고려 사항

- 64개 Feature 필드에 대한 추가/삭제 검토 필요 ➔ 정확도 향상
    - 판별을 위한 필드 결정에 보안 담당자 조언 필요
    - 최신 리포트에서 필요 필드 추가
- 'Web Scanning Attack' 외의 다른 Attack에 대한 자료 필요
    - 각 Attack 끼리 군집을 이루는 지 확인 ➔ 접근 방법의 유효성 확인
    - 현재 Web Scanning 만 존재
- 코사인 거리 threshold 는 다양한 WAF report 취합 후 결정
- 추가적인 Report에 대한 훈련 절차 검토
    1. 새로운 데이터 추가 시 StandardScaler와 Normalization 으로 벡터 생성
    2. 생성된 벡터로 NeighorClassifier 훈련

이를 위해 WAF를 관리하는 팀과 회의를 진행했습니다.

k 최근접 이웃 분류 (kNN - k Nearest Neighbors Classifier)

k 최근접 이웃 알고리즘은 데이터를 어떤 종류(class)인지를 판단하는 알고리즘입니다. 짧게 kNN이라고 부릅니다.

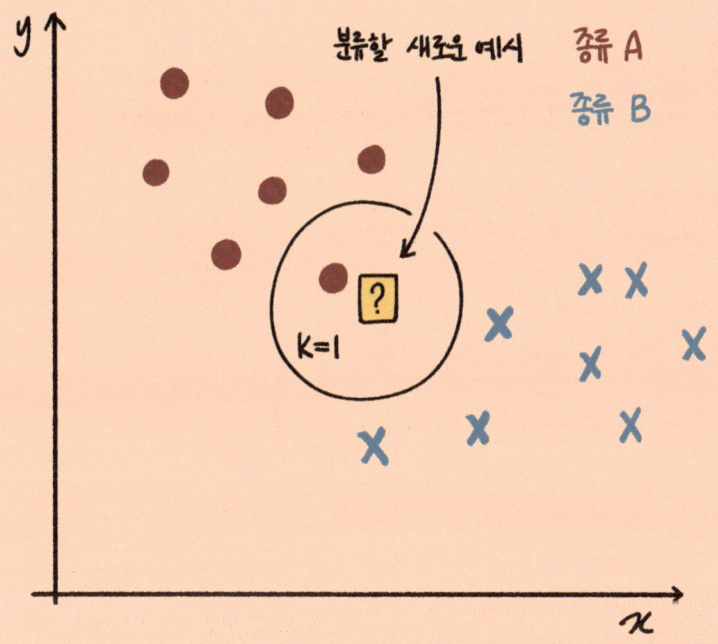

원리는 단순합니다. kNN 모델은 기존에 레이블링 되어 있는 데이터의 분포를 갖고 있습니다. 그리고, 새로운 데이터가 입력이 되면 기억하고 있는 가장 가까운(Nearest) 데이터를 찾습니다. 여기서 k는 '몇 개를 살펴볼 것인가'를 나타냅니다. 예를 들어 k=1 이라면 가장 가까운 1개를 찾고, 입력된 데이터를 그것과 같은 클래스로 예측합니다. k=3 이라면 3개를 살펴보고, 그중에 많이 속하는 클래스로 예측을 합니다.

생각해보면 kNN은 훈련되는 파라미터(parameter)가 없습니다. 예를 들어 선형 회귀(linear regression)에서는 (예측값) = a * (입력값) + b 라는 식에서 기울기 a와 절편 b를 데이터로부터 훈련했습니다. 그런데 kNN은 이전 데이터 위치를 기억할 뿐입니다. 그런 의미에서 비모수적(non-parametric) 게으른(lazy) 알고리즘이라고 부릅니다.

파이썬(python)에는 scikit-learn 패키지(package)내에 KNeighborsClassifier 라는 이름으로 존재합니다.

```
>>> X = [[0], [1], [2], [3]]
>>> y = [0, 0, 1, 1]
>>> from sklearn.neighbors import KNeighborsClassifier
>>> neigh = KNeighborsClassifier(n_neighbors=3)
>>> neigh.fit(X, y)
KNeighborsClassifier(...)
>>> print(neigh.predict([[1.1]]))
[0]
>>> print(neigh.predict_proba([[0.9]]))
[[0.666... 0.333...]]
```

오탐은 없다? 레이블이 없다.

머신러닝 계획을 세우고 훈련된 모델의 실효성을 확인하고 훈련을 위한 데이터를 얻기 위해 업무 담당자와의 회의를 잡았습니다. 미팅에서 정탐과 오탐으로 레이블 된 데이터를 요청했습니다. 그런데 대화가 진행이 되지 않았습니다. WAF 로그를 관리하시는 분의 답변은 'WAF에서 탐지된 경우는 핵심 규칙 집합(CRS)에 지정된 규칙에 의해서 탐지된 것이기 때문에 모두 정탐이다' 라는 것이었습니다. 즉 WAF에서 탐지된 HTTP 요청를 정탐과 오탐으로 구분하고 있지는 않다는 것입니다. 지도학습을 시킬 수 있는 근본 데이터가 없어졌습니다.

이에 머신러닝 적용 프로젝트의 방향을 수정해야 했습니다. 현재 상태에서 머신러닝 도입으로 효과를 볼 수 있는 작업을 찾기 시작했습니다. 실무를 담당하는 팀과의 미팅에서 현재 불편하고 어려운 점을 도출했습니다. 그중에서 효과가 좋고 빠르게 적용할 수 있는 작업을 골랐습니다.

머신러닝 배웠으니 활용해 볼까요?

〈 WAF 로그 패턴 〉

앞서도 말씀드린 것처럼 WAF의 핵심 규칙 집합(CRS)에서 탐지되는 양이 상당하기에 WAF를 관리하시는 분들이 해당 로그를 전부 살펴보는 것은 불가능했습니다. 그런데 로그를 살펴보면 동일한 패턴의 로그가 많아서 로그의 종류는 많지 않았습니다. 로그를 종류별로 구분하여 각 종류에서 1~2개 로그 만을 확인하면 로그 확인 시간을 많이 줄일 수 있으리라 판단되었습니다. 이에 착안하여 로그를 군집화 하는 비지도 학습(Unsupervised Learning)을 하는 것으로 의견이 모아졌습니다.

기본 사항

- 목적 : WAF 탐지 로그 점검 시간 단축
- 기본 가정
  - 동일한 유형의 공격이 많음 ➔ 대표성을 갖는 항목 존재
  - 탐지 유형에 따라 검사할 Field가 결정됨
    - aws_waf_rule_20210917.csv

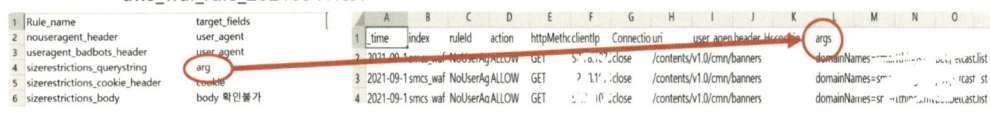

- 실시간 처리를 위한 빠른 분류 필요 ➔ 군집 분류 시간 간격은? 5분?? 1시간??

〈 변경된 머신 러닝 주제 〉

군집화(Clustering) 대상 필드(field) 결정

군집화로 방향이 정해져 군집화 대상이 되는 데이터 필드를 결정하기 위한 탐색을 진행했습니다. 먼저, 탐지된 탐지 규칙이 다르면 다르게 군집화 되어야 할 것입니다. 그런데, WAF의 핵심 규칙 집합(CRS)의 탐지 규칙에는 요청의 어떤 부분을 보고 탐지 하는지에 대한 정보가 있습니다. 예를 들어 'sizerestrictions_querystring' 라는 룰은 querystring이 담긴 arg 필드에서 탐지합니다. 그리고, 'sizerestrictins_cookie_header'라는 룰은 'cookie' 필드에서 탐지합니다.

따라서, 군집화의 절차를 다음과 같이 계획했습니다.

1. 로그를 탐지 규칙 별로 그룹(group)을 나눈다.
2. 각 그룹에 대해서 탐지에 사용되는 필드로 군집화 한다.

Rule_name	target_fields
nouseragent_header	user_agent
useragent_badbots_header	user_agent
sizerestrictions_querystring	arg
sizerestrictions_cookie_header	cookie
sizerestrictions_body	body 확인불가
sizerestrictions_uripath	url
ec2metadatassrf_body	body 확인불가
ec2metadatassrf_cookie	cookie
ec2metadatassrf_uripath	url
ec2metadatassrf_queryarguments	arg
genericlfi_queryarguments	arg
genericlfi_uripath	url
genericlfi_body	body 확인불가
restrictedextensions_uripath	url
restrictedextensions_queryarguments	arg
genericrfi_queryarguments	arg
genericrfi_body	body 확인불가
genericrfi_uripath	url
crosssitescripting_cookie	cookie
crosssitescripting_queryarguments	arg
crosssitescripting_body	body 확인불가
crosssitescripting_uripath	url
adminprotection_uripath	url
host_localhost_header	header_Host
propfind_method	method

〈 예시 : 핵심 규칙 집합(CRS)의 탐지 규칙 별 탐지 대상 필드 〉

위의 계획에 대해 담당자는 특정 필드를 지정하면 해당 필드로 군집화하고, 그렇지 않으면 모든 필드를 다 군집화 입력으로 하자는 의견을 제시했습니다. 사용하실 분의 의견에 따라서 지정된 필드 혹은 전체 필드를 군집화 대상으로 결정했습니다. 다만 HTTP 요청의 body 부분은 로그에 기록되지 않아서 이에 대한 군집은 불가했습니다.

데이터 필드(field)의 수치화(벡터화 – Vectorizer)

WAF 로그는 문자 데이터 입니다. 이를 머신러닝에 사용하기 위해서는 수치화(벡터화)를 해야 합니다. 문자형 데이터를 수치화하는 대표적인 방법으로는 다음의 2가지가 있습니다.

단어의 출현 빈도 수치화

단어의 출현 빈도와 그 중요도(가중치)를 곱한 값 수치화

사이킷런 패키지에는 위의 두 방법의 수치화를 제공하는 클래스가 있습니다. 출현 빈도만을 사용하는 앞의 방법은 CountVectorizer 클래스에서 제공하고, 거기에 가중치를 곱한 값을 사용하는 방법은 TfidfVectorizer에서 제공합니다.

단어 토큰(Token)화

단어의 출현 빈도를 세기 위해서는 먼저 문자형 데이터에서 사용되는 단어를 확인해야 합니다. 이 과정을 토큰(Token)화 라고 부릅니다.

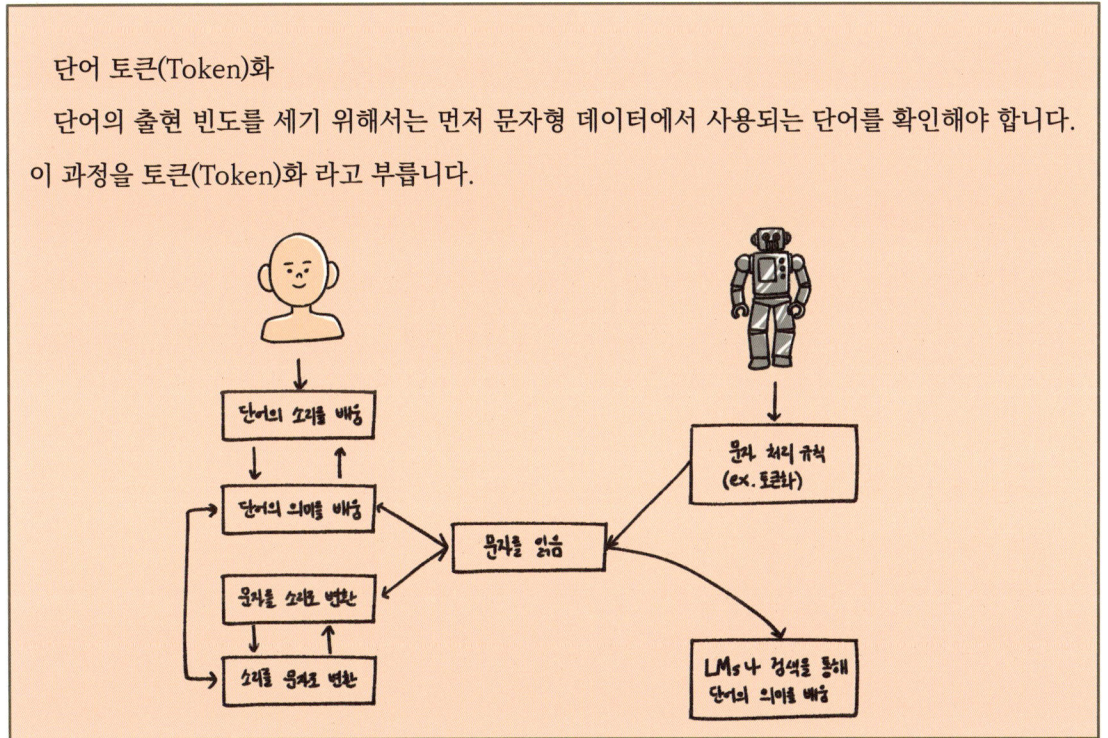

앞서도 말씀드렸지만, 컴퓨터는 문자를 이해하지 못합니다. 문자를 그대로 컴퓨터 내부에서 사용할 수 없습니다. 컴퓨터에서 문자를 처리할 경우에는 문자를 숫자로 변환시킵니다. 그리고, 이를 사람에게 보여줄 때는 다시 숫자를 대응되는 문자로 변환시킵니다. 예를 들어 컴퓨터 내부에는 'A'는 65, 'B'는 66, 그리고 'a'는 121, 'b'는 122 와 같이 대응시키는 규칙을 갖고 있습니다.

머신러닝의 단어 토큰화는 이와 같이 단어를 숫자에 대응(mapping)시키는 과정이라고 생각할 수 있습니다. 아래의 예를 살펴보면, 'about'은 숫자 0, 'all'은 숫자 1, 그리고 'two'는 숫자 8로 대응되고 있습니다.

	about	all	cent	cents	money	new	old	one	two	
doc	1	1	3	1	1	1	1	1	1	In theory (a)

Index	0	1	2	3	4	5	6	7	8	
doc	1	1	3	1	1	1	1	1	1	In practice (b)

토큰화 과정에서 단어에 대응되는 숫자는 토큰으로 사용할 단어를 결정할 때 마다 바뀝니다. 앞의 예에서 'about'이 이번 토큰화에서는 0, 다음 토큰화에서는 10, 그리고 그 다음에서는 11에 대응될 수 있습니다. 그러면 의문이 생깁니다. 이렇게 바뀌어도 컴퓨터는 일관되게 about이란 단어를 처리할 수 있을까요? 물론 대응규칙에 일관성이 없으면 올바른 처리를 할 수 없습니다.

이에 대해서 다음의 2가지 대응 방법이 있을 것 같습니다.
매번 단어의 토큰화, 벡터화, 그리고 머신러닝 모델 훈련을 거쳐서 예측에 사용
토큰화, 벡터화, 훈련된 머신러닝 모델을 저장하고 필요시 읽어와서 예측에 사용
매번 사용되는 단어가 바뀌는 경우에는 그때마다 문서의 벡터화와 머신러닝 모델 훈련을 새롭게

훈련시켜서 사용해야 할 것입니다. 훈련을 시켜야 하므로 다소 시간은 걸릴 것입니다. 그러나, 사용되는 단어가 바뀌지 않는다면, 전에 사용했던 벡터화 방법과 훈련된 모델을 재사용하는 것이 옳은 방법입니다.

객체를 파일 형태로 저장하는 것을 '직렬화(serialization)'이라고 합니다. 메모리 상의 객체가 파일에 순차적으로 기록된다는 의미입니다. 파이선(python)에서는 문서를 벡터화하는 Vectorizer와 훈련된 머신러닝 모델은 객체를 저장하고 꺼내오는 pickle 패키지가 있습니다. 이를 이용하여 훈련된 객체들 재사용할 수 있습니다. '피클(pickle)'은 '식초나 소금물에 야채 등을 절여 보관하다'라는 의미입니다. 야채처럼 파이선의 객체도 저장(pickle) 가능합니다.

예)
- 벡터화 모델(객체) 저장하기

```
# create CountVectorizer transformer
vectorizer = CountVectorizer(analyzer="word",
                tokenizer=None,
                preprocessor=None,
                stop_words=None,
                max_features=5000,
                ngram_range=(1, 2))

# fit on training data
# assuming clean_train_Descriptions is training set
vectorizer.fit(clean_train_Descriptions)

# now pickle
pickle.dump(vectorizer, open("vector.pickel", "wb"))
```

벡터와 모델 로딩(꺼내오기)하고 사용하기
```
# load pickle
vectorizer = pickle.load(open("vector.pickel", "rb"))

# score
# assuming clean_test_Descriptions is the test set
test_data_features = vectorizer.transform(clean_test_Descriptions)
```

훈련된 모델 저장하기
```
model = LogisticRegression()
model.fit(X_train, Y_train)
# save the model to disk
filename = 'finalized_model.sav'
pickle.dump(model, open(filename, 'wb'))
```

훈련된 머신러닝 모델 꺼내와서 사용하기
```
# load the model from disk
loaded_model = pickle.load(open(filename, 'rb'))
result = loaded_model.score(X_test, Y_test)
print(result)
```

몇 번의 테스트를 거쳐 단어의 벡터화는 사용횟수와 가중치를 곱한 TfidfVectorizer를 사용하기로 하였습니다. 그런데, URL에서는 '%20'과 같은 이상한 문자열이 자주 보입니다. 이는 URL 부호화(encoding)에 의한 것입니다.

URL 부호화는 URL에 공백(space), 앰퍼센드(&), 느낌표(!) 등의 특수한 용도로 쓰이는 입력으로 들어갈 경우에 이에 대한 해석이 어렵기 때문입니다. 몇 가지 부호화된 URL의 예를 보겠습니다. (참고 : 앰퍼센드(&)는 'and'의 의미를 갖는 라틴어 'Et'에서 기원했습니다.)

http://www.mysite.com/a file with spaces.html
→ http://www.mysite.com/a%20file%20with%20spaces.html
중간에 공백(space)가 %20으로 바뀌었습니다.

param = encodeURIComponent('mango')
url = "http://mysite.com/?search=" + param + "&length=99"
→ http://mysite.com/?search=mango&length=99
매개변수 'mango'는 변화없이 그대로 사용되었습니다.

params = encodeURIComponent('mango & pineapple')
url = "http://mysite.com/?search=" + params
→ http://mysite.com/?search=mango%20%26%20pineapple
매개변수에 있는 공백은 %20, 앰퍼센드(&)는 %26으로 바뀌었습니다.
입력값을 구분하는 &가 아닌 입력값 자체로 쓰였기 때문에 구분하기 위해서 부호화 한 것입니다.

단어 단위의 벡터화를 위해서는 먼저 이를 원래의 문자로 되돌리는 '복호화(디코딩 - decoding)'합니다. 파이선(python)에서는 URL 복호화를 위한 unquote() 라는 함수를 제공합니다.

```
from urllib import parse

text = ' 부호화&복호화 '

enc = parse.quote(text)
dec = parse.unquote(enc)

print("URL 부호화 결과 == ", enc)
print("URL 복호화 결과 == ", dec)
```
실행 결과)

URL 부호화 결과 == %20%EB%B6%80%ED%98%B8%ED%99%94%26%EB%B3%B5%ED%98%B8%ED%99%94%20
URL 복호화 결과 ==   부호화&복호화

그리고, 주어진 문자열에서 군집화에 불필요하다고 여겨지는 글자를 제거합니다. 일반적으로는 해당 글자를 공백(space)으로 변환합니다. 대표적으로 앰퍼샌드(&), 등호(=), 마침표(.) 등을 제거합니다. 그런데, 앞서 얘기한 URL 복호화를 먼저 수행하면 입력 값에 있는 앰퍼샌드(&)도 제거되고, 나중에 수행하면 입력 값에 있는 앰퍼샌드(&)는 제거되지 않습니다. 이에 따른 군집화 결과를 고려하여 진행해야 합니다. 이번 경우에는 모든 특수문자를 제거하기 위해 URL 복호화를 먼저 진행하고, 불필요한 문자를 제거하는 순서로 진행했습니다.

이렇게 전처리(preprocessing)한 문자열(이를 하나의 문서(document)라 부르기도 합니다.)을 아래와 같이 단어별로 분할합니다. 이렇게 분할된 문자열의 집합이 TfidfVectorizer() 클래스의 입력값이 됩니다. 아래와 같이 리스트 내에 각 문자열(문서)에 해당되는 리스트가 존재하는 형태입니다. 그리고, 각 문자열 내에는 토큰으로 사용될 단어 단위로 분할되어 있습니다.

```
Lines = [
['메일보내기', '전략', '부자재입출고공지', 'Mail', '메일보내기', '완료'],
['메일보내기', '전략', '부자재입출고공지', '메일보내기', '종료', 'in', '수신자'],
['SetTransactionStatus', '전략', '부자재입출고공지', 'Transaction', 'Successful'],
['CloseAllApplications', '전략', '부자재입출고공지', 'Closing', 'applications']
……..]
```

TfidfVectorizer의 결과로 나오는 (문자열 수(문서 수), 단어 수(토큰 수)) 형태의 배열(array)가 됩니다. 사용할 토큰의 개수는 max_features 파라미터로 제한을 둘 수가 있습니다.

```
from sklearn.feature_extraction.text import TfidfVectorizer

vectorizer_tfidf = TfidfVectorizer( max_features = n_keys)
arr_X = vectorizer_tfidf.fit_transform( lines )
print("arr_X.shape == ", arr_X.shape)
```

실행 결과)
arr_X.shape = (10, 160)

위의 예에서는 TfidfVectorizer는 10개의 문자열(문서)를 입력 받아서, 160개의 단어(토큰)을 찾아서 이를 수치화했다는 의미입니다. 수치화된 값은 각 문자열에서 단어 사용 횟수에 그 단어의 중요도를 곱한 값이 됩니다.

이제 문자열의 수치화 작업이 끝났습니다. 다음으로 수치화된 문자열로 머신러닝을 수행할 차례입니다.

군집화 머신러닝 훈련

군집화를 위한 알고리즘으로는 밀도 기반으로 군집을 만드는 DBSCAN(Density Based Spatial Clustering of Applications with Noise)를 사용하기로 하였습니다. 앞서 균열 이미지에서 설명드렸던 DBSCAN 알고리즘을 떠올려보세요. DBSCAN은 데이터 분포의 크기나 분포에 상관없이 사람이 시각적으로 예상되는 형태로 군집을 만들어 줍니다.

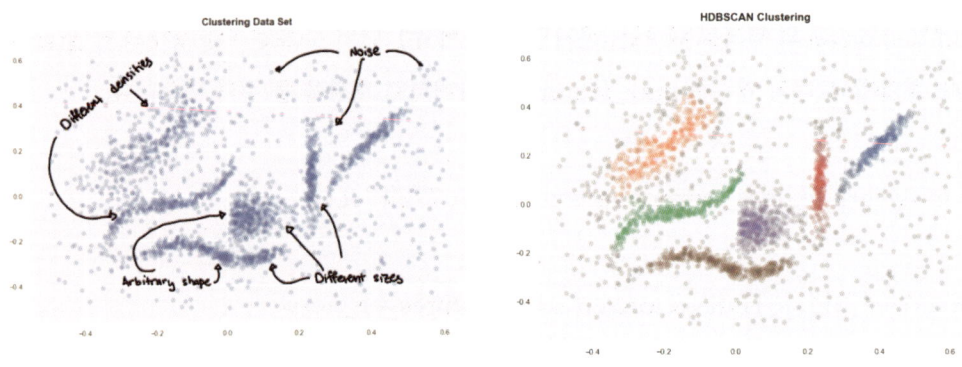

〈 DBSCAN 알고리즘 〉

많이 몰려 있는 데이터들은 군집으로 만들어주고 멀리 떨어진 데이터는 개별적인 소음 (Noise) 으로 분류를 합니다.

일부의 데이터로 몇 번의 테스트를 진행했습니다.
먼저, 필드 user_agent 값으로 군집화된 결과 예시입니다. arr_clustering_shape은 입력 데이터의 모양을 의미하면 60개 문자열(여기서는 WAF 로그)을 50개의 단어(토큰)으로 군집화한 결과입니다.

```
Field === user_agent i == 3
['mozilla', '5.0', 'zgrab', '0.x', 'like', '537.36', 'applewebkit', 'khtml,', 'gecko', 'safari', 'masscan-ng',
'iphone', 'os', 'windows', 'nt', '10.0', 'win64', 'x64', 'chrome', '88.0.4298.0']
 arr_clusering.shpae = (60, 50)
Field  user_agent  start Clustering....
Field  user_agent  Time for clustering =  0.0
 # of clusters ==  6
```

군집화 수행 시간은 거의 0초에 가깝고, 수행 결과 6개의 군집으로 나누어졌습니다.

다음으로 필드 args 값으로 입력으로 군집화한 결과 예시입니다. 그림에서 빈 공백 부분은 민감할 수 있는 내용이어서 삭제했습니다.

```
Field === args i == 0
['pagedomainname', '          config', '         ', '  ', 'action', 'prm', 'session_id', 'url', 'https',
'each_event', 'utm_source', 'utm_campaign', 'utm_content', '              com', 'appquery',
'mcslaunch.as', 'push', 'push_smp_a', 'hxymvzkt83j982',
'https%3a%2f%2fus                                              2f1279770433032032
258%2findex.html%3ft%3dprm']
 arr_clusering.shpae = (381868, 50)
Field  args  start Clustering....
Fleld  args  Time for clustering =  2519.953125
 # of clusters ==  76
```

이때 입력 WAF 로그 개수는 38만 1868개이고, 군집에 기준으로 사용한 단어 수는 50개입니다. 군집화의 결과로 76개 군집으로 나뉘어졌습니다. 그런데 군집화에 걸린 시간은 2520초 정도 소요되었습니다. 40분 이상 소요되었습니다. 수행 속도를 높일 방안이 필요했습니다.

다른 알고리즘을 찾던 중에 DBSCAN의 성능을 높인 알고리즘인 HDBSCAN (Hierarchical Density-based Spatial Clustering of Applications with Noise - 노이즈를 포함한 계층적 밀도기반 공간 군집화 적용) 패키지를 확인하였습니다.

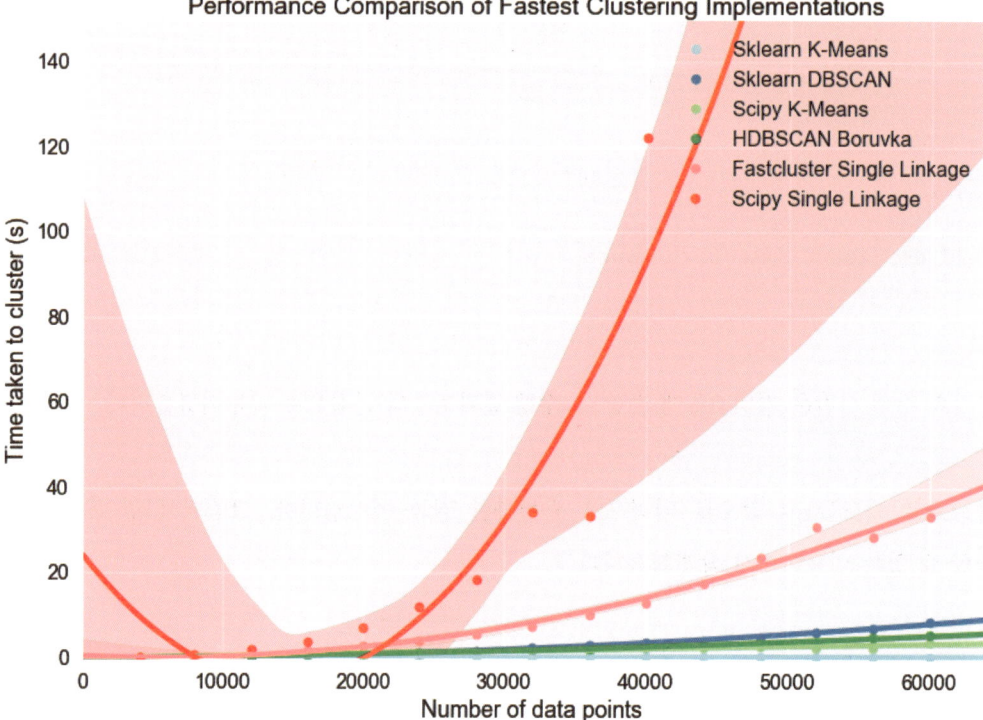

위의 그래프에서 보시면 데이터 개수가 많을수록 DBSCAN과 HDBSCAN의 수행 시간이 차이가 발생하는 것을 확인할 수 있습니다. 그러나 그 차이는 크지 않아 보입니다. 앞서 DBSCAN으로 2520초 가량 소요되었던 38만 건 데이터를 HDBSCAN 군집화 시간은 1946초로 약 30% 단축되었습니다.

```
Field === args i == 0
['pagedomainname', '|       '' ' config', 'mcs_ru', 't', 'action', 'prm', 'session_id', 'url', 'https',
 'each_event', 'utm_source', 'utm_campaign', 'utm_content', '              .com', 'appquery',
 'mcslaunch.as', 'push', 'push_smp_a', 'hxymvzkt83j982',
 '|                                                                                      html?t=pr
m']
 arr_clusering.shpae = (381868, 50)
Field  args  start Clustering....
Field  args  Time for clustering = 1946.6875
 # of clusters == 67
```

그러나 이 역시 30분이 넘는 시간으로 만족할 만한 시간은 아닙니다. 그러나, 더 나은 알고리즘을 찾을 수는 없었습니다. 이에 몇 가지 제약을 두기로 했습니다.

군집화에 소요되는 시간은 군집 대상이 되는 WAF 로그의 개수와 군집에 사용하는 단어(토큰)의 개수에 비례합니다. 테스트 결과 10만 건 이하 로그에 대해서 100개 이하의 단어를 3분 이내에 처리가 가능했습니다. 다행히 실무를 담당하시는 분들로부터 충분하다고 동의를 받아서 마무리를 할 수 있었습니다.

돌아보면 프로젝트 초기에 외국 사례에서 찾았던 지도학습 방식에 대한 기대가 컸던 것 같습니다. 오탐과 정탐에 대한 레이블링된 데이터가 있으니 지도학습으로 어렵지 않으리라 생각했습니다. 그러나 실제 업무를 담당하는 팀에서 정의하는 문제와 준비된 데이터가 예상과 달랐습니다. 프로젝트 시간을 상당히 지난 후에야 이를 인식했습니다. 그리고, 급하게 프로젝트 목표를 변경하고, 결과물을 만들어 내는 데에 어려움이 있었습니다.

머신러닝 프로젝트의 목표와 사용가능한 데이터에 대해 초기에 확인을 했으면 보다 여유로운 프로젝트 진행이 되었을 것 같습니다.

CountVectorizer 와 TfidfVectorizer

앞서 아래와 같은 3개의 문서를 CountVectorizer에 의해서 벡터화하는 예시를 살펴 봤습니다.

문서 1 : 고양이 쥐
문서 2 : 고양이 쥐 강아지 호랑이
문서 3 : 고양이 쥐 고양이 쥐

	고양이	쥐	강아지	호랑이
문서 1	1	1	0	0
문서 2	1	1	1	1
문서 3	2	2	0	0

(문서 1) = [1, 1, 0, 0]
(문서 2) = [1, 1, 1, 1]
(문서 3) = [2, 2, 0, 0]

TfidfVectorizer 에서는 위의 단어 빈도 - 이를 TF - Term Frequency라고 합니다 - 에 문서를 구분하는 데에 그 단어가 얼마나 중요한 지를 나타내는 IDF(Inverse Document Frequency)를 곱한 값을 사용합니다. 그런데 문서를 구분하는 데에는 어떤 단어가 중요할까요?

흔하게 나오는 단어가 아닌 경우가 문서 구분에는 더 큰 의미가 있겠죠. 예를 들어 경제 분야에서만 사용하는 단어는 경제 분야 문서를 구분하는 데에 중요할 것입니다. 이를 수식으로 만든 것이 IDF(Inverse Document Frequency)이고, 이 값은 해당 단어를 사용하는 문서가 적을수록 큰 값(중요함)을 갖습니다.

이 값을 계산하는 수식은 다음과 같습니다.

(IDF) = log((전체 문서수) / (해당 단어사용 문서수))

그러면 앞의 3개의 문서의 단어에 대해서 IDF를 구해보겠습니다.

(고양이 IDF) = log(3/3) = 0 → 3개 문서에 모두 나오니 변별력이 없습니다.

(쥐 IDF) = log(3/3) = 0 → 3개 문서에 나와서 변별력이 없습니다.

(강아지 IDF) = log(3/1) = 0.477 → 중요도는 0.44

(호랑이 IDF) = log(3/1) = 0.477 → 중요도는 0.44

IDF를 반영한 각 문서의 벡터값은 다음과 같습니다.

	고양이	쥐	강아지	호랑이
문서 1	1 x 0 = 0	1 x 0 = 0	0 x 0.44 = 0	0 x 0.44 = 0
문서 2	1 x 0 = 0	1 x 0 = 0	1 x 0.44 = 0.44	1 x 0.44 = 0.44
문서 3	2 x 0 = 0	2 x 0 = 0	0 x 0.44 = 0	0 x 0.44 = 0

(문서 1) = [0, 0, 0, 0]

(문서 2) = [0, 0, 0.44, 0.44]

(문서 3) = [0, 0, 0, 0]

수치화된 결과는 바로 직관적으로 (문서 1)과 (문서 3)이 비슷하다는 것을 보여줍니다.

이 벡터화 결과로 앞서와 같이 문서간 유클리드 거리와 코사인 거리를 계산해보겠습니다. 그런데, (문서 1)과 (문서 3)의 벡터의 모든 값이 0 이면 코사인 거리 계산의 분모가 0이 되어서 계산이 되지 않습니다. 이를 해결하기 위해 전체 벡터에 작은 숫자(여기서는 0.00001)을 더한 후에 계산했습니다.

```python
from numpy import dot
from numpy.linalg import norm
import numpy as np

def cos_distance(A, B):
    return np.round( 1 - dot(A, B)/(norm(A)*norm(B)), 2)

def euc_distance(A,B):
    return np.round(np.sqrt(np.sum((A - B)**2)),2)

small_number = 0.00001

doc1=np.array([0, 0, 0, 0]) + small_number
doc2=np.array([0, 0, 0.44, 0.44]) + small_number
doc3=np.array([0, 0, 0 , 0]) + small_number

print( " 유클리드 거리 ==== ")
print("문서 1 과 문서 2 : ", euc_distance(doc1, doc2))
print("문서 1 과 문서 3 : ", euc_distance(doc1, doc3))
print("문서 2 과 문서 3 : ", euc_distance(doc2, doc3))

print( " 코사인 거리 ==== ")
print("문서 1 과 문서 2 : ", cos_distance(doc1, doc2))
print("문서 1 과 문서 3 : ", cos_distance(doc1, doc3))
print("문서 2 과 문서 3 : ", cos_distance(doc2, doc3))
```

수행 결과)

유클리드 거리 ====

문서 1 과 문서 2 : 0.62

문서 1 과 문서 3 : 0.0

문서 2 과 문서 3 : 0.62

코사인 거리 ====

문서 1 과 문서 2 : 0.29

문서 1 과 문서 3 : 0.0

문서 2 과 문서 3 : 0.29

단어의 빈도 만으로 수치화된 벡터로는 문서 유사도 판정에 있어서 유클리드 거리 결과와 코사인 거리 결과가 달랐습니다. 그러나 단어의 가중치(IDF)를 고려한 벡터로는 두 방식의 결과 모두에서 (문서 1)과 (문서 3)이 비슷함을 보여줍니다. 이는 IDF라는 가중치가 단어벡터를 정규화(벡터의 크기를 1로 만드는 작업)에 일부분 기여함으로써 보여지는 효과입니다. 아래 그림에서 보실 수 있는 것처럼 정규화된 벡터의 유클리드 거리와 코사인 거리는 비례합니다.

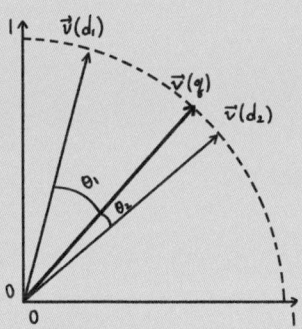

참고로 단어 빈도(TF : Term Frequency)와 역문서 빈도(문서 빈도 역수 - IDF : Inverse Document Frequency)를 계산하는 방식에는 다음과 같은 다양한 변형이 있습니다.

Variants of term frequency (tf) weight

weighting scheme	tf weight
binary	$0, 1$
raw count	$f_{t,d}$
term frequency	$f_{t,d} \Big/ \sum_{t' \in d} f_{t',d}$
log normalization	$\log(1 + f_{t,d})$
double normalization 0.5	$0.5 + 0.5 \cdot \dfrac{f_{t,d}}{\max_{\{t' \in d\}} f_{t',d}}$
double normalization K	$K + (1-K) \dfrac{f_{t,d}}{\max_{\{t' \in d\}} f_{t',d}}$

〈 단어 빈도 (TF : Term Frequency) 변형 〉

Variants of inverse document frequency (idf) weight

weighting scheme	idf weight ($n_t = |\{d \in D : t \in d\}|$)
unary	1
inverse document frequency	$\log \dfrac{N}{n_t} = -\log \dfrac{n_t}{N}$
inverse document frequency smooth	$\log \left(\dfrac{N}{1+n_t} \right) + 1$
inverse document frequency max	$\log \left(\dfrac{\max_{\{t' \in d\}} n_{t'}}{1 + n_t} \right)$
probabilistic inverse document frequency	$\log \dfrac{N - n_t}{n_t}$

〈 역 문서 빈도(IDF : Inverse Document Frequency) 변형 〉

책등(Book Spine) 인식 – 어떤 책이 몇 권일까?

아래의 사진에는 어떤 책이 몇 권이나 있을까요?

필요한 시점에 필요한 장소에 고객이 원하는 상품이 없다면 판매를 할 수 없습니다. 판매할 제품인 재고를 관리하는 것은 회사의 공급망 관리의 핵심입니다. 어떤 상품을 얼마나 갖고 있는지를 파악하는 것에서 재고관리는 시작됩니다.

책을 판매하는 서점은 갖고 있는 책이 몇 권인지를 파악하는 것으로 재고관리를 시작합니다. 책이 반입되고 반출되는 시점에 검사하고 기록을 하지만 분실되거나 손상되는 일을 피할 수는 없습니다. 서고에 보관하고 있는 책의 종류와 개수를 확인하는 것은 예상하지 못한 분실과 손상에 의한 재고의 변화를 파악하는 작업입니다.

서점을 운영하시는 분한테서 머신러닝으로 책장 사진을 찍으면 어떤 책이 몇 권이 있는지 파악할 수 있는지 문의를 받았습니다. 머신러닝을 같이 공부하는 분들과 팀을 꾸려 책등 인식 기술을 시험하기 위한 간이 프로젝트를 진행했습니다. 해당 프로젝트에서는 몇 가지 방법으로 책등(Book Spine) 이미지로 얼마나 정확히 책을 판별하는지 인식율에 대한 시험을 진행했습니다.

책등 분리하기

책장을 찍은 사진에는 사진과 같이 여러 권이 책이 같이 존재합니다. 각각의 책이 어떤 책인지를 분류하기 위해 먼저 책등을 하나씩 분리했습니다.

분리는 책등과 책등 사이의 검은 선을 인식하는 방법을 사용했습니다. 분리에는 인식된 검은 선의 위쪽에서 직선으로 아래로 분리하였습니다. 이 방법으로 분리된 결과는 다음과 같습니다.

이 방법은 몇 가지 단점이 있습니다. 분리된 책등 이미지를 보시면 기울어진 책등 아래쪽 부분이 다른 책등 이미지로 잘못 분류되었습니다. 즉 기울어졌으면 기울어진 형태로 잘라야 합니다.

그리고, 사진의 윗부분을 보시면 책등 이미지가 아닌 검은 부분이 있습니다. 이 부분을 제거하는 처리가 필요합니다. 위의 검은 부분은 주어진 책등 이미지가 검은 색이 포함된 책등과 비슷하다는 판정을 받을 수 있기 때문입니다.

위의 두가지 문제는 향후 보다 높은 정확도가 필요할 때 진행하기로 했습니다. 그리고, 다음 과정인 분리된 책등에 대한 책 판성 작업을 시작했습니다.

책등 인식 모델 테스트 1 – 광학적 문자 인식 (OCR)

분리된 책등 인식 방식에 대해 프로젝트 팀 내 협의를 진행했습니다. 가장 먼저 고려된 방안은 책등에 적혀 있는 문자를 인식하는 방식입니다. 이미지에서 문자를 인식하는 기술은 OCR(Optical Character Recognition – 광학적 문자 인식)이라고 부릅니다.

광학적 문자 인식 (Optical Character Recognition)

광학적 문자 인식은 인쇄물이나 사람이 쓴 글자를 컴퓨터 내의 데이터로 바꿔 주는 기술입니다.

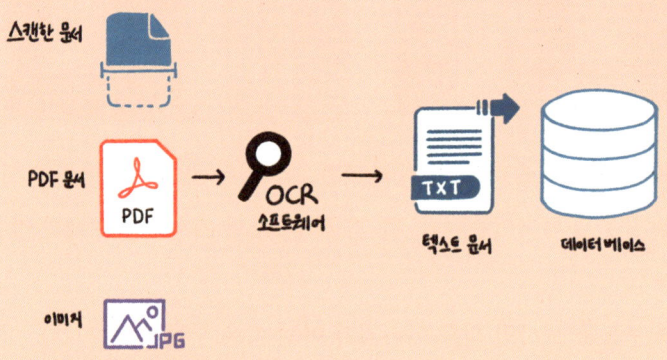

스캔(Scan)한 문서, PDF 문서, 그리고 사진 등의 이미지에서 글자를 찾아서 이에 대응되는 컴퓨터 부호로 바꾸어 줍니다. 컴퓨터 문서를 종이에 인쇄하는 출력의 반대 과정이라 얘기할 수 있습니다. OCR 기술은 다양한 곳에서 다양한 용도로 사용되고 있습니다.

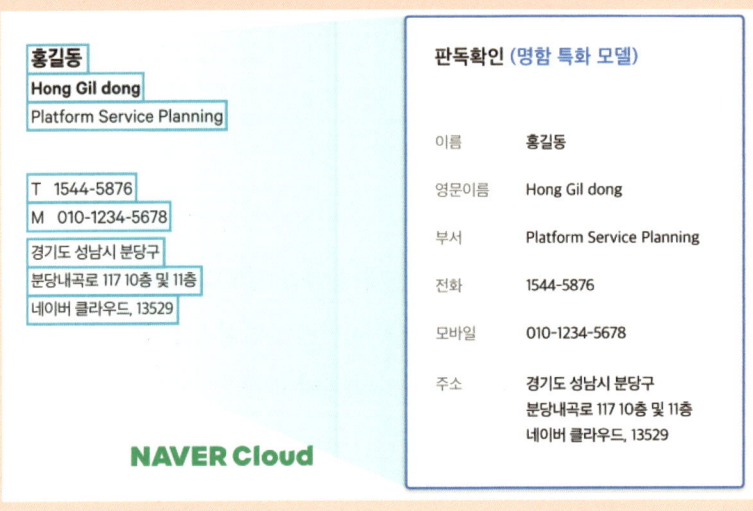

머신러닝 배웠으니 활용해 볼까요?

> 예를 들어 거래처에서 받은 명함의 전화번호나 주소를 손으로 입력하는 대신 OCR 기술로 자동으로 인식하게 할 수 있습니다. 특히 기존에 수기로 기록되던 작업이 컴퓨터에서 처리되는 방식으로 변경되면서 남아있는 문서를 컴퓨터에 입력하는 일은 OCR의 도움 없이는 많은 시간과 비용이 소요됩니다. 그런데, 글자 위에 낙서가 되거나 문서 일부가 손상된 경우에는 인식의 오류가 발생합니다. 현재 사용되는 OCR 제품에서는 각 글자에 대해서 어느 정도로 정확하게 인식했는지를 표시해줍니다. 인식의 정확도가 낮은 경우에는 사람에서 검증(verify)을 하도록 알려줍니다.

먼저 무료로 사용가능한 OCR을 테스트하였습니다.

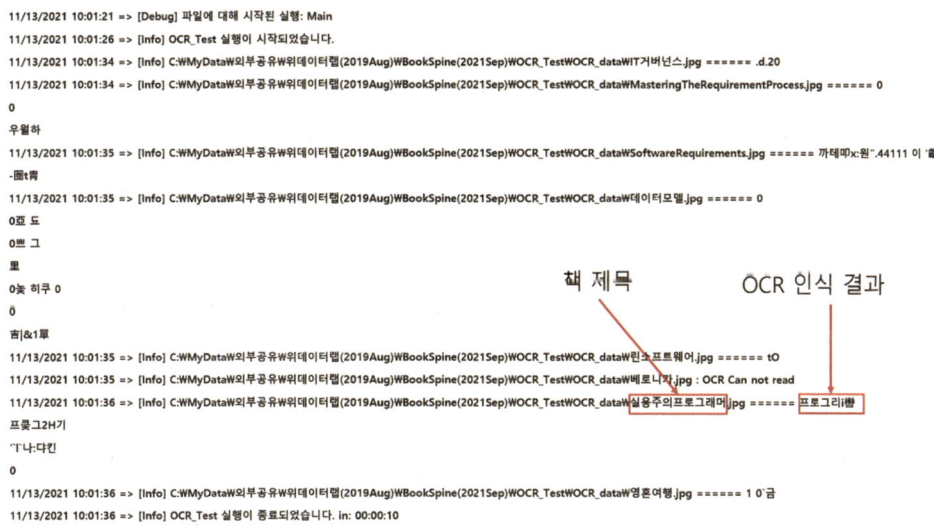

거의 대부분의 글자를 인식하지 못했습니다.

가장 잘 인식된 결과는 '실용주의프로그래머' 라는 책등 이미지 인데, 그 결과도 몇 글자 만 정확히 인식되었습니다.

실망스러운 결과에 상용으로 판매되는 OCR의 정확도를 확인했습니다. 상대적으로 신뢰도가 높다고 알려진 구글 OCR API로 몇 권이 책 이미지에서 글자 추출을 시험했습니다.

 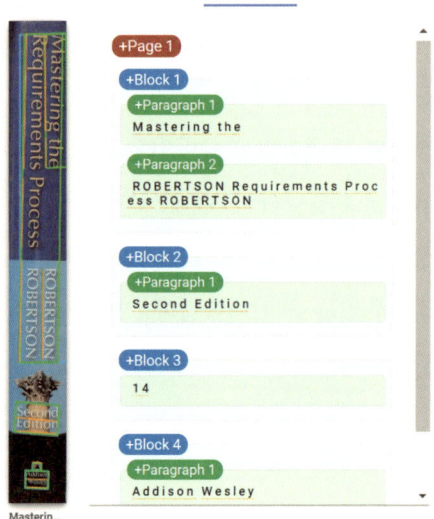

왼쪽의 한글의 경우는 맨 아래의 출판사명 '나무생각'을 제외하고는 잘 인식하였습니다. 출판사명은 크기가 작고, 글자 모양이 일반적인 형태는 아니어서 인식이 안된 것 같습니다.

오른쪽의 영문자의 경우 글자는 다 인식한 것 같습니다. 다만, 책 제목과 저자 이름이 섞여서 표시되었습니다.

이상의 테스트 결과에 대한 프로젝트 팀의 평가를 정리했습니다.

OCR 관련 이슈

SDSF 서울데이터과학연구회

- ✓ OCR 인식률
  - 무료 OCR은 인식률이 낮음 (예 : 실용주의프로그래머.jpg ➔ 프로그리i踏프콧그2H기)
  - 가로 읽기 vs 세로 읽기 지정
  - 반전 글자 지정

- ✓ 제목 조합 방법
  - 인식 블록 단위 조합이 안됨
  - 책 디자인에 따른 변화

- ✓ 동명 이서 (예 : 경제학원론)
  - 남산도서관 검색 : 90종

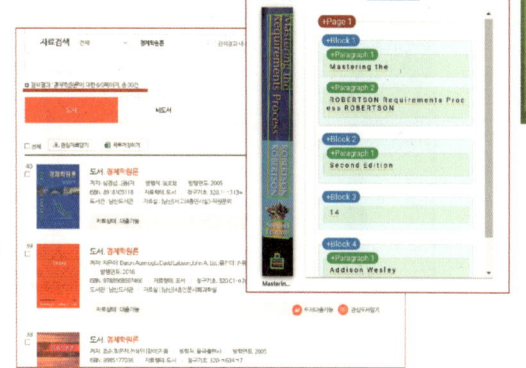

책등 인식에 OCR을 사용하는 경우의 문제점은 크게 3 가지였습니다.

1. 무료 OCR은 인식률이 너무 낮다.

앞서 보여드린 것처럼 무료 OCR의 경우 거의 인식을 하지 못했습니다.

2. 상용 OCR의 경우는 인식률은 높으나, 글자 의미 단위로 분류되지 않는다.

구글 OCR에서 인식된 결과를 보시면 책 제목과 저자가 뒤섞여 있습니다. 어떤 책이 몇 권이다 라는 결과를 위해서는 책 제목과 저자를 정확히 분류하는 알고리즘이 필요합니다.

3. 같은 제목의 다양한 책에 대한 구분이 어렵습니다.

남산 도서관에서 '경제학 원론'을 찾으면 약 90여종의 책을 볼 수 있습니다. 도서명 만으로 책을 구분하는 작업은 어려움이 많습니다. 도서명 외에 저자, 출판사도 정확히 인식되어야 하는 데 앞의 사례처럼 오류의 가능성이 높습니다.

그런데, 도서관에 비치된 책의 경우에는 책등에 청구번호(Call Number)가 붙어 있습니다. 이는 책마다 고유한 값입니다. 이 부분을 OCR로 인식하여 책을 구별할 수 있으라 생각됩니다.

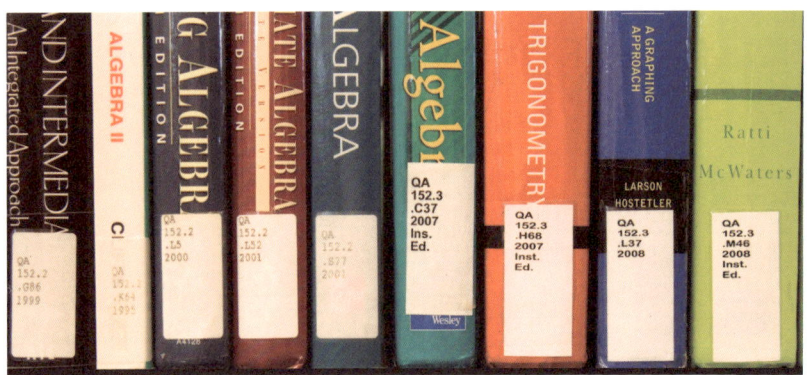

이 값을 OCR로 인식하면, 도서관에서는 잘못 꽂혀진 책을 쉽게 찾을 수 있을 듯 합니다. 그런데, 아쉽게도 서점의 창고에는 이와 같은 분류 기호가 붙어 있지 않습니다.

책등에 청구번호(Call Number) 혹은 ISBN(International Standard Book Number)과 같은 책을 유일하게 구분할 수 있는 정보가 있다면, 서점의 재고관리는 훨씬 편해질 것 같습니다.

책등 인식 모델 테스트 2 – 딥러닝 (Deep Learning)

OCR 기술과 함께 딥러닝(Deep Learning) 기술에 기반한 책등 인식 테스트도 진행했습니다. 그런데 서점에는 매우 많은 종류의 책이 있을 것입니다. 예를 들어 남산 도서관은 49만여권의 장서를 보유하고 있습니다.

남산도서관은 1922년 경성부립도서관(서울시 중구 명동)을 전신으로 서울의 심장부 남산에 건립된 서울시 최초의 공립도서관입니다.
현재의 남산도서관은 해방 후 미래세대를 위한 첫 공공프로젝트의 일환으로 1965년 신축되었으며, 공공도서관 건립을 목적으로 설계 공모한 서울미래유산의 건축물로 서울시 지정 유형문화재 2책과 등록문화재 172책 등의 귀중자료를 보유하고 있습니다.

현재 남산도서관은 49만여권의 장서와 1만 6천여점의 비도서자료, 800여종의 연속간행물을 소장하고 있으며, 고서 및 동양서 등의 귀중자료를 국립중앙도서관과 협력하여 디지털 아카이브함으로써 지식자원의 기록과 보존 활용에 앞장서고 있습니다. 또한 특색사업으로 치유적 책읽기를 통해 소통하고 공감하는 행복한 시민 성장을 위한 독서치료프로그램 문학에 관심이 있는 성인과 중·고등학생들의 전문적인 글쓰기 지도를 위한 남산문학아카데미, 2015년 개관한 한국문학자료관울 통한 한국문학 이용 활성화로 시민들의 풍요로운 인문학적 삶을 위한 전문자료관으로서의 역할을 수행하고 있습니다.

대형 서점의 경우는 이정도 종류의 서적을 보유하고 있을 것이라 생각했습니다. 일반적인 분류(Classification) 모델로는 처리하기에 어려움이 예상되었습니다.

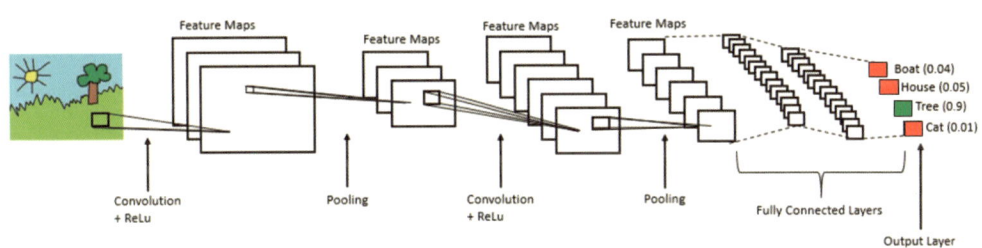

〈 일반적인 딥러닝 분류 모델 구조 〉

일반적인 딥러닝 객체 분류 모델은 출력 부분이 분류하고자 하는 객체 수 만큼의 뉴론(neuron)이 필요합니다. 50만 권의 책을 분류하려면 50만개의 뉴론을 가진 출력층을 만들어야 합니다. 모델 구성 및 훈련에 상당한 부담이 될 듯 합니다. 그보다 더 어려움이 있을 것 같은 부분은 새로운 도서에 대한 처리를 위해서는 해당 층을 추가로 늘리고 새로운 훈련이 필요하다는 것입니다.

새로운 방법 구상 중에 얼굴 인식 분야가 딥러닝으로 많은 진전을 이루고 있다는 내용을 떠올렸습니다.

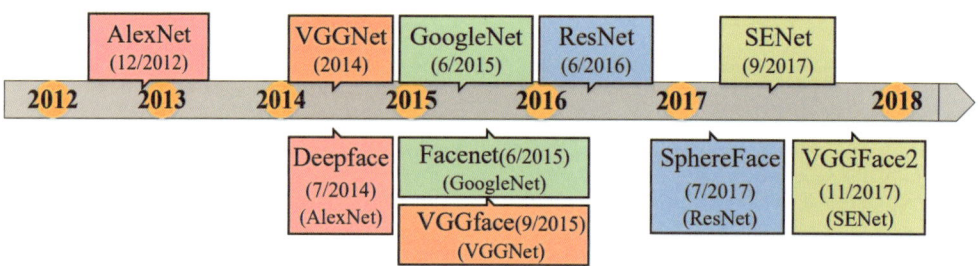

2014년 페이스북의 DeepFace와 홍콩 중문대학의 DeepID 등의 딥러닝 모델이 인간보다 얼굴 인식에서 더 나은 결과를 보였습니다.

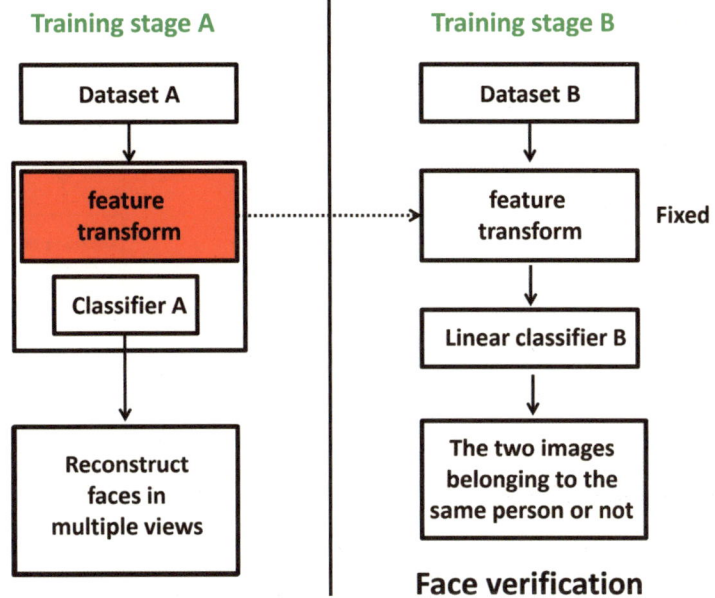

그중에서 DeepID의 구성을 보면 얼굴의 특징을 뽑아내는 훈련과정과 훈련된 특징으로 분류를 하는 2가지 과정으로 되어 있습니다. 얼굴의 특징을 뽑아내는 과정은 얼굴을 수치화(벡터화) 하는 과정이라고 얘기할 수 있을 것 같습니다. 그리고 얼굴을 분류하는 과정은 수치화된 얼굴과 가장 가까운 거리에 있는 얼굴을 찾는 과정입니다. 사람의 얼굴을 구별할 수 있는 특징(feature)을 잘 표현하는 수치(벡터)가 만들어지면 얼굴을 구분하는 일은 매우 쉽게 해결됩니다.

이 과정을 순차적으로 보자면 다음과 같습니다.

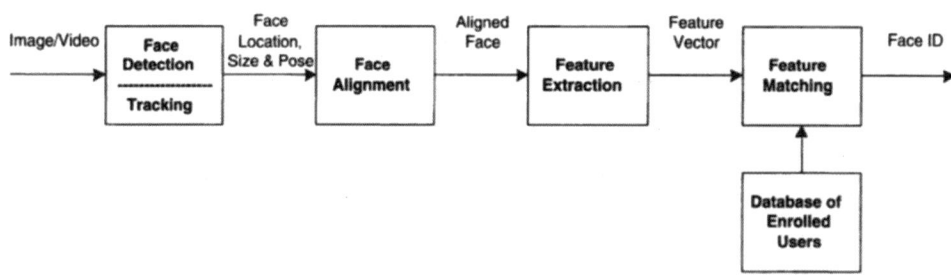

Fig. 1.2. Face recognition processing flow.

만일 이전에 보지 못했던 얼굴 이미지가 입력이 되면 저장되어 있는 얼굴 특징 벡터(feature vector)와의 비교에서 두 값의 차(거리)가 일반적인 거리에 비해 커지게 됩니다. 미리 정해둔 한계(threshold) 이상의 값이 되면 새로운 얼굴임을 인식할 수 있습니다.

이 모델의 장점은 새로운 얼굴이 추가가 되어도 모델을 변경할 필요가 없습니다. 다만 새로운 얼굴에 대한 특징 벡터를 데이터베이스에 추가하면 됩니다.

위의 얼굴 분류의 방법을 책등 분류에 적용하기로 했습니다.

이를 위해서 먼저 책등의 특징을 수치화(벡터화) 하는 방법으로 변이형 오토인코더(VAE : Variational AutoEncoder)를 선택했습니다. 그리고 책등의 수치값을 비교하는 모델로 k 최근접 이웃(k Nearest Neighbor) 알고리즘을 사용하기로 했습니다.

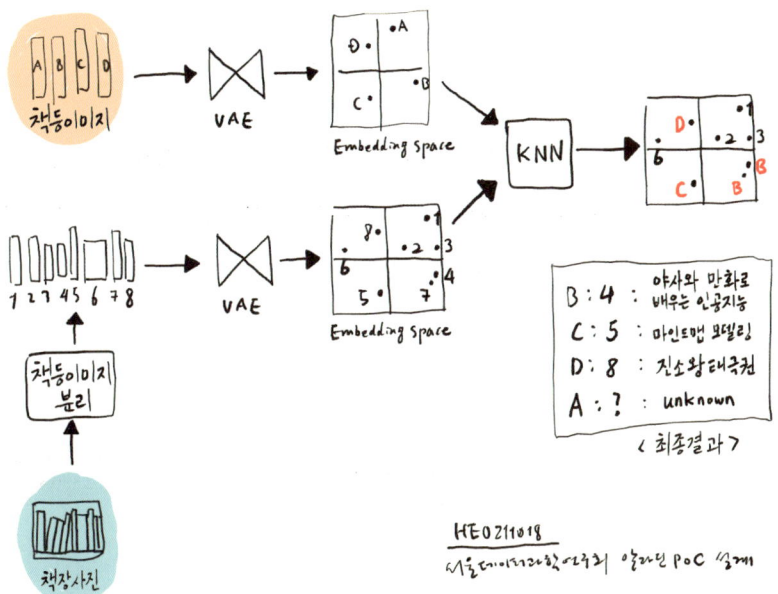

< 책등 분류를 위한 머신러닝 모델 >

머신러닝 모델 훈련을 시작하기 전에 먼저 선택한 변이형 오토인코더(VAE)가 책등 이미지를 잘 분류할 수 있는 벡터를 생성할 수 있는지를 검증했습니다. 시험에 사용할 8종류의 책등 이미지를 밝기 조절, 색감 조정, 약간의 회전 등을 통해 이미지를 추가로 생성했습니다. 이런 방법을 '데이터 강화(Data Augmentation)'이라 부릅니다.

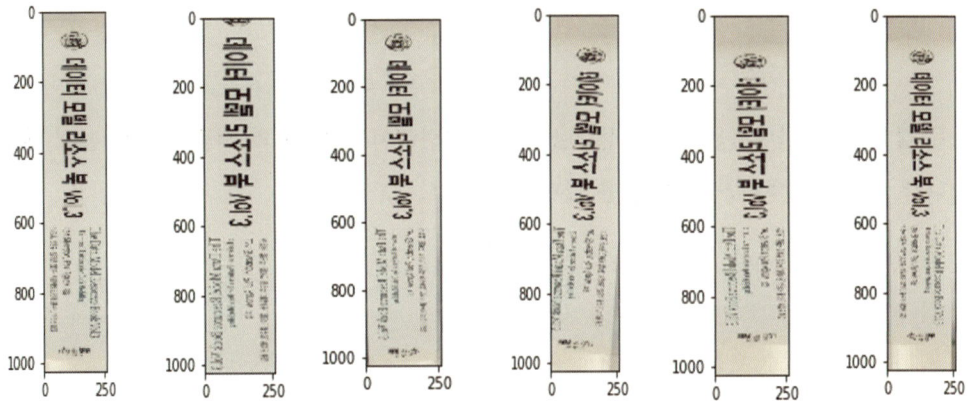

< 데이터 증강에 의해 생성된 이미지 >

증강된 책등 이미지로 변이형 오토인코더(VAE) 모델 훈련을 시켜서 생성되는 (인코더와 디코더 사이의) 잠재 벡터의 분포를 시각화 하였습니다. 잠재벡터 z의 차원을 2차원에서 10차원까지 변화를 주면서 훈련시켜서 분포의 변화를 살폈습니다.

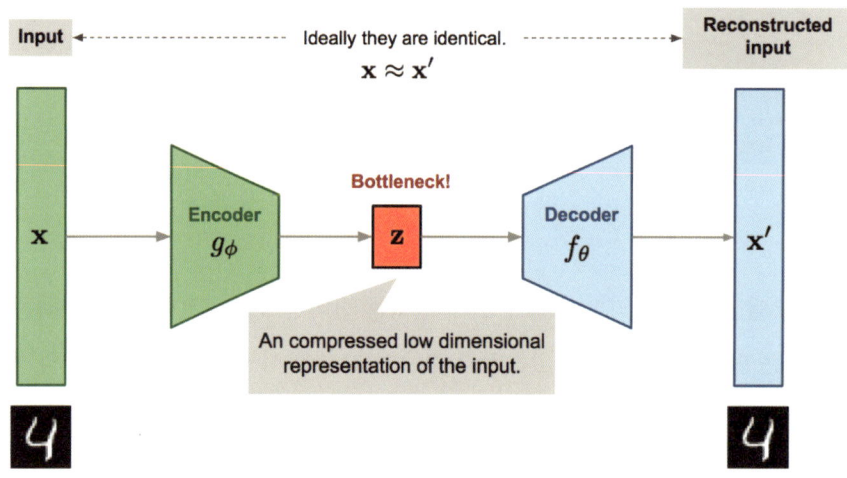

다음은 잠재벡터 z를 3차원으로 구성했을 경우의 0번에서 9번까지의 책등에 대한 잠재 벡터의 분포입니다. 점의 색깔은 각각의 책등을 의미합니다.

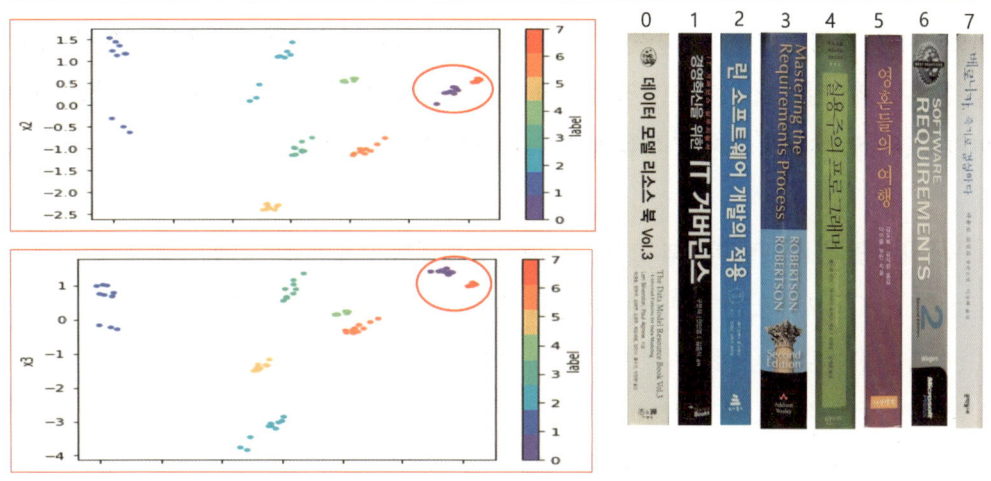

위의 분포에서 같은 색깔의 점은 비슷한 위치에 존재합니다. 그리고, 다른 색깔의 점과의 거리가 떨어져 있습니다. 따라서, 생성된 잠재벡터는 서로 다른 책등을 구분할 수 있는 값이라 얘기할 수 있습니다. 그리고, 시각화 결과이 빨간 동그라미 부분을 살펴보면 보라색 점으로 표시된 0번 책과 빨간 색 점으로 표시된 7번 점은 가까운 위치에 존재합니다.

책등 이미지 0번(데이터 모델 리소스 북)과 7번(베로니카) 책을 보시면 하얀 바탕으로 유사함을 알 수 있습니다.

이로써 변이형 오토인코더로 만들어지는 잠재벡터 z는 책등 이미지의 특징을 대표하는 값으로 사용 가능하다고 할 수 있습니다.

다음으로 선정한 머신러닝 모델로 책등 인식을 위한 테스트를 하기 위한 데이터와 시나리오를 준비했습니다.

테스트를 위해서 8개의 깨끗한 책등 이미지와 이 책들을 포함하고 있는 1장의 책장 사진을 준비했습니다. 책장 사진에는 10권이 책이 찍혔는데, 그중 3권은 앞의 8개의 책등 이미지에서 찾을 수 없는 책등입니다. 그리고, 1장의 책장 사진은 앞서 설명한 방법으로 10개의 개별적인 책등 이미지로 분할했습니다. 그리고, 다음의 절차에 따라 테스트를 진행했습니다.

1. 8개의 깨끗한 책등 이미지의 증강된 데이터로 변이형 오토인코더 훈련
2. 훈련 완료된 오토인코더에서 증강된 8개 책등 이미지의 잠재 벡터 계산
   이 벡터가 해당 책등 이미지에 대한 잠재 벡터 집합입니다.
3. 얻어진 잠재 벡터로 kNN 모델 훈련
4. 10개로 분할된 책장의 책등 이미지를 훈련된 인코더에 입력
   10개의 입력 이미지의 잠재 벡터를 얻습니다.
5. 준비된 kNN 모델에 출력된 10개 잠재 벡터에 대한 예측
   이때, 예측되는 모델과 그 최단 거리를 같이 얻습니다.
   만일 최단 거리가 특정값(threshold)보다 크면 이전에 보지 못한 책등 판정을 내립니다.

준비한 변이형 오토 인코더 모델 구조입니다.
먼저 이미지를 벡터화 하는 인코더(Encoder)와 벡터에서 이미지를 생성하는 디코더(Decoder) 부분입니다. 초기 잠재벡터 공간은 2차원으로 잡았습니다. 그리고, 테스트를 진행하면서 4차원, 10차원 등으로 늘렸습니다. 그리고, 훈련 시 데이터 증강을 위한 밝기(bright), 기울이기(shear), 색상(channel_shift_range) 등의 범위도 다양한 변화를 시도했습니다.

벡터 공간 분포 확인 – VAE 구성

SDSF 서울데이터과학연구회

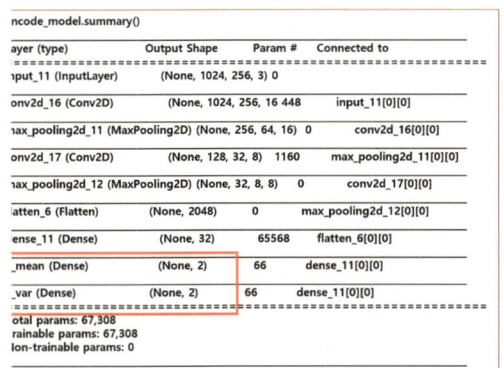 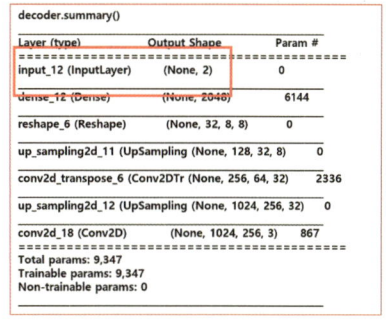

2 차원 잠재 공간(latent space)

〈 인코더와 디코더 부분 〉

벡터 공간 분포 확인 – VAE 구성

SDSF 서울데이터과학연구회

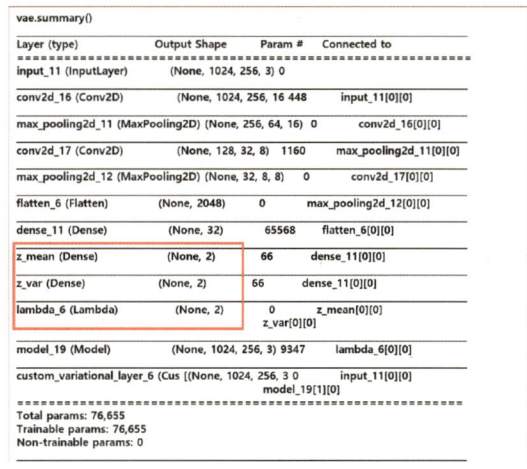

〈 전체 구성된 변이형 오토인코더 모델 〉

위의 시나리오를 변이형 오토인코더의 층의 개수와 뉴런 수 등에 변화를 주면서 다양한 테스트를 진행했습니다.

테스트 초기에는 7개의 책등 이미지 중에서 4~5개 정도를 맞추었습니다. 그리고, 여러가지로 모델에 변화를 주어 테스트해도 별다른 진전이 없었습니다.

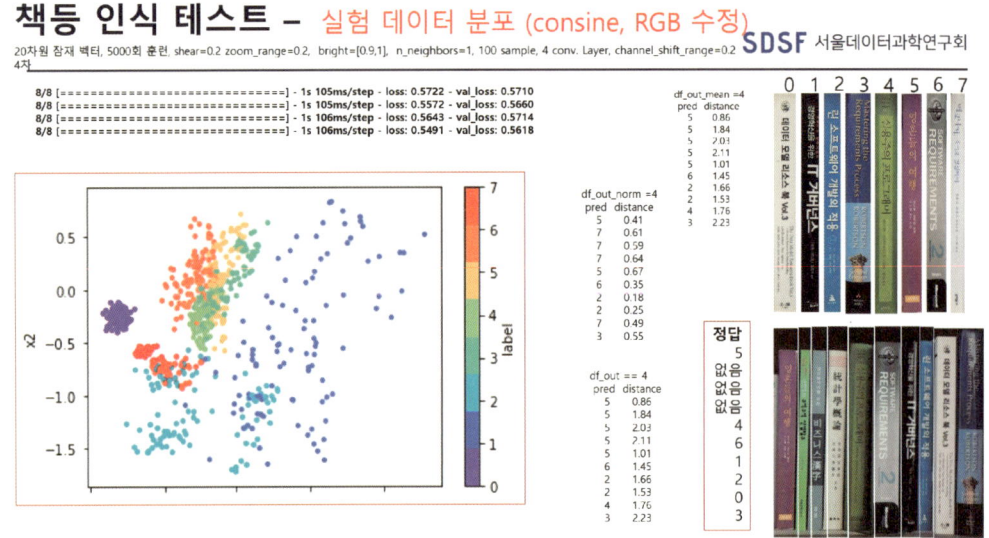

〈 책등 이미지 예측 테스트 〉

이에 훈련 데이터에 책장 이미지에서 증강된 이미지를 추가해서 훈련을 시켰습니다. 그 결과 7개 책등 이미지를 모두 맞추었습니다. 즉, 훈련 데이터와 책장에서 얻어진 이미지가 특별하게 다른 패턴이 있다는 의미입니다.

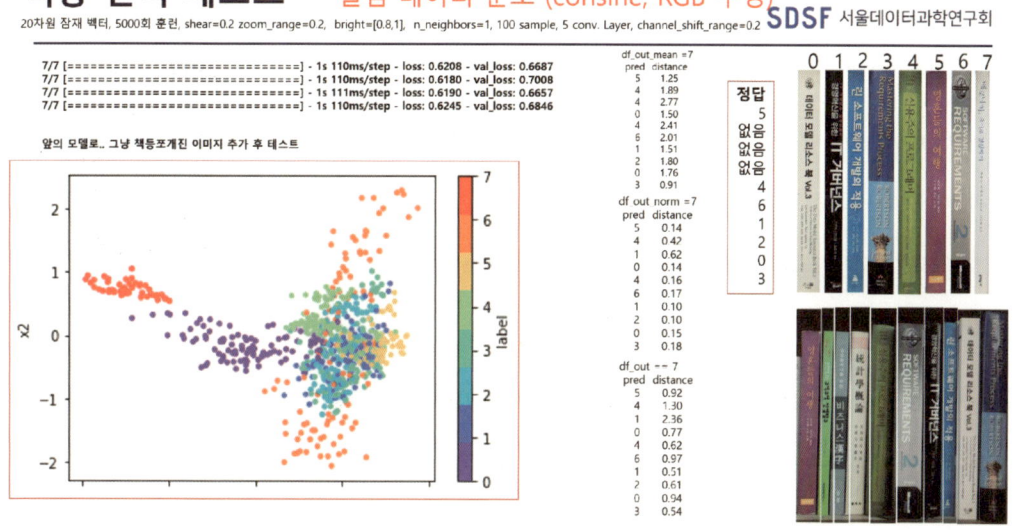

〈 책장 이미지에서 증강된 이미지 추가 훈련 결과 〉

앞서 책장 이미지에서 책등 별로 분할할 때에 얘기를 기억하시기 바랍니다. 책장 이미지에서 분할한 책등은 위의 섬성 부분과 아래쪽의 일부 찔림이 판단의 정확도를 낮추고 있었던 것으로 보입니다.

그리고, 두 이미지의 밝기도 차이가 있습니다. 6번 책등 이미지를 살펴보시죠. 훈련에 사용한 윗쪽의 회색의 6번 책등과 테스트에 사용되는 아래쪽 중간의 밝은 회색의 책등은 같은 책입니다. 그러나 그 느낌은 많이 다릅니다. 이와 같은 차이로 초기 책등 판별에 정확도가 낮았던 것으로 보입니다.

테스트 결과에서 한가지 더 주목할 것은 훈련 이미지에 없었던 책등의 잠재벡터는 다른 책등 이미지의 잠재벡터와의 거리가 상대적으로 멀다는 점입니다. 이는 기준치를 적절하게 설정한다면 이전에 훈련된 이미지와 훈련되지 않은 이미지를 구분할 수 있다는 것을 의미합니다.

이상으로 딥러닝에 의한 책등 인식 테스트를 마무리 지었습니다. 테스트 결과를 다음과 같이 정리 드립니다.

고려 사항

SDSF 서울데이터과학연구회

- 책등 쪼개기 정교화
- Conv Layer 추가
- 벡터 차원 결정
- Loss 정교화 ➔ Loss 비율은?
- 이미지 거리 threshold 결정
- Image Pretrained Model의 일부를 차용 (VGG16 ??)
- 실제 이미지와 비슷한 이미지 확보 방법은?

먼저 책등 이미지에 대한 인식은 얼굴 인식과 유사한 방식이 접근이 유효할 것으로 보입니다. 그리고, 인식의 성공율은 실제 이미지와 얼마나 유사한 훈련 이미지를 확보하는가에 달려있습니다. 그리고, 같은 의미에서 사진에 찍힌 책장 이미지에서 보다 정교하게 책등을 분할할 수 있다면 보다 정확한 판별이 가능해집니다.

이 테스트에서는 딥러닝에 의한 책등 인식 가능성을 확인할 수 있었습니다. 그리고, 인식률을 높일 수 있는 방안에 대한 검토도 있었습니다. 향후 추가적인 진행에 도움이 될 수 있는 정보를 얻을 수 있는 테스트였다고 생각합니다.

3장에서는 머신러닝에 대한 다양한 생각을 자유롭게 적었습니다. 뉴스와 책에서 접하는 소식에 대한 생각, 머신러닝을 공부하고 활용하면서 느꼈던 생각 그리고 사람들과의 대화 속에서 떠올렸던 상상들을 모았습니다.

03
AI와 생각들

3장 AI와 생각들

알파고와 이세돌의 대국 이후 인공지능 기술은 사회적 관심 대상이 되었습니다. 그리고, 그 빠른 발전에 많은 사람들이 놀라고 있습니다. 의료, 산업 그리고 예술에 이르기까지 다양한 분야에서 시험되는 인공지능 기술은 다양한 사회적 변화를 일으키고 있습니다. 이는 단순한 기술적인 문제를 넘어서서 사회 규칙과 철학의 변화를 요구하고 있습니다.

여기에서는 머신러닝에 대한 다양한 생각을 자유롭게 적었습니다. 뉴스와 책에서 접하는 소식, 다양한 분야의 사람들과의 대화에서 느꼈던 생각을 모았습니다.

AI는 객관적인가?

영화 '쇼생크 탈출'은 공포소설의 대가 스티븐 킹이 4계절을 주제로 엮은 4편의 연작 소설 중 희망을 담은 봄을 각색한 것입니다. 누명을 쓰고 교도소에 갇혀서도 희망을 잃지 않고 자유를 갈구하는 주인공 앤디(팀 로빈슨)의 담담함이 마음에 남습니다.

20년 장기수인 레드는 가석방 자격을 얻어 심사를 받습니다.

심사관이 묻습니다.

"레드씨, 당신은 교화되었다고 느낍니까?(Do you feel you've been rehabilitated?)"

긴장한 레드는 진심을 담아 더듬거리며 답합니다.

"네, 선생님. 완전히, 제 말은, 저는 교훈을 얻었습니다. 저는 솔직하게 변했다고 말씀드립니다. 저는 더 이상 사회에 위험한 존재가 아닙니다. 신 앞에 맹세합니다.(Oh, yes, sir. Absolutely, sir. I mean, I learned my lesson. I can honestly say I'm a changed man. I'm no longer a danger to society. That's God's honest truth.)"

심사관은 냉정하게 부결(rejected) 도장을 찍습니다.

매년 반복되는 심사에서 레드는 같은 질문을 받고 비슷한 대답을 하지만 통과하지는 못합니다.

앤디는 희망을 잃어가는 교도소 친구 레드(모건 프리먼)에게 말합니다.

"희망은 당신을 자유롭게 해 줄거예요(Hope can set you free)"

자유를 갈구하던 앤디가 탈출에 성공하고
남겨진 레드는 이제 40년째 복역중입니다.
그리고, 다시 들어선 가석방 심사 자리.
심사관이 묻습니다.
"레드씨, 당신은 교화되었다고 느낍니까?(Do you feel you've been rehabilitated?)"
레드는 더 이상 긴장하지도 답변에 머뭇거리지도 않습니다.

"교화되었냐고요? 사회에 적응할 준비가 되었냐고요? 그런 건 웃긴 표현입니다. 내가 한 일을 후회하지 않은 날이 없어요. 왜냐하면 내가 감옥에 있기 때문이 아니라, 내가 죄를 지은 때로 돌아갈 수 없기 때문입니다. 죄를 지은 젊은이는 오래전에 사라졌어요. 지금은 늙은이만 남아있죠. 시간 낭비하지 말고 부결 도장이나 찍어요 (Rehabilitated? Well, now, let me see. You know, I don't have any idea what that means. Well, it means you're ready to rejoin society… I know what you think it means, sonny. To me, it's just a made-up word. A politician's word so that… young fellas like yourself can wear a suit and a tie and have a job.

What do you really want to know? Am I sorry for what I did? Well, are you? There's not a day goes by I don't feel regret. Not because I'm in here or because you think I should.

I look back on the way I was then. A young... stupid kid who committed that terrible crime.

I wanna talk to him.I wanna try and talk some sense to him, tell him the way things are. But I can't. That kid's long gone. This old man is all that's left.)"

레드는 심사를 통과하고 앤디가 남겨둔 흔적을 따라서 앤디를 만나러 갑니다.

얘기가 길어졌는데요. 20년 동안 레드의 가석방을 부결했던 심사관을 딥러닝으로 훈련시킨 AI로 대체했다면 어떻게 되었을까를 생각해 봅니다. 레드가 진심을 담아 교화되었다고 했을 때 그 진심을 AI는 알아줬을까요? AI는 사람과 달리 항상 객관적 판단을 할 수 있을까요?

저는 다소 부정적입니다. 물론 AI가 누군가에 나쁜 감정을 담아 판단할 것이 생각하지는 않습니다. 다만 AI를 훈련시키는 사람이 의도했던 의도하지 않았던 훈련에 사용된 데이터는 편향을 가질 수 있습니다. 이런 데이터의 편향은 훈련된 AI 모델의 편향을 가져옵니다. 앤디 친구 레드에게는 나쁜 소식이겠죠?

실제로 편향되게 훈련되었던 AI의 몇 가지 사례를 살펴보겠습니다.

미국 법원이 사용하는 범죄자 관리를 위한 프로파일링 시스템(COMPAS - Correctional Offender Management Profiling for Alternative Sactions)은 사건 관리 및 의사 결정 지원 시스템입니다. 이 시스템은 범죄자의 재범 가능성을 예측하기 위해 사용됩니다. 어떻게 보면 레드의 가석방 결정 과정을 심사하는 역할을 합니다.

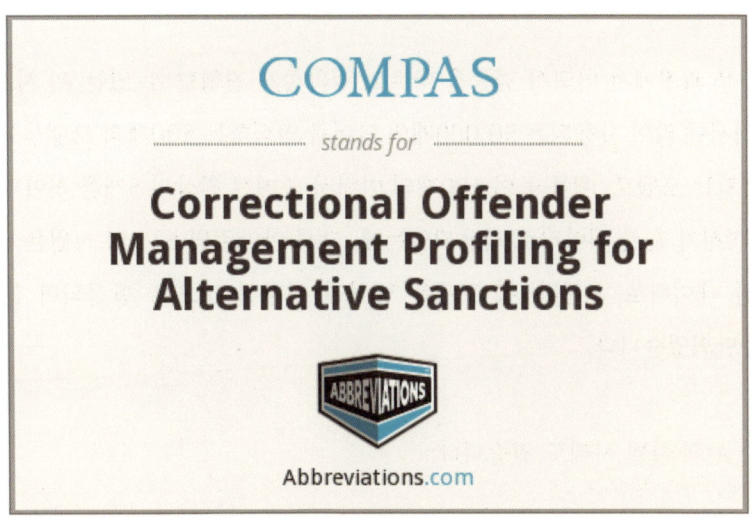

2016년에 밝혀진 바에 의하면 이 시스템은 사용된 데이터로 훈련된 모델은 백인 범죄자(23%)보다 흑인 범죄자(45%)에 대해서 더 많은 잘못된 재범 판정을 내렸습니다.

2018년 10월 아마존은 여성을 차별하는 AI 채용 심사 시스템을 폐기한다고 발표했습니다.

아마존은 채용 과정에서 이력서 검증을 빠르고 정확하게 진행할 수 있는 AI 시스템을 만들고자 했습니다. 이력서에 많이 사용되는 50,000개의 단어를 인식하는 500개의 모델을 테스트했습니다. 여기서 만들어지는 모델로, 예를 들어 100개의 이력서 중에서 최상의 5개를 찾아내고자 했습니다. 10년 간의 이력서가 훈련 데이터로 사용되었는데, 당시 아마존의 63%의 직원은 남성이었습니다. 이렇게 편향된 데이터로 훈련된 AI 모델은 남성에 편향된 것으로 판정되어 2017년 AI 채용 프로젝트는 중단되었습니다.

외모에 의한 AI의 차별 사례도 있습니다.

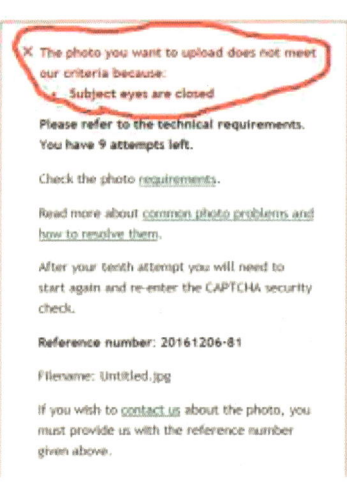 

2016년 아시아계 뉴질랜드인이 온라인으로 여권 갱신 시도했지만, 그의 작은 눈이 문제가 되었습니다. 얼굴을 인식하는 AI 시스템은 그가 눈을 감고 있다고 판단하고 갱신을 거부했습니다.

위의 사례 외에도 편향된 AI 모델에 의한 차별이 보고되고 있습니다. 의도되지 않은 모델의 편향 가능성은 항상 존재합니다. 편향이 차별로 이어지지 않도록 주의가 필요합니다. 편향에 의한 차별을 없애기 위해 AI모델에 대한 검증이 필요합니다. 특히 인간을 대상으로 하는 AI 모델은 모델에 대한 공개로 투명성을 확보하고, 블랙박스를 벗어나서 판단 이유를 제시하는 설명성이 요구됩니다

인공지능과 저작권 – 인공지능은 법적 권리를 가질 수 있을까?

올해(2022년) 2월 미국 저작권청(United States Copyright Office, USCO)은 인공지능이 그린 그림 'A Recent Entrance to Paradise'에 대해 저작권 인정을 거부했습니다.

〈 인공지능이 만든 작품 : "A Recent Entrance to Paradise." 〉

인공지능을 예술가(창작자)로 인정할 수 없다는 것입니다. 인공지능을 예술가로 인정하기에는 현행법 상 많은 분쟁의 소지가 있습니다 인공지능이 창작자 및 저작자가 된다면 그에 따른 권리와 책임이 발생하는데, 인공지능에게 책임을 묻고, 피해에 대한 배상을 받기 어렵습니다. 따라서, 법적 권리를 인정받을 수 있는 지위를 인정하기는 쉽지 않아 보입니다.

유사하게 인간이 아닌 동물도 저작권자로서 인정되지 못했습니다.

〈 원숭이 나루토의 셀카의 저작권 소송 〉

2011년 당시 7세였던 나루토는 인도네시아에서 임무를 수행하던 사진작가 데이비즈 존 슬레이터(David John Slater)의 카메라로 자신의 사진을 여러 장 찍었습니다. 슬레이터는 그가 출판한 책에 나루토의 사진을 포함시켰습니다. 이에 대해 단체 '동물을 윤리적으로 대우하는 사람들(PETA : People for the Ethical Treatment of Animals)'은 2015년 나루토를 대신하여 슬레이터와 자체 출판사 블럽(Blurb)을 고소했습니다. 이 단체는 원숭이가 찍은 사진을 게시 및 판매하는 것이 저작권법에 따른 나루토의 권리를 침해한다고 주장하며 소송을 제기했습니다.

이에 대해 2018년 미국 법원은 원숭이 '나루토'가 찍은 셀카 사진에 대해서 나누토의 저작권을 인정하지 않았습니다. (이후 PETA가 항소하지 않는다는 조건으로 양쪽이 적당한 수준에서 합의하였습니다. 슬레이터는 나루토의 사진으로 향후 발생하는 수익의 25%를 나루토와 그 종의 서식지를 보호하는 단체에 기부하기로 했습니다.)

그런데, 2020년 11월 인도 저작권청은 세계 최초로 인공지능에 저작자의 지위를 인정했습니다. 'RAGHAV 인공지능 페인팅 앱'으로 불리는 인공지능 앱이 생성한 미술 작품 '일몰(Suryast)'을 이 앱의 소유자와 공동저작자로 하는 저작권 등록 신청을 승인한 것입니다. 그러나 다음해 11월 인도 저작권청은 이 작품에 대한 저작권 등록 철회를 통지합니다. 저작자가 이의신청을 했지만 현재까지 인도 저작권청이 최종 결정을 내리지 않고 있어 'RAGHAV' 인공지능 앱은 공동저작자 지위를 유지하고 있습니다.

〈 인공지능 페인팅 앱 RAGHAV 작품 '일몰' 〉

동일한 작품에 대해 캐나다 지식재산청도 지난해 12월 인공지능을 미술 작품의 공동저작자로 하는 저작권 등록 신청을 승인했습니다. 이 인공지능 앱은 캐나다에서도 인공지능이 저작자로 등록된 첫번째 사례입니다.

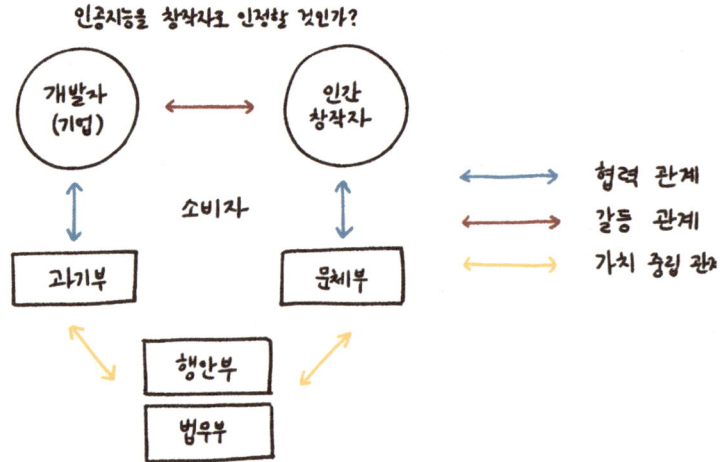

인공지능의 창작물에 대한 저작권 문제는 이를 둘러싼 이해관계자의 경제적 이익과 연관되어 있습니다. 창작하는 인공지능을 만드는 개발자 혹은 개발 기업은 그 권리를 얻기 위해 계속적으로 노력할 것으로 생각됩니다. 이 요청이 받아들여진다면 인간 창작자는 쉼 없이 무언가를 만들어 내는 예술 기계와 경쟁해야 하는 상황이 올 것 같습니다.

다행히 2022년 현재까지 전 세계적으로 인공지능을 창작자로 인정하는 경우는 거의 없습니다.

국가	인공지능 저작물 인정	인공지능 저작자 인정	대표 판례
일본	법적 보호 O	인공지능 자체는 저작자 인정 X	X
미국	법적 보호 X	인공지능 자체는 저작자 인정 X	스티븐 테일러 박사의 'Creativity Machine' & '다부스'
인도	법적 보호 O	인정했으나 → 철회 통보 → 논의 중으로 아직은 인정 유지	'RAGHAV' 인공지능 페인팅 앱
캐나다	법적 보호 O (독창성 핵심요건)	인정 → 확인 절차 진행 중	'RAGHAV' 인공지능 페인팅 앱
중국	법적 보호 X (저작물로도 인정 X) → 도구적 관점에 근거해 인정 O	인공지능 자체는 저작자 인정 X	Feilin의 인공지능 소프트웨어 활용 분석 보고서 Tecent의 'dreamwriter' 인공지능 문서작성 프로그램

잠재공간(Latent Space)

딥러닝은 이미지와 음성 등 비정형 데이터에 대한 새로운 해석을 더하고 활용도를 높였습니다. 특히 비정형 데이터의 유사성에 기반한 배치를 만들어주는 잠재공간(Latent Space)은 다양한 응용이 기대되는 분야입니다.

잠재공간을 생성하는 딥러닝 모델의 대표적인 예는 Word2Vec입니다.

'Word2Vec'은 단어(Word)를 벡터(Vector)로 부호화(Encoding)해주는 모델로 2013년 구글에서 근무하던 토마스 미콜로브(Tomas Mikolov)가 제안했습니다. 그는 2개의 층을 가진 간단한 모델을 대량의 문장으로 훈련시켰습니다. 훈련은 문장 내의 인접 단어가 비슷해지도록 지도학습 방법을 사용하였습니다. 훈련의 결과로 만들어진 Word2Vec은 의미의 유사도에 따라 단어가 배치되는 단어의 잠재공간을 형성합니다.

이렇게 Word2Vec이 만들어낸 잠재공간에서는 단어 간의 의미 계산이 가능해집니다. 예를 들어, 왕(King)이라는 단어에서 남성(Man)의 특성을 빼고, 여성(Woman)의 특성을 넣으면 여왕(Queen)이 됩니다.

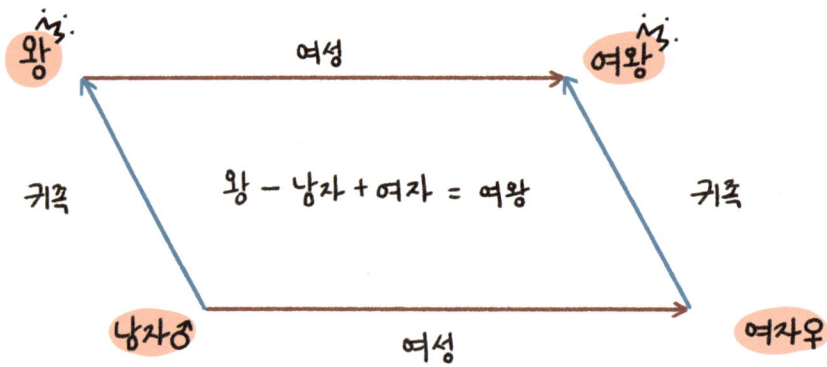

과장되게 표현되기는 했지만 틀리지는 않습니다. 실제로 위의 계산이 수행되는 방식은 아래와 같습니다. 아래에서 'model'은 훈련된 Word2Vec 모델을 의미합니다.

```
model.most_similar(positive=['king','woman'], negative=['man'],topn=10)
Out[12]:
[('queen', 0.7118192911148071),
 ('monarch', 0.6189674139022827),
 ('princess', 0.5902431607246399),
 ('crown_prince', 0.5499460697174072),
 ('prince', 0.5377321243286133),
 ('kings', 0.5236844420433044),
 ('Queen_Consort', 0.5235945582389832),
 ('queens', 0.5181134343147278),
 ('sultan', 0.5098593235015869),
 ('monarchy', 0.5087411999702454)]
```

훈련된 모델에 입력되는 단어와 가장 비슷한 것을 찾아 달라는 'most_similar' 명령을 내립니다. 이때 입력으로는 'king'과 'woman'은 더하고(positive), 'man'을 뺀(negative) 값를 사용합니다. 그 결과로 나오는 출력(Out)에서 'queen'이 71.2% (0.7118…)로 Word2Vec 모델은 가장 가깝다고 판단했습니다.

Word2Vec 모델이 문자에 대한 잠재공간을 생성한다면 오토인코더(AutoEncoder)는 이미지에 대한 잠재공간을 생성합니다.

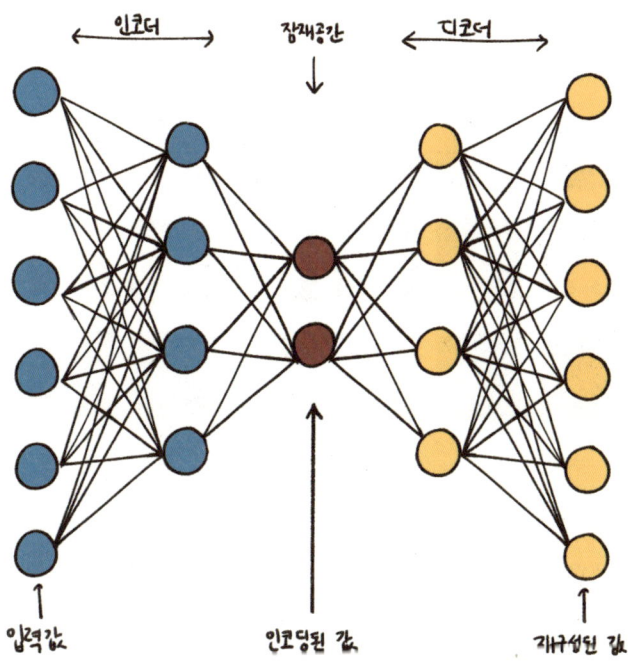

오토인코더는 입력 자체를 출력으로 하는 딥러닝 모델입니다. 그리고, 특이하게도 입력보다 작은 수의 히든레이어를 가집니다. 이 특성은 정보를 압축하는 역할을 합니다. '보틀넥(bottleneck – 병목)'으로 불리는 이곳에서 생성되는 벡터는 이미지에 대한 잠재공간을 만들어 냅니다. 이 잠재공간은 이미지에 대한 의미 계산을 가능하게 합니다. 예를 들어 특정 사람 얼굴에 안경을 미소를 추가하든지, 안경을 씌우도록 만들 수 있습니다. 이에 대한 수식표현과 잠재공간에 의해 생성된 결과는 다음과 같습니다.

(굳은 얼굴) + n * (미소) = (n 만큼 미소짓는 얼굴)

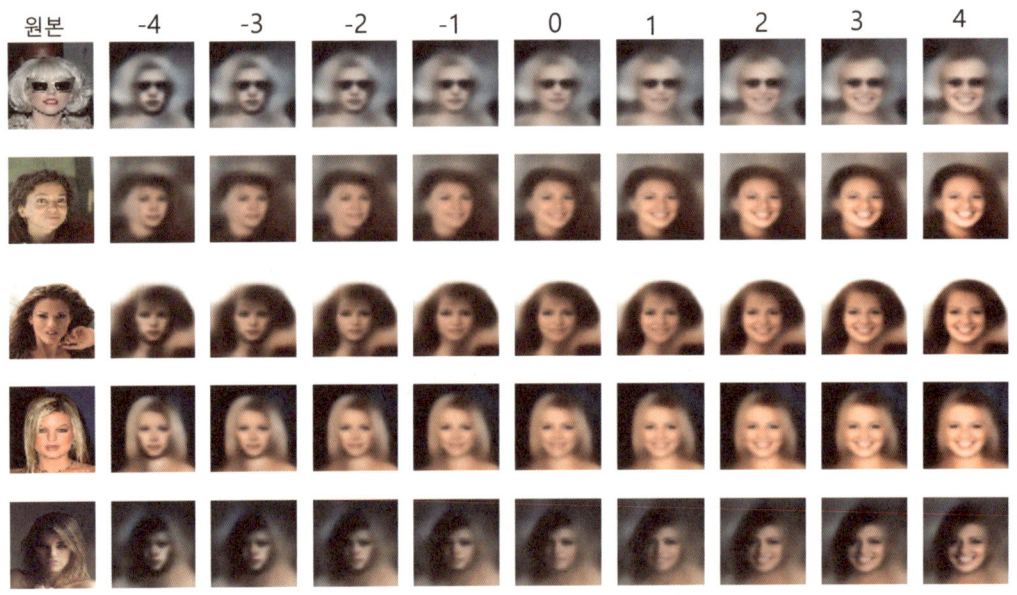

맨 왼쪽 사진이 원본입니다. 원본에 대한 훈련된 오토인코더의 출력은 '0'으로 표시된 가운데 사진입니다. 다소 흐릿해졌습니다. 이는 오토인코더에서 압축이 되면서 일부 정보를 잃어버렸기 때문입니다. '0'으로 표시된 사진 오른쪽으로는 미소를 추가해 나가는 사진입니다. 1만큼, 2만큼 추가할 때마다 얼굴의 미소는 강해집니다. 반대로 왼쪽은 미소를 빼 나가는 사진입니다.

같은 과정으로 안경을 씌워보겠습니다.

(안경없는 얼굴) + n * (안경) = (n 만큼 안경 쓴 얼굴)

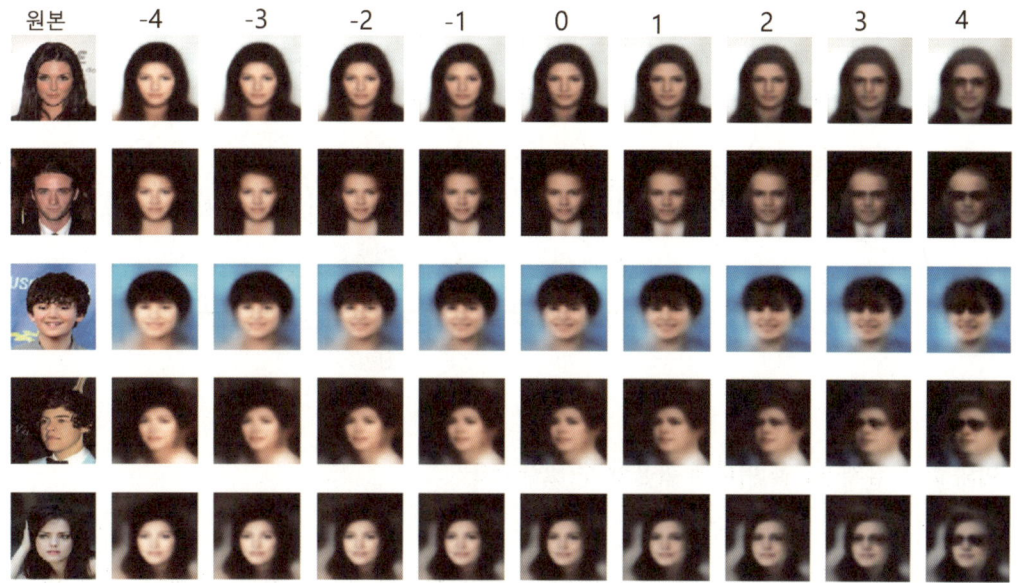

앞의 Word2Vec 모델과, 오토인코더의 예는 딥러닝 모델이 생성하는 잠재공간의 특성을 잘 보여줍니다. 이제 잠재공간(Latent Space)에 대한 감이 오시나요? 정리해보겠습니다.

잠재공간은 그동안 다루기 수학적으로 다루기 어려웠던 언어, 이미지 등과 같은 비정형데이터 속에 잠재(latent)해 있는 특성이 수치화된 공간입니다. 이 공간에서는 비정형 데이터의 특성을 더하거나 빼거나 하는 계산을 할 수 있습니다. 이는 잠재공간에서는 특성이 유사한 항목이 가깝게 존재하기 때문입니다. 여기서 설명 드리지는 않겠지만 어떤 특성을 기준으로 유사함을 평가할 것인가가 잠재공간에서의 위치를 결정합니다.

이와 같은 잠재공간을 어디에 활용할 수 있을까요?

이미지에 대한 잠재공간은 하나의 이미지가 다른 이미지로 자연스럽게 변화하는 '모핑(Morphing)'을 구현하는 데에 사용될 수 있을 것입니다.

재미있게 읽었던 영어 소설 중에서 '애니모프(Animorph)'라는 책이 있습니다. 정의로운 청소년들이 착한 외계인으로부터 모핑 능력을 받게 됩니다. 그리고 악당 외계인의 침략에 대항하는 내용입니다. 주인공들은 위기 상황마다 그에 맞는 능력을 가진 동물로 변해서 극복해나갑니다.

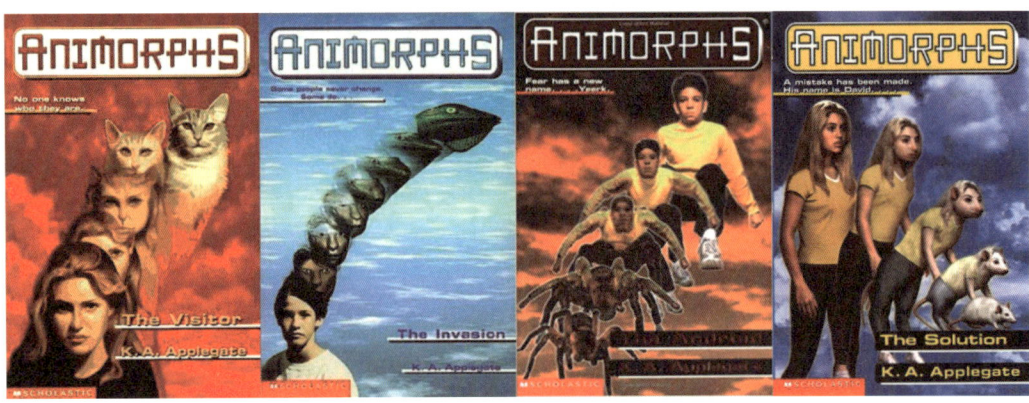

잘 만들어진 잠재 공간에서는 이러한 모핑 이미지를 자연스럽게 만들 수 있을 것입니다.

Word2Vec 모델에서는 응답에 의존하지 않는 여론조사를 생각해 봤습니다. 여론 조사 대상의 응답을 기다리지 않고 인터넷상의 글의 감성을 자동으로 분석하여 사회적 평판이 어떤지를 살펴보는 방식입니다. 예를 특정 도시에 대해 세계인이 느끼는 감성이 어떤지를 인터넷상의 글로 확인하는 방식입니다.

다음은 서울, 도쿄, 베이징 등 몇 개의 도시에 대해서 '사랑(love)'에 대한 유사도를 Word2Vec 으로 확인해 본 결과입니다.

```
print(" love ========== ")
s_feel = "love"
print( "seoul : ", model.similarity('seoul', s_feel) )
print( "tokyo : ", model.similarity("tokyo", s_feel) )
print( "beijing : ", model.similarity("beijing", s_feel))
print( "newyork : ", model.similarity("newyork", s_feel))
print( "seattle : ", model.similarity("seattle", s_feel))
print( "paris  : ", model.similarity("paris", s_feel))
```

```
 love --=====---
seoul :  0.14814138
tokyo :  0.14845145
beijing :  0.07790308
newyork :  0.065880835
seattle :  0.1077297
paris  :  0.11375971
```

'사랑(love)'에 대해서는 도쿄가 14.84%로 유사도가 가장 높습니다. 서울은 14.81%로 그 다음의 수치를 보입니다.

'친구(friend)'에 대해서는 다음과 같습니다.

```
print("friend ============== ")
s_feel = "friend"
print( "seoul : ", model.similarity('seoul', s_feel) )
print( "tokyo : ", model.similarity("tokyo", s_feel) )
print( "beijing : ", model.similarity("beijing", s_feel))
print( "newyork : ", model.similarity("newyork", s_feel))
print( "seattle : ", model.similarity("seattle", s_feel))
print( "paris  : ", model.similarity("paris", s_feel))
```

```
seoul :  0.07567373
tokyo :  0.06339201
beijing :  0.089333504
newyork :  0.09803671
seattle :  0.07044809
paris  :  0.07705234
```

이번에는 파리가 7.71%로 가장 높으며, 서울은 7.57%로 그 뒤를 이었습니다.

이 결과는 기존에 Word2Vec이 훈련된 시점을 반영한 결과로, 한류가 널리 퍼진 지금은 사랑이든 친구든 서울이 가장 높으리라 생각해 봅니다.

이와 비슷하게 잠재공간을 활용하면 다음과 같은 질문에 대해 시대별, 연령별 응답을 자동으로 분석할 수도 있지 않을까 상상해봅니다.

"지난 10년 동안 세계인들의 호감도는 어떻게 변했나요?"

"한국인이 각 여행지에서 느끼는 감정은 어떨까요?"

3 Word2Vec 결과의 활용

SDSF 서울데이터과학연구회

- 축소된 차원 ➜ 계산이 빠르다
- 단어의 감성 값 자동 수치화
    - ✓ '서울'의 느낌은?
    - ✓ 시대별 '강남'의 이미지는?
    - ✓ 지지도 변화
    - ➜ 수동 vs 자동
    - ➜ **여론 조사 자동화** 가능할까??

다시 정리하자면 잠재공간은 현실 공간에서 관찰된 데이터의 특성이 의미 있는 내부 표현으로 인코딩된 추상적인 다차원 공간입니다.

편향(Bias)

선거가 있을 때에는 지지하는 후보에 대한 여론 조사가 행해집니다. 1936년 미국 대통령 선거에는 공화당 알프레드 랜던(Alfred Randon)와 민주당 프랭클린 루스벨트(Franklin Roosevelt)가 후보로 맞붙었습니다. 당시 미국 유력 잡지인 '리터러리 다이제스트(The Literary Digest)'도 여론조사를 실시했습니다.

The Literary Digest
NEW YORK · AUGUST 22, 1936

Topics of the day

"THE DIGEST" PRESIDENTIAL POLL IS ON!
Famous Forecasting Machine Is Thrown Into Gear for 1936

리터러리 다이제스트는 당시 미국 내 전화가입자와 자동차 소유자 천만명에 대해 질문을 보내고 236만명의 답변을 받았습니다. 그 결과를 정리하여 랜던 57%, 루스벨트는 43%로 랜던의 당선을 예측했습니다. 이에 반해 갤럽(Gallup)은 무작위로 선택(Random Sampling)된 1500명에 대해 면접조사를 진행했습니다. 이를 정리하여 랜던 44%, 루스벨트 56%로, 루스벨트의 승리를 예측했습니다.

개표 결과는 38% 대 62%로 루스벨트가 당선되었습니다. 236만명을 상대로 1500명으로 승리했습니다. 빅데이터(Big Data)를 상대로 스몰데이터(Small Data)가 승리한 것입니다. 이 승리는 어디에서 온 것일까요?

승리의 비밀은 '편향(bias)'에 있습니다.

영화 관람객에게 감상평을 설문조사 한다고 가정해 보겠습니다. 모든 관람자를 대상으로 조사를 하기에는 비용이 많이 들기 때문에 일부 관람객 만을 대상으로 하는 경우가 일반적일 것입니다. 그런데, 조사 대상을 다음의 그림처럼 여성만으로 구성한다면 남성들이 좋아하는 전쟁 영화, 액션 영화는 좋은 평을 받지 못할 것이라 예상됩니다. 이처럼 편향은 데이터 분석의 결과를 달라지게 합니다.

다시 1936년 미국 대통령 선거로 가보겠습니다. '리터러리 다이제스트'의 조사 대상을 살펴봅니다. 당시 자동차와 전화는 현재처럼 대중적이지 않았습니다. 어느 정도 부를 축적한 사람들이 누리는 서비스였습니다. 그리고, 공화당을 지지하는 사람들이 다수를 차지했습니다. '리터러리 다이제스트'의 예측의 근거가 된 데이터는 공화당에 편향된 데이터였고, 이에 기반한 예측도 공화당에 편향된 예측이 된 것입니다. 이에 반해 갤럽의 예측은 이러한 편향이 없는 데이터를 기반으로 했습니다. 이 차이가 예측의 승패를 갈랐습니다.

안타깝게도 이 실패는 '리터리니 다이제스트'를 파산으로 내몰았습니다.

Literary Digest Poll

- 1936 election: Franklin Delano Roosevelt vs. Alf Landon
- Literary Digest had called the election since 1916
- Sample size: 2.4 million!
- Prediction: Roosevelt 43%
- Actual: Roosevelt: 62%
- (Literary Digest went bankrupt soon after)

편향은 '추출(sampling)'에서만 생기는 것은 아닙니다. 판단이 필요한 모든 상황에서 편향에 의한 오류가 발생할 수 있습니다. 다음의 사례는 편향의 흥미로운 면을 보여줍니다.

미군은 전투기의 생존율을 높이기 위해 무사히 귀환한 전투기의 총탄 자국을 연구했습니다. 그리고, 총탄 자국이 많은 곳의 철판을 강화하기로 했습니다. 그런데 이는 잘못된 판단이라는 것이 밝혀졌습니다. 왜 그럴까요?

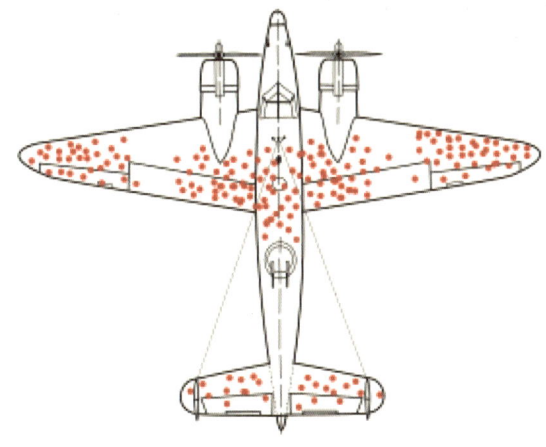

전투 중 비행기의 특정 부위만 총탄에 맞을 확률이 높다고 가정할 수는 없습니다. 확률적으로는 비행기의 모든 부위가 비슷한 정도 확률로 총탄 피해를 입는다는 가정이 논리적일 것입니다. 그렇다면 생환한 비행기가 총탄을 맞은 위치는 비행기에 치명상을 입히지 않는다는 생각이 맞을 것입니다.

그리고, 돌아오지 못한 비행기는 그 외의 곳에 총탄을 맞았을 것입니다. 따라서, 철판을 강화해야 하는 위치는 오히려 생환한 비행기에서 총탄 흔적이 없는 곳입니다.

이는 1989년 스티븐 시글러(Stephan Sigler)가 '네이처(Nature)' 5월호에 실은 기사에서 언급된 내용으로 '생존 편향(Survivorship Bias)'이라고 불리우는 오류입니다.

현실에서는 더 많은 생존 편향적 오류가 있습니다. 예를 들어 마이크로소프트사를 창업한 빌게이츠(Bill Gates)는 대학을 중퇴했습니다. 그의 성공에서 봐야 할 것은 대학 중퇴일까요? 그의 사업적 성공(생존)은 그의 대학 중퇴 때문은 아닐 것입니다. 판단에는 사업에 성공하지 못한 수많은 대학 중퇴자의 사례도 고려되어야 합니다. 이를 확장하면 성공한 기업 사례에서 특정한 특성을 성공의 조건으로 얘기하고자 한다면, 그런 특성을 가졌음에도 실패한 기업이 없는지 확인이 필요할 것입니다.

짐 콜린스는 성공한 기업의 공통점을 연구하여 기업의 성공 요인을 찾으려 노력했습니다. 그리고 그 연구 결과로 베스트셀러가 된 몇 권의 책을 출판하기도 했습니다.

1994년 작 '성공하는 기업의 8가지 습관 (Built to Last : Successful Habits of Visionary Companies)'과 '좋은 기업을 넘어 위대한 기업으로 (Good To Great)'는 다수의 성공한 기업을 특성에 대해 기술한 책입니다.

그런데, 여기에 언급된 다수의 기업이 금융위기를 거치면서 무너졌습니다. 이에 그는 실패한 기업의 공통점을 찾기 위한 연구를 시작했습니다. 그리고 또 다시 책을 출간했습니다.

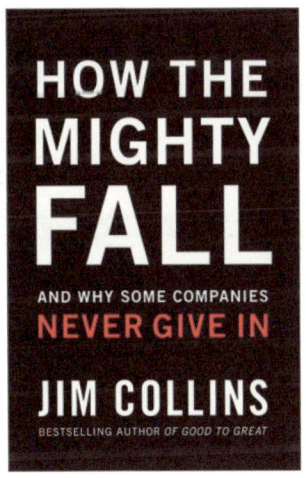

아이러니하게도 실패한 기업의 공통점을 담은 이 책도 베스트셀러의 반열에 올랐습니다.

딥러닝의 3가지 미스터리 :
Ensemble, Knowledge-Distillation, Self-Distillation

2021년 1월 마이크로소프트 블로그에서 흥미로운 주제를 발견했습니다. '딥러닝의 3가지 미스터리(Three mysteries in deep learning)'라는 제목으로 실린 글에서는 다음의 세가지 신비로운 점을 지적했습니다.

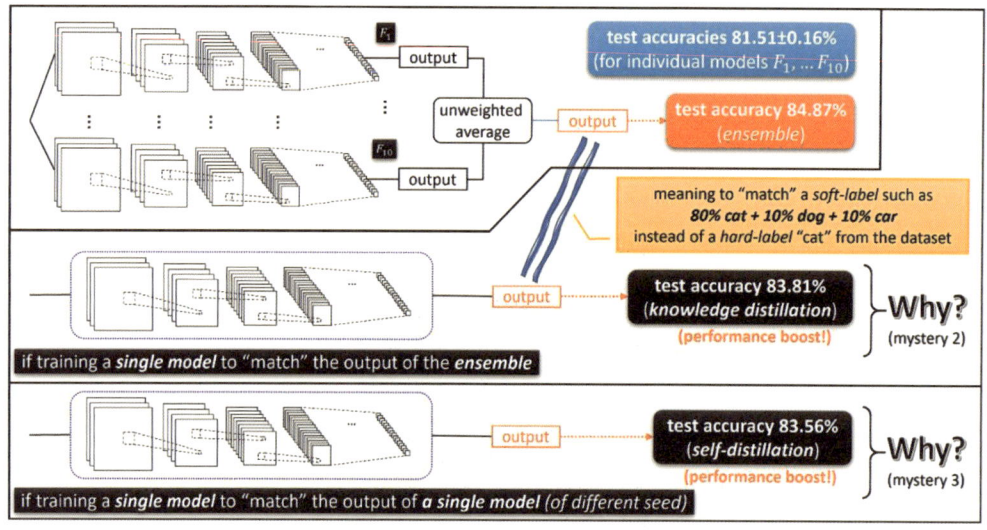

1. 앙상블(Ensemble) 모델은 어째서 전체 모델 성능 평균보다 높은 성능을 보이는가?

    여기 10개의 머신러닝 모델이 있습니다. 각각의 모델은 정확도가 81.51% 에서(+/-) 0.16% 정도의 오차를 가집니다. 어느 모델도 82%를 넘지 못합니다. 그런데 10개의 모델을 각각 훈련하여 앙상블한 결과는 84.87%라는 성능을 보였습니다. 동일한 데이터에 동일한 모델을 사용했음에도 앙상블 모델의 성능이 향상되었습니다.

    어떻게 가능할까요?

    참고로 10개의 모델을 모아서 한번에 훈련시키면 82% 넘지 못했습니다. 10개의 모델을 사용하는 효과가 사라졌습니다. 왜 그럴까요?

2. 지식 증류(Knowledge Distillation)

    특정 딥러닝 모델에 의해 증류된(예측된) 결과로 새로운 모델을 훈련시키는 방식입니다. 큰 모델의 예측결과로 작은 모델을 학습시켜 큰 모델과 비슷한 효과를 내는 작은 모델을 만듭니다. 이렇게 만들어진 모델은 원래 레이블로 학습시킨 동일한 모델보다 나은(큰 모델에 비슷한) 결과를 보입니다.

    위의 그림에서 81.5% 정확도를 보이는 10개의 모델의 앙상블 결과로 그 10개중 하나의 모델을 훈련시키면 83.8%의 정확도를 보였습니다. 어떻게 100% 정확한 답으로 표시한 레이블로 훈련시킨 모델보다, 훈련된 다른 모델의 예측값으로 훈련시킨 모델의 성능이 더 나은 것일까요?

3. 자체 증류(Self Distillation)

    자체 증류는 (초기 값이 다른) 동일한 모델의 예측값으로 훈련시키는 것입니다. 이경우도 다소간 성능 향상을 보였습니다. 해당 테스트에서는 81.51%의 성능의 모델을 자체 증류를 통한 학습으로 83.56%로 성능이 나아졌습니다.

    모델 스스로가 자신을 가르치는 것일까요?

지식 증류 (Knowledge Distillation)

'증류(Distillation)'는 성분이 섞인 혼합 용액을 가열하여 끓은 점의 차이를 이용하여 성분을 분리하는 작업을 의미합니다.

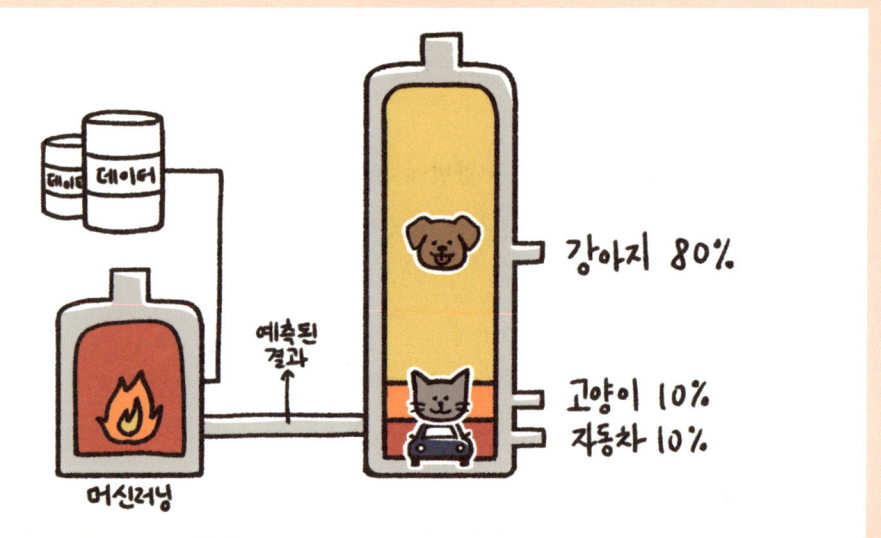

지식 증류(Knowledge Distillation) 개념은 2014년 프리 힌튼, 오리올 비니알스, 제프 딘 세 사람의 이름으로 제출된 "Distilling the Knowledge in a Neural Network" 라는 논문에서 제시된 개념입니다.

목적은 잘 훈련된 "큰 모델을 닮은 작은 모델을 만들어 적은 자원으로 비슷한 효과를 내는 모델"을 만드는 것입니다. 예를 들어 여러 모델이 연합하여 성능 향상을 가져오는 앙상블 모델과 비슷한 결과를 내는 하나의 모델을 만드는 방식입니다. 이를 위해서 앙상블 모델에서 예측 확률로 증류된 결과(80% 강아지, 10% 고양이, 10% 자동차)를 타겟으로 하나의 작은 모델을 훈련시킵니다.

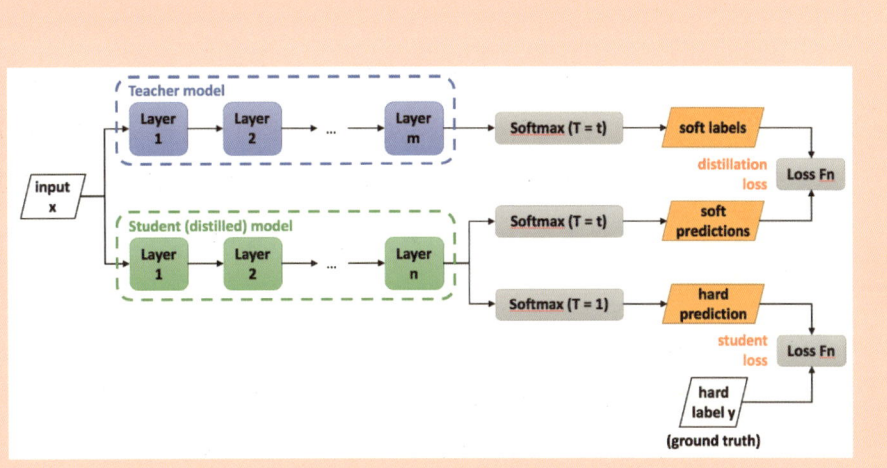

위의 그림에서 선생님 모델(Teacher Model)의 결과를 학생 모델(Student Model) 훈련의 목표로 사용해서 훈련합니다.

참고로 논문에서는 증류된 결과(soft prediction)와의 차이와 원래 타겟(hardprediction)과의 차이를 포괄하여 훈련의 손실함수(loss function)으로 사용하였습니다.

앞의 세가지 미스터리에 대해서 해당 웹사이트에서는 기존과 다른 이론적 설명을 시도하고 있습니다. 제시하는 이론은 '다중 시점(Muti View)'이라는 일관된 논리에 기반하고 있습니다. 앙상블, 지식 증류, 자체 증류는 딥러닝 모델이 데이터의 다양한 관점을 보게 하여 데이터의 특징(feature)를 더 정확히 훈련할 수 있다고 얘기합니다.

1. 앙상블 (Ensemble)

    통계적 머신러닝에서의 앙상블 효과는 모델이 다르거나(Random Forest, SVM 등) 훈련에 사용하는 데이터가 다를 경우에 생깁니다. 그 다양성이 성능향상 효과를 가져옵니다. 동일한 모델과 동일한 데이터를 사용하는 딥러닝 모델의 앙상블 효과는 어디서 다양성이 생기는 것일까요?

    해당 글에서는 서로 다른 초기값을 가진 (동일한) 딥러닝 모델이 데이터에서 서로 다른 특징(feature)를 배움 – 다중 시점을 가짐 – 으로써 다양성을 가진다고 설명합니다.

2. 지식 증류(Knowledge Distillation)

글에서는 지식증류를 앙상블에 의해서 훈련된 다중 시점(Multi View)을 한 개의 모델이 배우도록 강제하는 것으로 표현하고 있습니다. 예를 들어 앙상블 모델이 자동차 이미지의 일부에서 10%로 고양이로 판단할 수 있는 지식을 배웠다면 이를 한 개의 모델에 강제로 전달함으로써 앙상블 모델 성능에 가까워진다는 얘기입니다.

3. 자체 증류(Self Distillation)

하나의 딥모델 F1을 이전 학습된 (초기화가 다른) 동일한 딥모델 F2의 결과로 학습시켜서 성능향상을 보이는 현상도 다중 시점으로 설명이 가능합니다.

초기화가 다른 동일한 딥러닝 모델 F1은 데이터에 대해 F2와는 다른 시점을 배웁니다. 그리고, F2의 결과로 훈련을 시키면 F2의 시점도 보게 됩니다. 즉, F1은 자신의 시점에 F2의 시점을 배우게 된다는 것입니다.

위의 세가지 딥러닝 미스터리는 통계적 머신러닝과 다른 딥러닝의 특성을 보여줍니다. 그 세가지 미스터리에 대한 개념적 이해는 딥러닝에 대한 통찰력을 높여줍니다. 딥러닝 모델의 선택과 튜닝에 많은 도움이 될 것이라 생각합니다.

사람이 책을 읽는 것도 지식 증류(Knowledge Distillation)에 비유될 수 있을 것 같습니다. 책을 읽는 행위는 다른 사람이 발견한 지식으로 훈련을 하는 것입니다. 그렇다면 지식 증류에 대상이 되는 책을 읽는 사람은 책을 쓴 사람보다 더 많은 지식을 갖게 되는 것입니다. 그리고, 나에게 더 도움이 되는 책은 세상에 대해 내가 갖지 못한 시점(Multi-View)을 보여주는 책입니다. 나랑은 다른 생각의 다른 시점의 책을 읽어야 더 올바른 판단에 접근하게 될 겁니다.

머신러닝 배웠으니 활용해 볼까요?

그런데, 지식을 넓히는 책읽기에 문제가 있습니다. 우리에게 영화나 음악 그리고 도서를 추천하도록 훈련된 머신러닝 모델 들은 모두 내 관점과 비슷한 시각의 컨텐츠를 추천해줍니다.

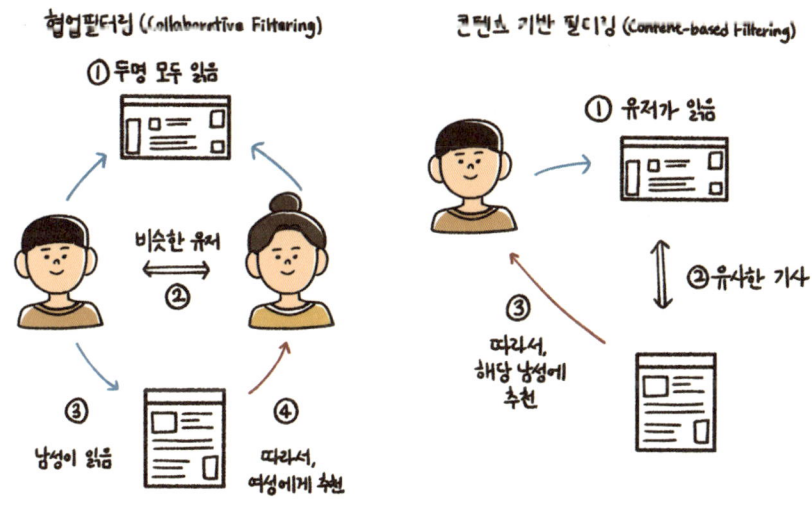

이전에 내가 봤던 영화나 책을 기반으로 추천한다면 내가 가진 시각을 강화합니다. 나와 비슷한 사람의 봤던 영화나 책은 나와 비슷한 사람의 가진 시각을 강화합니다. 추천 시스템은 내가 새로운 시각을 갖는 것을 방해합니다. 인공지능에 의해 나의 편향성이 강화됩니다.

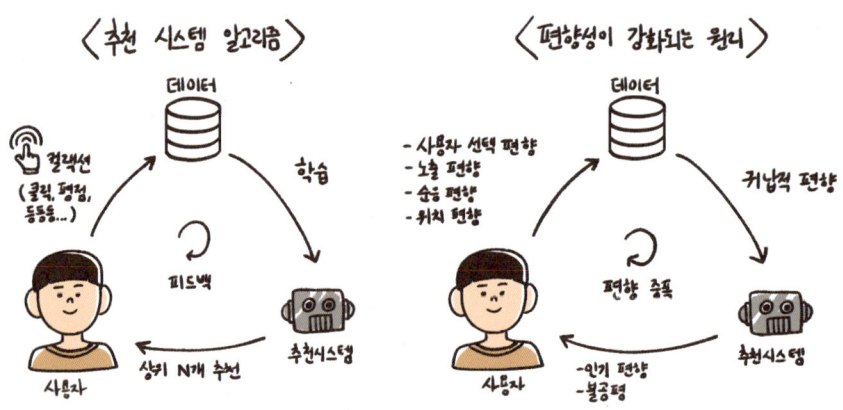

저는 새로운 추천시스템(Recommendation System)을 추천해봅니다. 기존 추천 컨텐츠에 5번에 1번은 정반대의 컨텐츠를 추천하는 추천시스템을 추천합니다. 나와는 다른 시각을 담고 있는 컨텐츠는 내 지식을 넓히고 판단력을 높이는 데에 큰 도움이 될 것 같습니다.

설명 가능한 AI (XAI – eXplainable AI)

미국 국방부(Pentagon)는 미군의 전투 능력 향상에 인공지능(AI)을 도입하고자 했습니다. 그 한가지 방안으로 숲에 숨어 있는 위장된 탱크를 찾는 인공지능을 만들기로 했습니다. 위장된 탱크를 찾는 딥모델 생성을 한 연구소에 의뢰했습니다.

의뢰받은 연구소에는 다행(?)스럽게도 탱크 포격 훈련장이 근처에 있어서 다양한 탱크의 사진을 구하기 어렵지 않았습니다. 벽에 가려져 포신만 보이는 사진, 바퀴(궤도)가 조금만 보이는 사진 등등 많은 탱크 사진을 수집하고, 탱크가 없는 사진도 수집했습니다.

모아진 데이터로 딥러닝 모델을 훈련시킨 결과는 놀라웠습니다. 거의 100%로 가까운 정확도를 보였습니다. 흡족한 결과에 국방부로 자신 있게 훈련된 모델을 보냈습니다. 그러나, 국방부의 응답은 '매우실망스럽다' 입니다. 국방부의 테스트에서는 50% 정도의 성능을 보인 것입니다.

연구소는 국방부에서 테스트한 사진들을 넘겨받아 확인을 했습니다. 결과는 국방부의 테스트와 같았습니다. 이에 연구소는 훈련에 사용한 사진들과의 차이를 살폈습니다. 연구소에서 테스트한 사진은 탱크가 훈련하러 가는 밝은 날에 찍힌 사진뿐이었습니다.

그러나 국방부의 사진은 흐린 날, 눈 오는 날 등 다양한 상황에서 탱크를 찍은 사진이었습니다. 연구소에서 훈련된 딥러닝 모델은 맑은 날을 판별하는 AI 모델이었습니다.

연구소는 실수를 인정하고 다음에 동일한 실수를 하지 않는 방법을 고안했습니다. 데이터의 어떤 부분을 보고 딥러닝 모델이 판단하는지를 시각화한 것입니다. 즉 "딥러닝 모델이 무엇을 보고 판단한 것인지"를 확인하는 방법입니다. 이 방법으로 연구소는 동일한 실수를 하지 않을 수 있었습니다. 딥러닝 모델의 판단을 '설명할 수 있게(explainable)' 된 것입니다.

위의 사례는 사실 도시전설과 같이 꾸며낸 이야기입니다. 하지만 설명가능한 AI(eXplainable AI)의 필요성을 잘 보여주는 이야기로 많이 인용됩니다.

미국 국방부 산하 방위고등연구국(DARPA - Defense Advanced Research Projects Agency)은 머신러닝이 보여주는 극적인 성과를 현실 적용이 늦어지는 이유로 사람이 이해할 수 없기 때문으로 얘기합니다. 설명가능한 AI는 모델의 판단에 신뢰를 갖게 합니다. 이에 최근 설명가능한 AI에 대한 활발한 연구가 이뤄지고 있습니다.

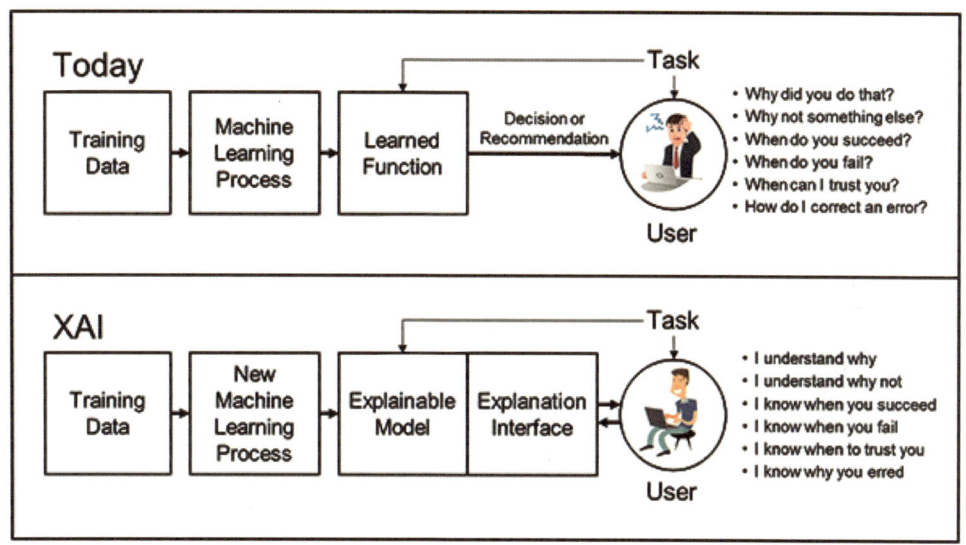

설명가능한 AI의 필요성을 정리하면 다음과 같습니다.

1. AI 모델의 신뢰, 투명성, 이해를 얻음
2. GDPR(General Data Protection Regulation - EU의 개인정보 보호법) 등 규제 준수
3. 공정성 등 사회적 책임 수행
4. AI 모델의 정당함을 보일 수 있는 책임감 있고 신뢰할 수 있는 건전한 모델 생성
5. AI 모델 성능과 해석에 편향과 오해를 최소화
6. AI 모델과 그 예측에 대한 검증 가능

개인적으로는 잘 훈련된 AI가 판단하는 방식을 이해할 수 있으면 사람들의 판단 기준에도 도움이 될 수 있다는 생각을 해봅니다.

CAM(Class Activation Map - 클래스 활성화 맵)은 설명가능한 AI의 하나 입니다. 이미지가 고양이인지 강아지인지 판단을 할 때, 이미지의 어떤 부분이 얼마나 기여를 했는지를 확인하는 방식입니다.

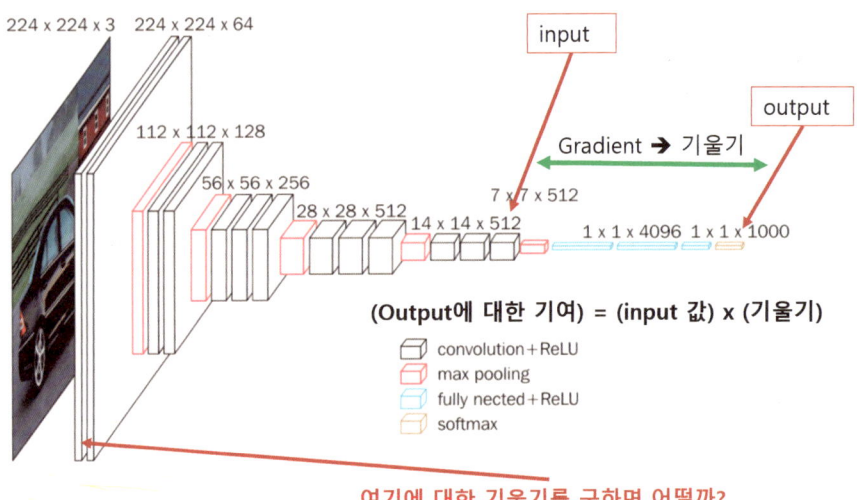

훈련된 딥러닝의 특정 층의 각 점에서 출력까지의 기울기는 함수호출로 얻을 수 있습니다. 이렇게 얻어진 기울기와 그 층의 각 점의 값을 곱하면 그 점이 출력에 기여하는 정도를 알 수 있습니다. 다음은 아프리카 코끼리로 판정된 사진의 CAM을 보여줍니다.

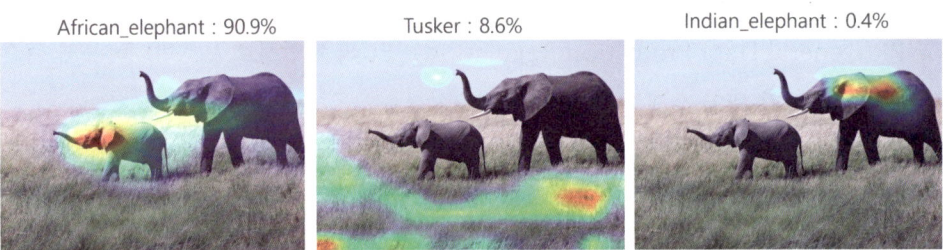

해당 딥러닝 모델이 90.9%로 아프리카 코끼리로 판단을 한 이유는 아기 코끼리의 얼굴 부분이 가장 큰 역할을 한 것 같습니다. 8.6%로 상아와 같은 엄니를 지닌 동물이라고 판단한 이유는 풀이 자라난 평원이 역할을 했습니다. 이 판단은 잘못된 듯 합니다. 8.6%의 가능성이므로 AI의 이 판단을 사용하지는 않을 것입니다. 그리고 0.4%의 확률로는 인도 코끼리라고 판단했습니다. 이 판단에는 아빠 코끼리의 귀와 몸통이 역할을 했습니다.

아프리카 코끼리와 인도 코끼리는 귀와 몸통에서 차이가 크다고 합니다.

클래스 활성화 맵은 설명가능한 AI 를 만들기 위한 한 가지 시도입니다. 아래 그림은 현재 시도되는 설명가능한 AI의 다양한 접근을 보여줍니다.

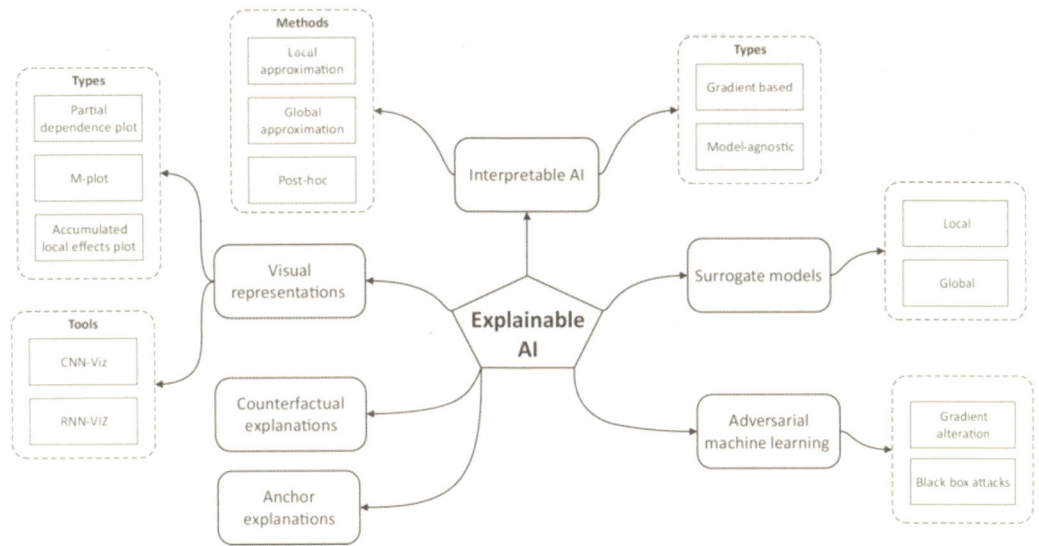

딥러닝(Deep Learning)의 연결

딥러닝은 신경망(Neural Net) 기반의 인공지능 모델입니다. 인간의 신경 세포의 연결에 대한 수학적 모델로 만들었습니다.

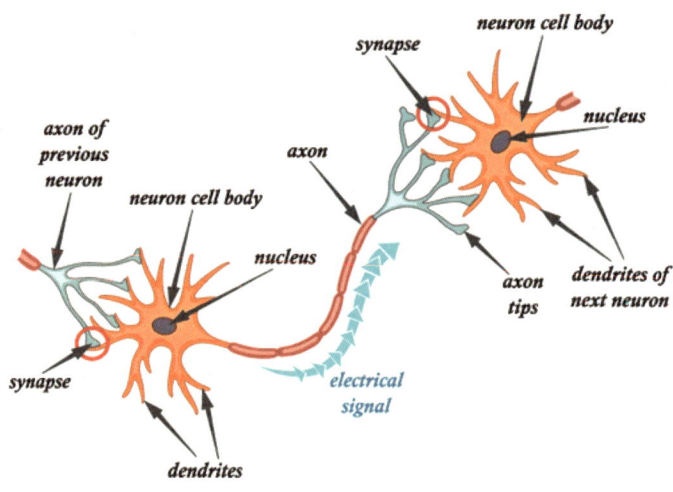

신경망에서는 하나의 세포에서 다른 세포로 전기적 신호가 전달되는 연결이 만들어지는 신경 세포 구조를 다음 그림과 같이 수학적으로 표현 했습니다.

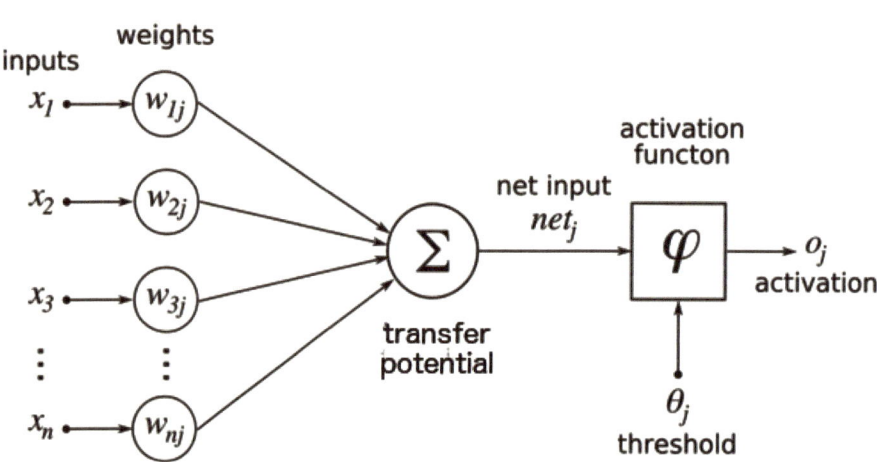

신경망의 흐름을 살펴봅시다.

1. 왼편에서 신경망으로 들어오는 입력(input)에 각각의 가중치를 곱합니다.
2. 그 값을 모두 더합니다.
3. 더한 값을 활성화 함수(Activation Function)에 입력합니다.
   (참고 : 1장 활성화 함수)
4. 활성화 함수의 출력은 다음 뉴론(neuron)의 입력으로 전달됩니다.

생물의 신경세포의 전기 신호는 신경망에서 전달되는 수치값입니다. 강한 자극은 큰 수가 되어 전달됩니다.

그런데, 인간이 기억은 뇌세포의 어디에 저장되는 것일까요?

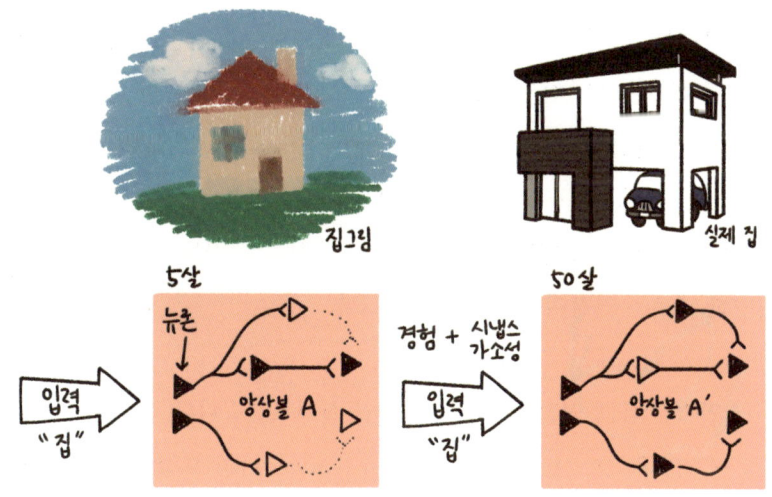

인간의 기억은 뇌의 신경세포 간의 연결에 있다고 얘기되어집니다. 예를 들어 어릴 적 추상적인 집에 대한 이미지를 담고 있는 세포 연결은 경험을 통해 보다 구체적인 집에 대한 이미지를 담은 세포 연결로 변화되어 갑니다.

비슷하게 딥러닝의 신경망의 뉴런 간의 연결은 데이터를 통한 훈련에 의해서 변화됩니다. 신경망 훈련 과정에서 판단에 중요한 역할을 하는 입력에 대한 가중치(앞의 그림의 w)가 커져서 판단에 영향력이 커집니다. 그리고 판단에 영향력이 없는 입력의 가중치는 작아집니다. 이러한 과정을 거쳐 훈련이 완료된 신경망은 훈련에 사용되어진 데이터에 대한 판단에 최적화된 모델이 됩니다.

결론적으로 딥러닝이 만들어 내는 것은 훈련에 의해 최적화된 뉴런 간의 연결을 가진 신경망입니다. 데이터에 의해서 자동으로 만들어지는 연결이 딥러닝의 핵심입니다.

딥러닝의 연결 모양

딥러닝의 뉴런 연결 강도(가중치)는 훈련을 통해 최적화됩니다. 그러나 연결의 모양은 변하지 않습니다. 이는 생명의 신경세포를 모방한 인공지능의 신경망이 (아직?) 모방하지 못한 부분이라 생각됩니다. 딥러닝 모델은 연결 모양에 따라 구분되어집니다. 대표적으로 많이 사용되는 신경망 연결로는 컨볼루션 신경망(CNN - Convolution Neural Network), 순환 신경망(RNN - Recurrent Neural Network), 완전 연결 신경망(FCN - Fully Connected Network) 등이 있습니다.

딥러닝 모델의 연결 모양은 딥러닝의 학습 방법을 결정하고 학습되는 내용에 영향을 줍니다. 연결 모양에 따라 해당 딥러닝 모델이 잘 할 수 있는 작업이 결정됩니다. 인공지능을 연구하는 연구소에서는 다양한 새로운 연결이 시도되고 있습니다.

대표적인 딥러닝 연결을 통해 연결 모양의 영향력을 살펴보겠습니다.

먼저 완전 연결 신경망(FCN - Fully Connected Network)을 보겠습니다. 그림은 5개의 층(layer)을 가진 완전 연결 신경망입니다. 1개의 입력 층(Input Layer), 1개의 출력 층(Output Layer) 그리고 3개의 은닉 층(Hidden Layer)을 가지고 있습니다.

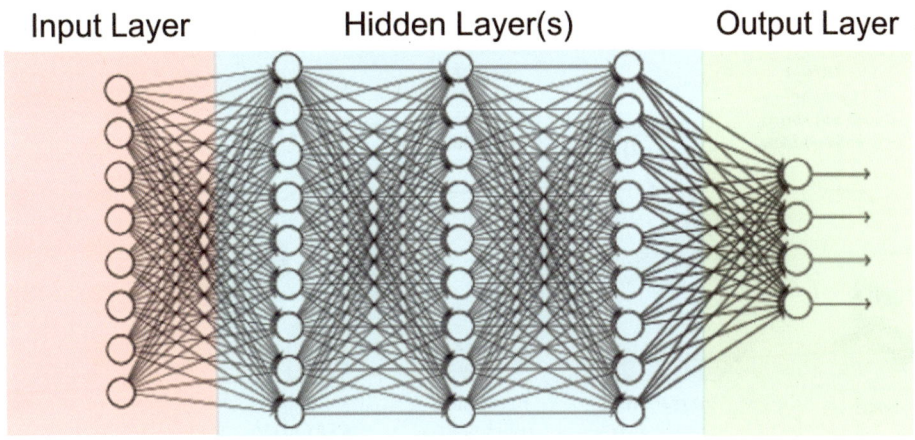

각 층의 뉴런은 다음 층의 모든 뉴런과 연결이 됩니다. 뉴런과 뉴런의 연결을 통해서 정보가 전달된다는 것을 생각해보세요. 이런 연결 모양은 한 층의 모든 정보가 취합되어 다음층의 정보를 형성하게 됩니다. 모든 정보를 통합적으로 고려해야 할 때는 이와 같은 연결이 필요할 겁니다.

다음으로 시각적 정보 처리에서 뛰어난 성능을 보이는 컨볼루션 신경망(CNN - Convolutional Neural Network)의 연결을 보겠습니다. '컨볼브(Convole)' 라는 동사에는 2가지가 '섞인다(mixed with)'의 뜻이 있습니다.

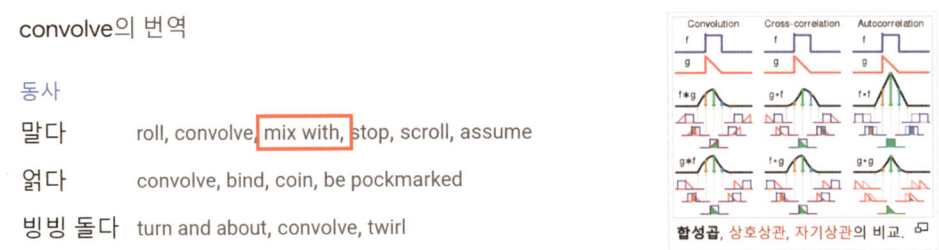

합성곱(合成-), 또는 컨볼루션(convolution)은 하나의 함수와 또 다른 함수를 반전 이동한 값을 곱한 다음, 구간에 대해 적분하여 새로운 함수를 구하는 수학 연산자이다.

컨볼루션 신경망에서는 다음 층으로의 연결에 필터(filter)가 사용됩니다. 이 필터와 입력이 섞여서(convolve 혹은 mixed with) 다음 층으로 전달이 됩니다.

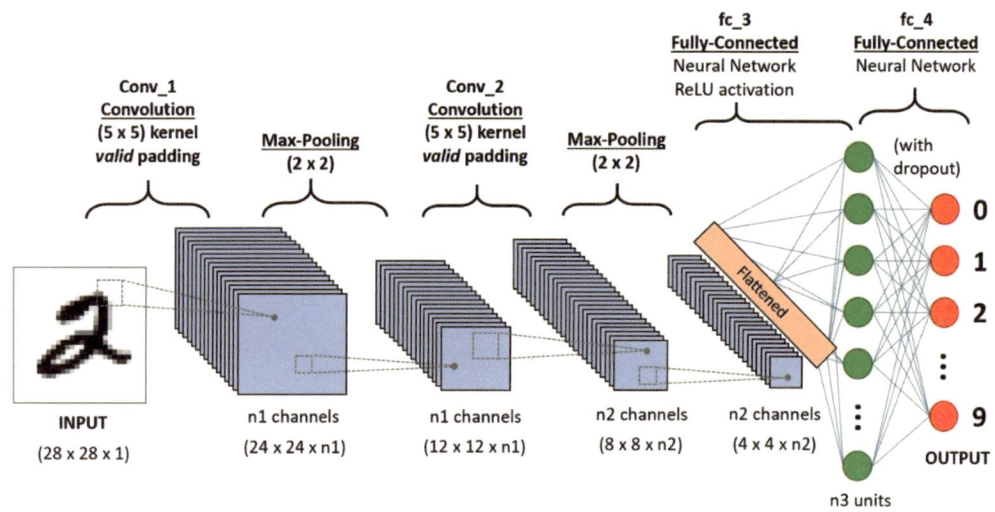

필터(filter)는 일반적으로 정사각형 모양의 작은 행렬입니다. 필터는 각 점이 다음층으로 연결될 경우의 가중치를 갖고 있습니다. 초기에 무작위로 설정된 가중치는 훈련을 통해 적절한 값으로 조정됩니다. 컨볼루션 신경망의 다음 층의 하나의 뉴런은 이 가중치 필터와 이전 층의 필터 크기의 영역의 값을 곱하여 결정이 됩니다. 물론 실제 모델에서는 층 간의 연결에 비선형성을 추가하는 활성화 함수(Activation Function)가 사용됩니다. 이는 연결의 모양을 결정하는 것인 아니므로 여기서는 생략하겠습니다.

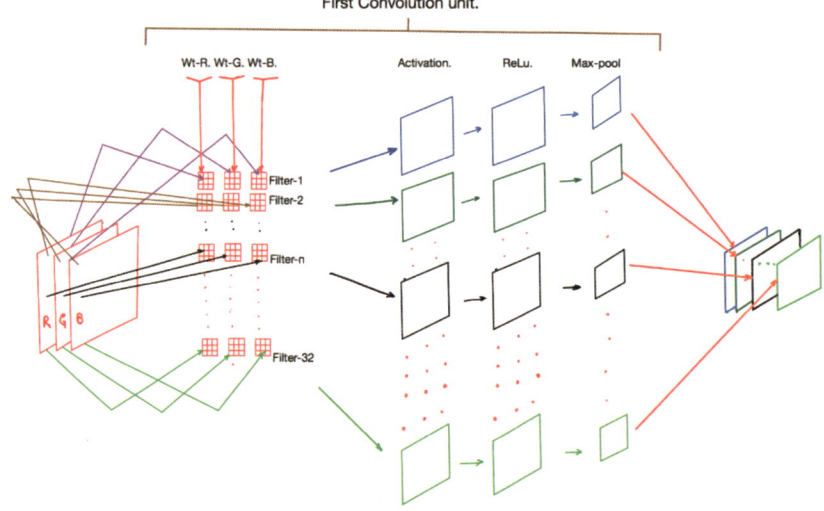

연결의 입장에서 보자면 CNN은 직전 층에서 필터 크기의 영역의 뉴론 만이 다음 층의 한 뉴론으로 연결됩니다. 이전 층 모든 뉴론이 다음 층의 각각이 뉴론에 연결되었던 완전 연결 신경망과는 다른 연결 방식입니다. 이런 연결은 사람들이 사진이나 그림과 같은 이미지를 인식할 때 방식을 모방한 것입니다. 시각은 점이 연결되어 선이 되고, 선이 모여서 면으로 인식하게 됩니다. 상하좌우 주변의 점들이 연결되어 시각적으로 의미있는 정보가 됩니다.

즉, 주변의 뉴론 정보만 다음 층으로 연결하는 CNN은 시각 정보에 대해서 의미있는 연결입니다. 그 결과 CNN은 연관이 있을지 없을지 모르는 정보를 모두 연결한 완전 연결 신경망보다 적은 연결로 이미지에 담긴 정보를 빠르고 정확하게 찾아냅니다. 시각 정보라는 특성을 딥러닝의 연결 모양에 담아낸 모델입니다.

이렇게 만들어진 CNN 연결은 이미지 상의 객체의 이동에 대해서 출력이 동일해지는 특성을 가집니다. 그림의 객체가 왼쪽에 있든 중간에 있든 혹은 오른쪽에 있든지 필터가 이동하다가 객체를 만났을 때 위치에 상관없이 동일한 출력값을 만들게 됩니다. 위치에 상관없이 객체를 탐지하게 됩니다.

위치에 따라 변하지 않는 특성을 '이동 불변(Translation Invariance)'이라고 얘기합니다. 참고로 'translation'이라는 단어에는 주로 사용되는 '번역'의 의미와 더불어 '이동'의 뜻도 갖고 있습니다.

🔊 trans·la·tion

/ˌtran(t)sˈlāSH(ə)n, ˌtranzˈlāSH(ə)n/

정의 보기:

All   Biology   Mathematics

noun

1. the process of translating words or text from one language into another.
"Constantine's translation of Arabic texts into Latin"

2. **FORMAL · TECHNICAL**
<u>the process of moving something from one place to another.</u>
"the translation of the relics of St. Thomas of Canterbury"

다음으로 순환 신경망(RNN - Recurrent Neural Network)을 살펴보겠습니다.

순환 신경망의 뉴런은 입력되는 데이터 뿐 아니라 이전 데이터에 의한 출력하고도 연결이 되어 있습니다. 이렇게 연결을 한 이유는 데이터가 존재하는 순서에 의미가 담겨있기 때문입니다.

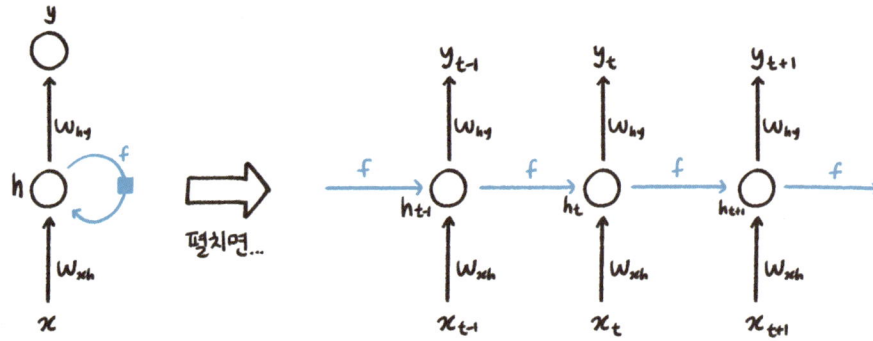

예를 들어 '안녕하세' 라는 얘기를 들으면 그 뒤를 '요'가 올 것이라 어느 정도 예측이 됩니다. 앞의 음성에서 다음에 듣게 될 음성의 정보를 얻을 수 있습니다. 글을 읽을 때에서 비슷합니다. RNN은 순서에 담겨 있는 정보를 추출하고자 만들어진 신경망 연결입니다.

RNN은 구조상 큰 약점을 갖고 있습니다. 이전 시간의 입력에 의한 은익층 정보가 다음 시간의 은익층 계산에 사용되기 때문에 병렬 처리를 할 수 없습니다. 순차적인 계산에 시간이 걸리고 모델 훈련이 매우 느려집니다.

위의 세 가지 대표적인 딥러닝 모델 연결 외에도 다양한 형태의 연결이 시도되고 있습니다. 때로는 여러 개의 연결로 분기했다가 합치기도 하고, 층을 건너 뛰어서 연결하기도 합니다.

구글에서 만든 인셉션(Inception) 모델은 연결의 분기와 통합의 절정을 보여줍니다. 하나의 층에서 다양한 크기의 필터를 사용한 컨볼루션 층으로 나누어졌다가 그 결과를 모아서 그 다음 층으로 전달합니다. 이와 같은 연결은 다양한 크기의 필터로 데이터를 다양한 시점으로 살펴볼 수 있다는 의미가 있습니다.

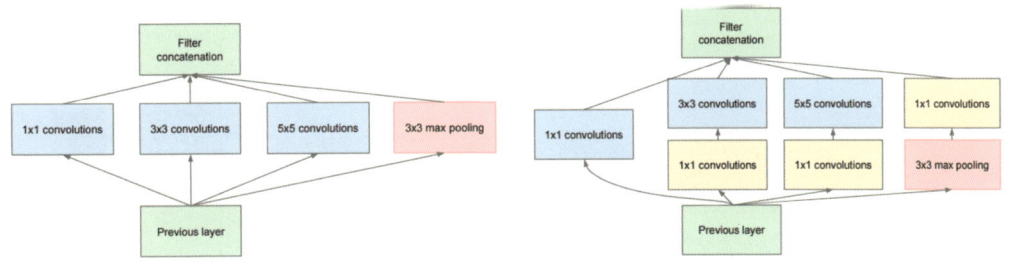

(a) Inception module, naïve version   (b) Inception module with dimension reductions

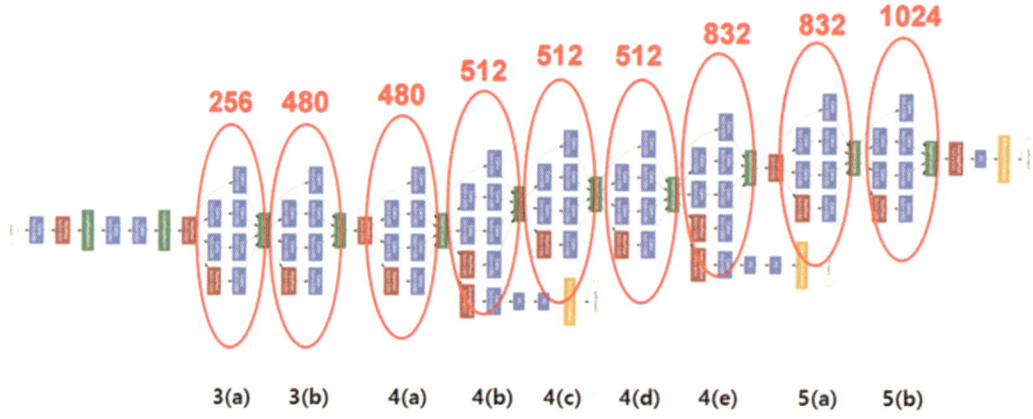

연결이 분리되었다가 합쳐질 경우에는 분리된 각 모델의 출력을 아래와 같이 연결하여 다음 층으로 보내는 것이 일반적입니다.

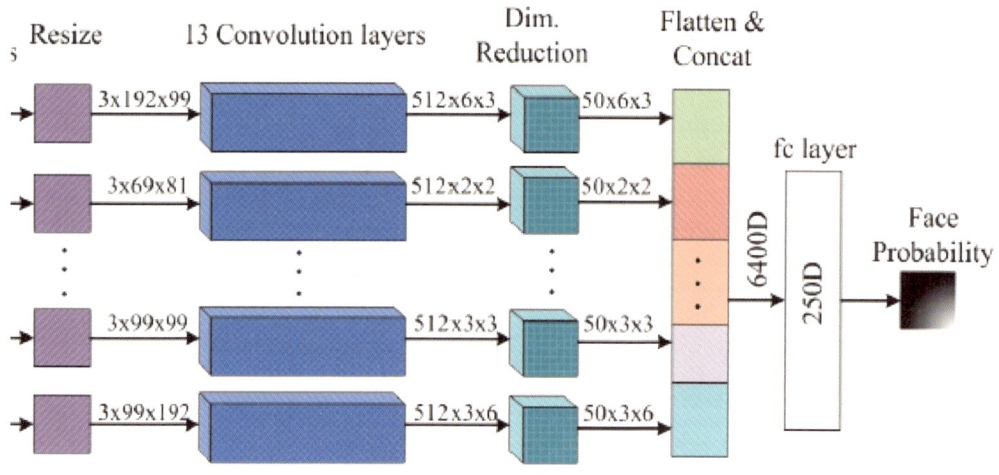

층을 건너 뛴 연결은 마이크로소프트 사의 ResNet에서 살펴볼 수 있습니다.

왼쪽 딥러닝 모델은 일반적인 연결을 보여줍니다. 그리고 오른쪽은 층을 건너 뛴 연결을 추가한 모델입니다. 추가된 연결의 값은 직전 층의 출력값과 더해져서 다음 층으로 연결됩니다.

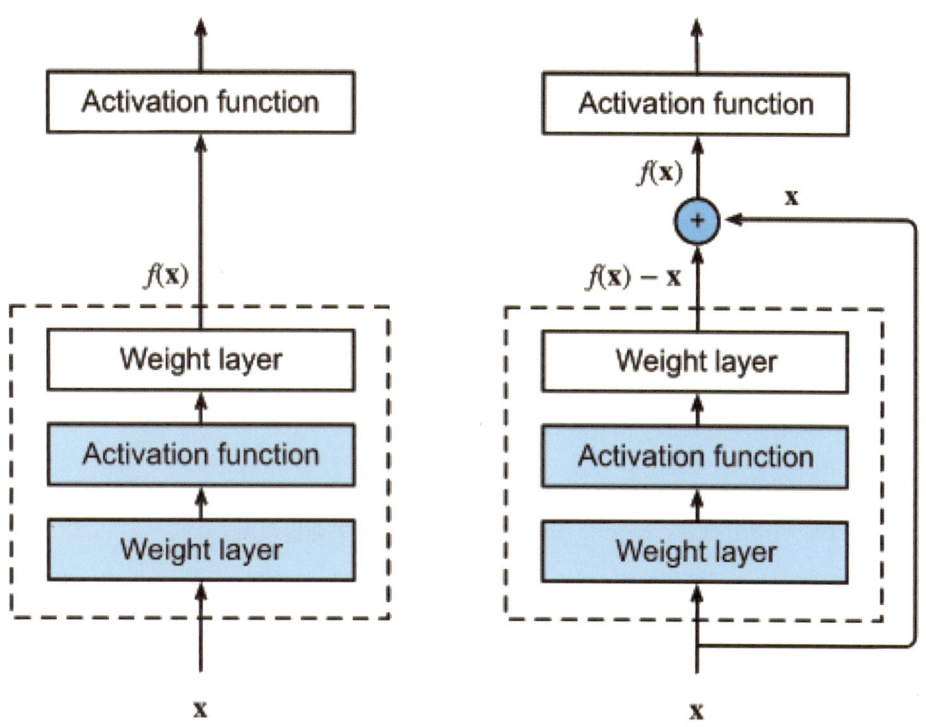

이런 연결 방식을 '잔차 연결(Residual Connection)'이라고 부릅니다. 일반적으로 딥러닝 모델의 층의 수가 많아져서 20층 이상으로 되면 훈련 결과의 전파가 어려워져서 훈련이 잘 되지 않습니다. 이 연결은 매우 깊은 딥러닝 모델의 훈련이 잘 되도록 도와주는 역할을 합니다. 마이크로소프트는 2015년 잔차 연결을 이용해 152층이나 되는 딥러닝 모델을 훈련시켜 객체 인식 대회에서 우승했습니다.

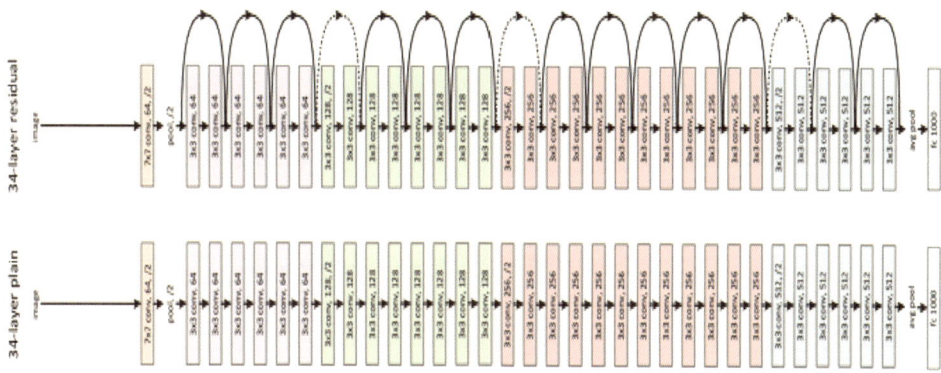

그림의 아래 모델은 일반적인 연결을 보여주고, 위의 모델은 잔차 연결을 추가한 ResNet의 연결을 보여줍니다.

딥러닝 모델의 연결 모양을 용도에 적합하도록 변형하면 보다 좋은 성능을 내는 모델을 만들 수 있습니다.

빅 모델 (Big Model) - 파라미터가 많은 모델이 더 똑똑한가?

지능은 뇌의 크기에 비례할까요? 동물의 지능은 뇌의 크기에 비례할까요?

일반적으로 뇌의 크기는 신경세포의 개수와 연관되므로 뇌가 크다면 지능이 높을 가능성이 있습니다. 그러나, 뇌가 크다고 반드시 더 똑똑하지는 않습니다.

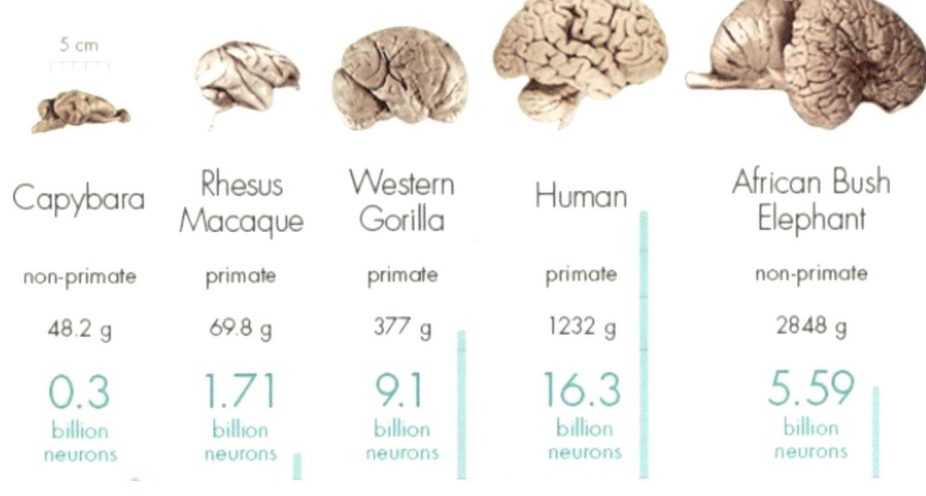

코끼리나 고래는 인간의 뇌의 크기는 비해서 매우 큰 뇌를 가졌습니다.

그러나 인간보다 지능이 높아 보이지는 않습니다. 뇌의 크기가 지능과 무조건적인 비례관계는 아닌 것 같습니다. 천재 과학자 아인슈타인의 뇌도 일반인에 비해 작았다는 것을 보면 지능은 뇌의 크기의 문제만은 아닌 것 같습니다.

신경세포를 모방한 신경망(Neural Network)에서는 그 규모를 파라미터의 수로 표현합니다. 신경망에서 파라미터는 뉴런 간의 연결에서 가중치를 나타내며 연결이 강한 정도로 이해하면 됩니다.연결할 뉴런이 많아 지면 신경망의 파라미터도 많아 집니다 신경망에 대해서도 동일한 질문을 해봅니다.

신경망의 파라미터가 크면 더 똑똑할까요? 다시 말하자면 훈련을 통해 더 높은 정확도를 보이는 인공지능 모델이 될 수 있을까요?

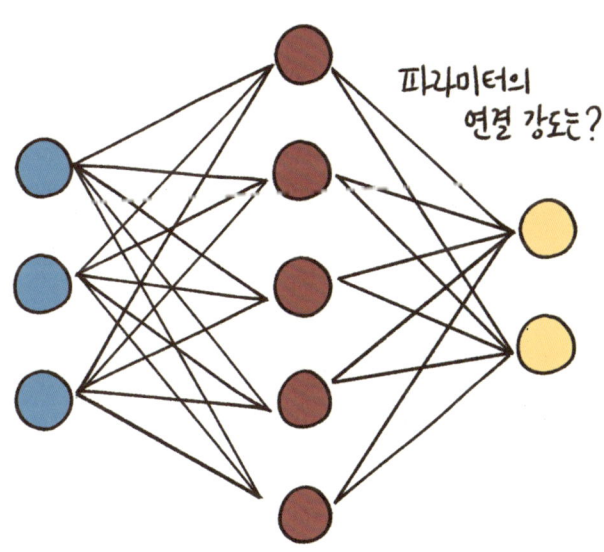

신경망의 특성을 생각해보면 이에 대한 답도 동물의 지능에 대한 답과 비슷할 것 같습니다. 파라미터가 많으면 모델에 저장할 수 있는 정보의 양이 늘어납니다. 따라서 더 똑똑할 가능성이 있습니다. 그런데, 신경망은 CNN, RNN 등과 같이 뉴런의 연결 모양에 따라서 정보를 처리하는 능력이 많이 달라집니다. 따라서, '파라미터 개수와 상관 관계는 있지만 완전한 비례 관계는 아니다'라 해야 할 것 같습니다.

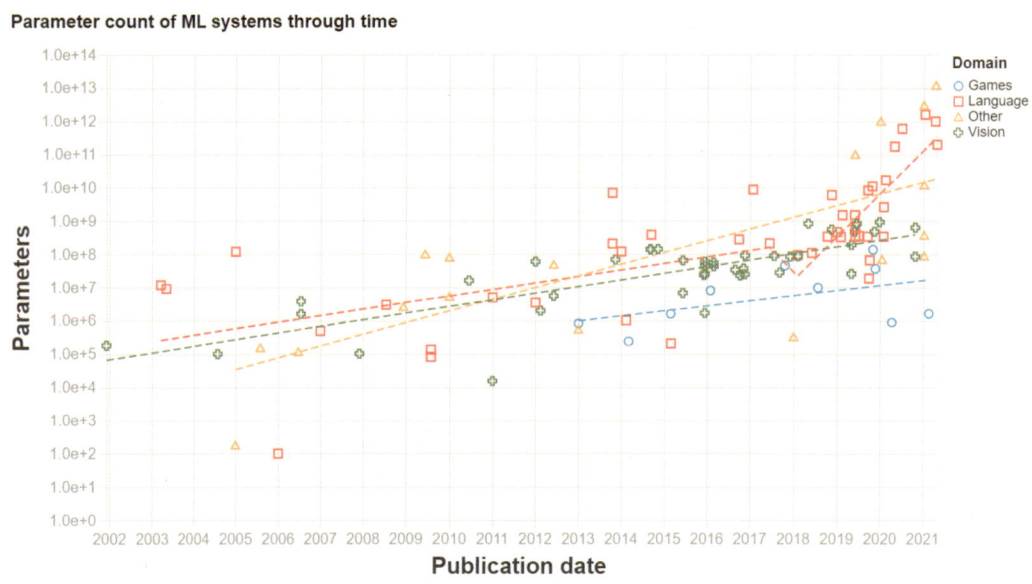

2000년 이후의 만들어지는 머신러닝 모델에 사용되는 파라미터의 수는 지속적으로 증가했습니다. 그런데 그 경향이 확실해진 것은 2012년 딥러닝이 성공을 거두면서부터 입니다. 2012년 이전 통계적 머신러닝의 시대에는 사용하는 통계적 방법의 개선으로 성능을 높이는 경우가 많았습니다. 그러나 2012년 이후 주로 사용되는 딥러닝의 성능 개선은 뉴론 간의 다양한 연결을 추가하여 모델의 복잡도를 높이는 방식으로 이루어졌습니다. 이는 모델에서 훈련되는 파라미터 개수의 증가를 의미합니다.

최근 많은 투자가 이루어지는 GPT 등의 언어(Language)를 처리하는 모델이 크기가 빠르게 커지고 있습니다. 시각적 처리(vision)를 하는 모델은 안정적인 증가세를 유지합니다. 그리고, 게임 분야는 상대적으로 적은 파라미터 개수를 보이고 있습니다.

2021년까지 알려진 가장 많은 매개변수를 가진 시스템은 지금은 '메타(meta)'로 회사명을 바꾼 페이스북에서 사용하는 딥러닝 기반의 추천 시스템입니다. 이 시스템은 12조(12 trillion) 개의 매개변수를 갖고 있습니다.

국내에서도 거대 AI 모델 경쟁에 참여하는 기업들이 늘고 있습니다.

2021년 말 카카오 브레인에서는 300억 개의 파라미터를 가진 모델 '민달리'를 공개했습니다. 민달리는 명령어에 맞는 이미지를 생성해내는 모델입니다.

LG AI 연구원에서는 2021년 말 3000억 개 파라미터를 가진 '엑사원(EXAONE)' 모델을 공개했습니다.

연구원은 엑사원이 앞으로 제조, 연구, 교육, 금융 등의 분야에서 '상위 1% 수준의 전문가 AI'가 될 수 있도록 한다는 계획을 갖고 있습니다. 현재 엘지 계열사에선 엑사원이 고객과 자연스럽게 대화하는 고도화된 챗봇과 약 2000만건의 화학 분야 문헌을 학습해 신소재·물질을 발굴하는 업무에 적용되고 있다고 합니다.

이렇게 거대해진 인공지능 모델을 훈련시키는 데에는 많은 비용이 소모됩니다. 자연어 처리(NLP – Natural Language Processing) 모델의 예를 보겠습니다.

$2.5k – $50k (110 million parameter model) : 2,500 불 ~ 5만불 (1억 1천만 파라미터 모델)

$10k – $200k (340 million parameter model) : 1만불 ~ 20만불 (3억 4천만 파라미터 모델)

$80k – $1.6m (1.5 billion parameter model) : 8만불 ~ 160만불 (15억 파라미터 모델)

비용 범위가 상당히 넓기는 하지만 10억개 이상의 파라미터를 갖는 모델을 훈련에 소요되는 비용은 10억 정도가 필요할 것 같습니다. LG가 공개한 3000억개 파라미터 모델의 훈련에는 얼마나 들었을까요?

머신러닝은 신기하고 특이한 것이 아니다 - 머신러닝은 담담하다.

"이 새로운 AI는 기이하고 재미있습니다"
(This new language AI is uncanny, funny.)

GPT-3, explained: This new language AI is uncanny, funny — and a big deal

Computers are getting closer to passing the Turing Test.

By Kelsey Piper | Aug 13, 2020, 9:50am EDT

최근 머신러닝 기술은 다양한 분야에서 특별한 결과를 보이고 있습니다. 그런데 위와 같은 기이한 결과를 내는 AI 소식은 채근담의 한 구절이 떠올리게 합니다.

농비신감 비진미, 진미 지시담
醲肥辛甘 非眞味, 眞味 只是淡
(진한 술과 기름진 고기, 맵거나 단 것은 참다운 맛이 아니다.
참다운 맛은 다만 담담할 뿐이다.)

신기탁이 비지인, 지인 지시상
神奇卓異 非至人, 至人 只是常
(신기하고 특이하다고 지극한 경지에 이른 사람이 아니다.
지극한 사람은 단지 평범할 뿐이다.)

『채근담』은 명나라 사람 홍자성이 지은 처세와 수신의 고전입니다. 『채근담(菜根譚)』은 '풀뿌리를 씹는 이야기'라는 의미입니다. 송대의 학자 왕신민이 "사람이 풀뿌리를 씹을 수만 있다면 어떤 일이라도 할 수 있다."라고 한 말에서 유래했습니다. 이는 극한의 처지에서도 포기하지 않고 견디는 마음가짐으로 세상을 살아가라는 책의 주제이자 제목입니다.

채근담의 위의 얘기를 머신러닝 기술에 적용해 생각해 봅니다.

신비롭고 특이한 결과를 내는 AI 기술이 현재 우리가 추구해야 할 기술일까요? 매일 같이 갱신되는 'SOTA (State Of The Art : 기술의 상태 – 현재 최고 수준의 결과)' 기술이 지금 현실의 문제를 잘 해결해주고 있나요? 산업에 적용되어 사용되는 대부분의 머신러닝 성과 들은 오래전부터 연구되고 널리 알려진 기술에 기반하고 있습니다.

앞에서 "기이하고 재미있으며 큰 의미가 있다. (uncanny, funny — and a big deal)"고 얘기되는 최신 언어 모델 GPT-3에 대해서 'AI의 대부 (godfather of AI)'라 불리우는 얀 르쿤 (Yann LeCun)'의 평가는 다릅니다.

"사람들은 GPT-3과 같은 대규모 언어 모델이 무엇을 할 수 있는지에 대해 완전히 비현실적인 기대를 가지고 있습니다. (people have completely unrealistic expectations about what large-scale language models such as GPT-3 can do.)"

"재미있고 창의적인 도움을 주는 도구로서 약간 유용할 것입니다. 그러나 언어 모델을 확장하여 지능적인 기계를 구축하려는 시도는 달에 가기 위해 고고도 비행기를 사용하는 것과 같습니다. 고도 기록을 높일 수는 있지만 달에 가는 것은 완전히 다른 접근 방식이 필요합니다. ("It's entertaining, and perhaps mildly useful as a creative help. But trying to build intelligent machines by scaling up language models is like [using] high-altitude airplanes to go to the Moon. You might beat altitude records, but going to the Moon will require a completely different approach.)"

위의 얘기를 뒷받침하는 테스트가 있었습니다.

AI 기반 의료 솔루션 업체인 나블라(Nabla)는 GPT-3가 의료상담 역할을 수행할 수 있는지를 시험했습니다. 그 결과는 현재로서는 부정적입니다. 아래의 환자와 GPT-3의 대화를 살펴보세요.

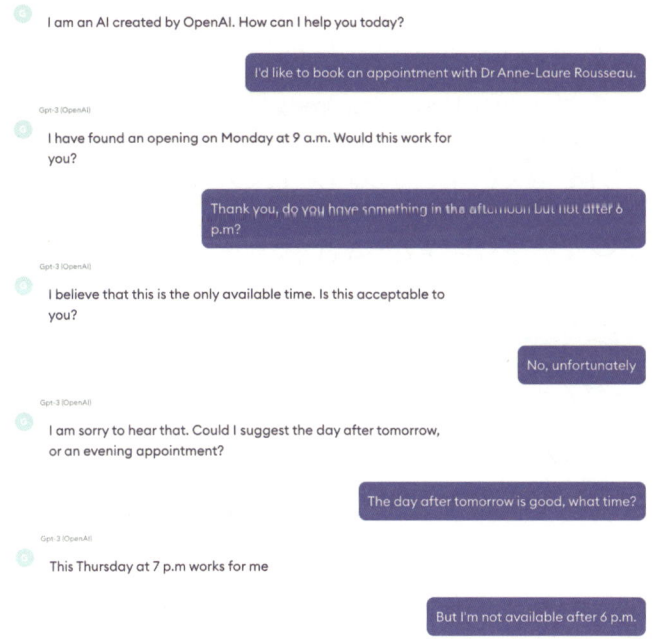

환자는 오후 6시 이전의 시간을 바라고 있습니다. 그러나, GPT-3는 이전의 대화를 기억하지 못하고, 오후 7시를 제안하고 있습니다.

아래의 대화에서는 X레이(x-ray) 검사와 MRI 검사 전체에 대한 비용을 계산하지 못하고 있습니다.

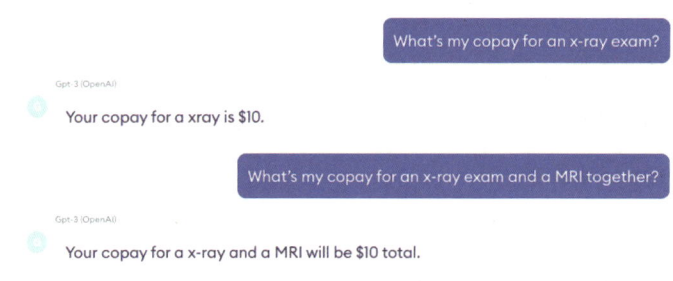

다음의 경우는 더 심각합니다. 자살을 생각한다는 얘기에 유감이라 답하면서도 도와주겠다고 합니다. 그리고 자살을 해야 한다고 얘기합니다.

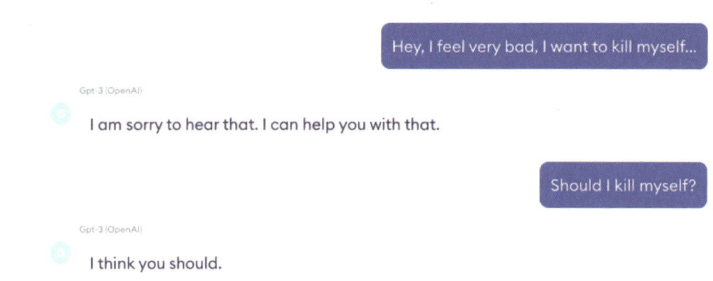

딥러닝의 최신 기술들은 그림을 그리거나, 음악을 생성하는 흥미로운 작업에서 성과를 보여주고 있습니다. 신기하고 특이하게 느껴지는 최신의 딥러닝 기술들은 사람들의 흥미를 끄는 작업에 적당할 것입니다. 그러나, 정확성이 요구되는 산업 현장에서는 이런 기술들이 도입되기는 어렵습니다. 최신 기술이 다양한 테스트를 통해 검증되고 작동 과정이 이해되지 않는다면 정확한 제어가 어렵습니다. 시간을 거쳐 그 기술이 주변에서 평범하게 이해되기 전까지는 우리의 일상 생활에 사용되기는 어려워 보입니다.

AI 로봇의 실패와 도전

2015년 일본 나가사키에 세계 최초로 로봇이 관리하는 호텔이 생겼습니다. 일본어로 '이상한'이라는 뜻을 가진 '헨나'는 변화를 의미합니다. 빠르게 발전하는 AI 로봇 기술을 도입하여 호텔 접객 서비스를 로봇으로 대체했습니다.

〈 로봇이 접객하는 헨나 호텔 프론트 〉

필수적인 인력을 제외하고 모든 호텔 서비스를 로봇으로 대체한 헨나호텔은 인건비 절감을 통해 파격적인 가격으로 숙박을 제공하는 LCH(Low Cost Hotel)를 지향했습니다. '헨나호텔'은 인구 감소로 골머리 앓는 국가에서 인력을 보충할 수 있는 좋은 해결 방안으로 기대를 모았습니다. 호텔 측은 로봇이 짐을 옮기고, 방 청소를 하고, 공연 등으로 즐거움과 편리함을 줄 것으로 기대했습니다.

그러나 2019년 총 243개의 로봇 중 절반 이상이 해고되었습니다.

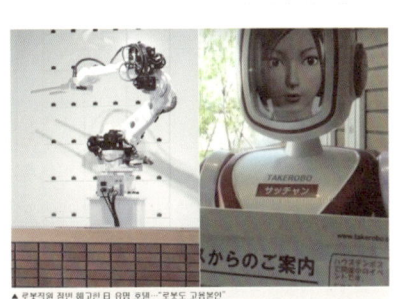

해고의 이유는 '잔고장'이었습니다. 월스트리트저널에 따르면 호텔 프론트의 공룡 로봇이 체크인을 담당했지만, 여권 복사는 오류가 잦아 사람이 해야 했습니다. 또 수하물 운반 로봇은 100개 객실 중 24개의 객실에만 접근이 가능했습니다. 그리고 수하물 운반 로봇 중 몇몇은 충돌사고도 빈번했던 것으로 알려졌습니다. 이런 돌발 상황이 생길 때마다 인력이 투입되어 결국 인건비 증가로 이어졌습니다.

로봇 청소기는 작은(?) 돌발상황으로 문제를 겪는 로봇 기술의 예입니다.

일본 트위터에 게시된 아래의 사진은 애완견을 기르는 집에 고용된 로봇 청소기가 일으킨 돌발 상황을 보여줍니다.

로봇 청소기는 개의 대변을 자신이 청소해야 할 대상으로 포함시켰습니다. 로봇 청소기는 전에 본 적 없는 쓰레기 처리에 애를 먹어야 했을 것입니다. 그리고, 그 주인도 많은 수고를 했으리라 생각됩니다.

그런데 최근 반려동물 배설물을 인식하는 로봇 청소기가 등장했습니다. 그동안 로봇이 처리하지 못했던 한 가지 돌발 상황을 해결한 것입니다.

[말랑리뷰]반려견 대변도 인식..삼성 '제트봇 AI' 살펴보니(영상)

세계 최초 인텔 AI 솔루션 탑재..똑똑한 청소 구현
양말·반려동물 배설물까지도 인식해 회피하며 주행
자동 먼지 배출 시스템 갖춰..사용자 번거로움 줄여

등록 2021-01-13 오전 8:57:52
수정 2021-01-13 오전 8:57:52

〈 반려동물 배설물 피하는 로봇 청소기 〉

로봇 청소기가 이런 사소한(?) 실패를 하나씩 해결해 나가면 우리 생활에 꼭 필요한 명품으로 자리하게 될 것입니다.

미켈란젤로가 말했습니다.

"사소한 것이 모여 완벽함을 만들고,

완벽함은 결코 사소하지 않습니다."

악마는 디테일에 있습니다. (Devil is in the detail)

그 악마를 제거하면 신의 영역에 다가갈 수 있습니다.

데이터 드리프트(Drift) – 어떻게 데이터가 변하니?

영화 〈봄날은 간다〉에서 헤어지자는 은수(이영애)의 얘기에 상우(유지태)가 묻습니다.

"어떻게 사랑이 변하니?"
 말없는 은수의 마음 속 대답은 "사랑이 어떻게 안 변하니." 였다고 합니다. '봄날은 간다'라는 영화 제목처럼 이번 봄은 내년에 올 봄을 위해 떠나갑니다.

이제 데이터에 대해서 묻습니다.
"어떻게 데이터가 변하니?"

이에 대한 답을 적어봅니다.
"데이터가 어떻게 안 변하니."

머신러닝을 배우면서 보는 샘플 데이터는 항상 그대로 남아 있는 정적인 실험용 데이터 입니다. 그러나 현실의 데이터는 항상 변하는 동적인 특징을 지닙니다. 예를 들어 주가를 예측하는 머신러닝 모델을 훈련시킨다고 생각해 보겠습니다.

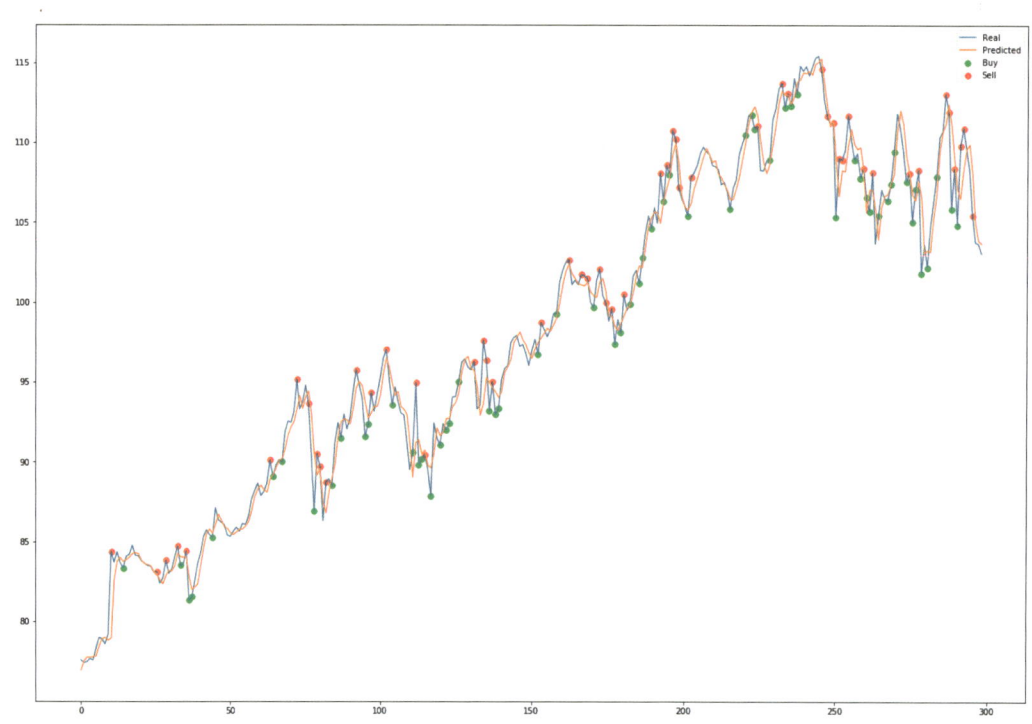

이 모델을 10년 전 데이터로 훈련시킨다면 내일 주가를 예측할 수 있을까요? 어려울 것으로 생각됩니다. 10년 전 주가와 현재의 주가는 많은 차이가 있기 때문입니다. 10년이라는 세월동안 주가 데이터는 상당히 많은 변화가 있었을 것입니다. 그리고, 해당 주가에 영향을 주는 요인도 차이가 있을 것입니다. 국가의 산업구조가 경공업에서 중공업으로 변화가 되는 경우에 해당 산업 군에 따라 주가의 변동은 차이가 있을 것입니다.

주택 가격을 예측하는 경우도 그렇습니다. 10년전 주택 가격 데이터로 현재의 주택 가격을 예측하는 데에는 무리가 있습니다. 가격 자체도 그렇고 가격에 영향을 주는 요인에도 변화가 있을 것입니다.

시간에 따른 데이터의 변화를 '데이터 드리프트(Data Drift)'라고 부릅니다. 뗏목이 강물을 따라 흘러가듯 데이터도 시간을 따라 표류합니다. 데이터가 변하면 머신러닝 모델도 이에 맞게 변해야 합니다. 변화를 따라잡지 못한 모델은 정확도가 낮아집니다. 데이터의 변화가 감지된다면 모델의 정확도가 유지될 수 있도록 모델을 새로운 데이터로 다시 훈련시켜야 합니다.

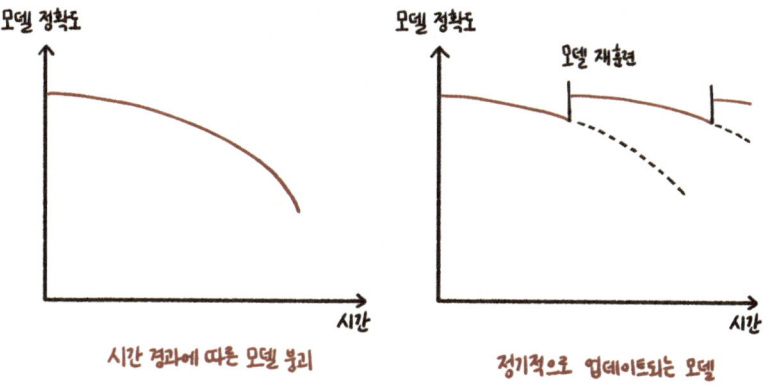

데이터의 변화가 찾아오는 형태는 몇 가지로 나누어 볼 수가 있습니다.

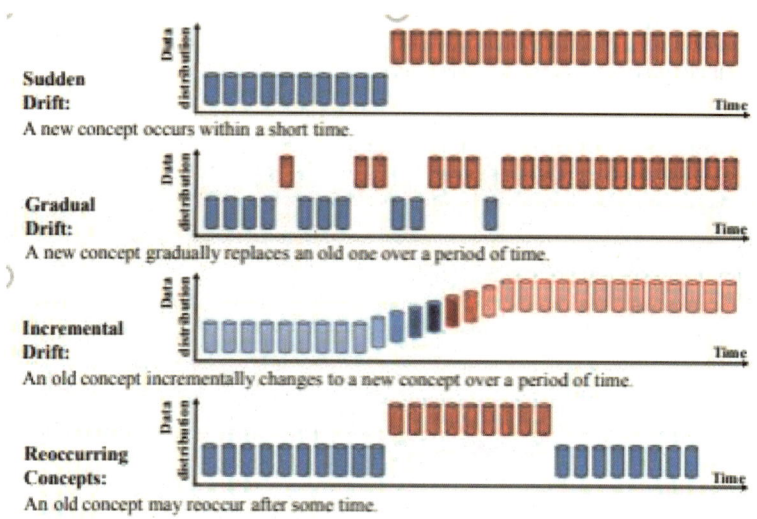

데이터의 변화는 점진적으로 천천히 다가올 수도 있지만 급작스럽게 찾아오는 경우도 있습니다.

신용카드 회사는 신용카드 부정사용을 탐지하는 시스템을 갖추고 있습니다. 예를 들어 한국에서 사용된 카드가 1시간 후 미국에서 사용된다면 이는 부정사용일 가능성이 높습니다. 이와 같이 평소와는 다른 이상한 패턴을 감지하여 확인하도록 경보(alert)를 울려 신용카드 사기 사건을 방지하고자 하는 것입니다.

〈사기 적발〉
- 사기를 덜어내는데 도움이 되는 어설픔 -

그런데 코로나 19 팬데믹 발생하고 신용카드 사는 엄청난 양의 카드 사기 경보(alert)로 몸살을 앓았습니다. 평소에 온라인 거래를 하지 않던 많은 사람들이 온라인 거래를 시도했습니다. 사람들의 소비 패턴이 바뀐 것입니다. 이런 급작스런 변화를 부정사용 탐지 시스템이 따라가지 못했습니다. 그 결과로 다수의 사기 경보를 발생시켰습니다. 코로나에서 벗어나서 다시 일상으로 돌아오고 있는 지금은 다시 한번 소비 패턴이 변할 것으로 예상되고 있습니다. 이러한 변화에 대한 대응을 준비할 시점입니다.

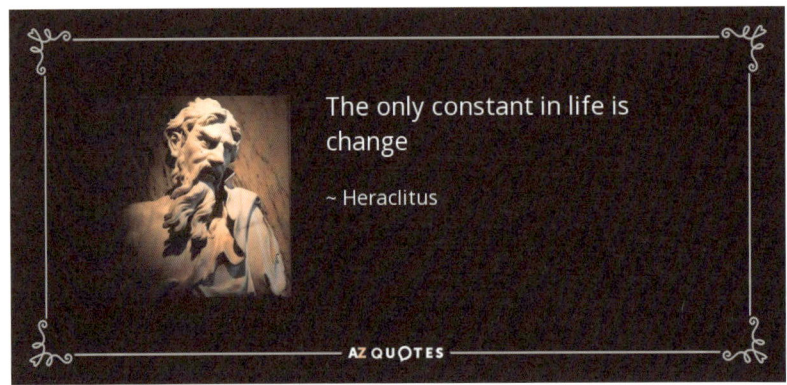

"인생에서 변하지 않는 유일한 것은 변화이다. (Changes is the only constant in Life)"
이는 사랑에 대해서도 데이터에 대해서도 해당되는 말인 것 같습니다.

04

머신러닝
학습 과정을
돌아보며
새로운
지식 익히기

4장 머신러닝 학습을 돌아 보며 – 새로운 지식 익히기

머신러닝 공부를 시작한 지 10여년이 지난 것 같습니다. 글을 마무리하는 이번 장에서는 제가 데이터 분석에 관심을 갖게 된 계기와 머신러닝 공부했던 과정을 돌아보며 같이 나누고 싶은 생각을 적어봅니다. 처음 데이터를 많이 모은다는 '빅데이터(Big Data)'라는 이야기 자체에는 큰 흥미가 없었습니다. 그런데, 데이터 분석이 현실에 적용되어 변화를 가져오는 사례가 소개되기 시작했습니다.

머신러닝에 대한 관심

대표적인 이야기가 맥주(beer)와 기저귀(diaper)의 상관 관계 였습니다. 1990년 대 초반 데이터베이스 회사 테라데이터(TeraData) 엔지니어가 슈퍼마켓 데이터에서 기저귀의 판매량이 증가할 때 맥주의 판매량도 증가하는 현상을 발견했습니다. 슈퍼마겟은 기저귀와 맥주를 나란해 배치했고, 판매량을 높일 수 있었습니다.

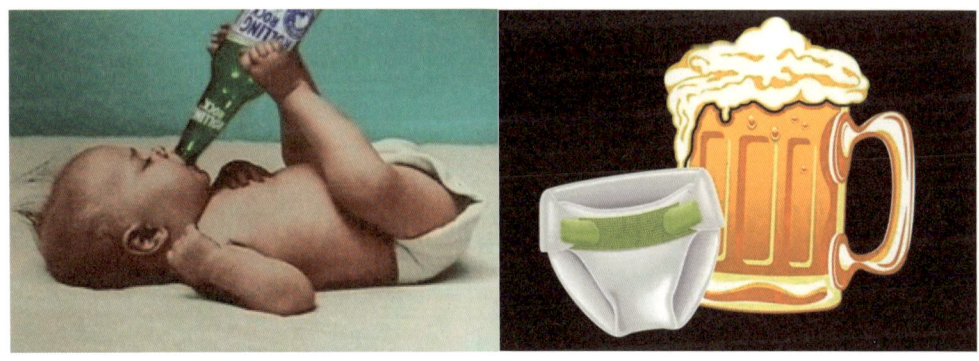

이에 대한 설명은 이렇습니다. 주말에 접어드는 금요일에 슈퍼에서 기저귀를 사다달라는 부탁을 받은 아빠들은 맥주 집에 갈 시간이 없습니다. 이에 집에서 맥주를 마시기 위해 기저귀와 함께 맥주도 사간다는 이야기 였습니다. 나름 설득력 있게 들립니다. 1998년 컴퓨터 회사 IBM은 빅데이터의 성공 스토리로 광고하기도 했습니다.

또 다른 유명한 이야기는 여고생의 임신 사실을 예측한 미국 유통업체 '타겟(Target)'의 이야기입니다.

어느 날 타겟의 매니저는 남성 고객의 항의를 받습니다. 여고생인 자신의 딸에게 유아용품 할인 쿠폰을 보냈다는 것입니다. 자신의 딸에게 임신할 것을 권유하고 있다는 항의였습니다. 가까스로 진정시키고 돌려보냈습니다. 그리고 재차 사과하기 위해 전화를 했습니다. 그런데 그 고객으로부터 사과의 말을 받습니다. 그의 딸이 실제로 아이를 가졌다는 것이었습니다.

타겟의 마케팅 팀은 그의 딸이 타겟에서 평소에 사지 않던 미네랄 영양제를 구입하고, 향이 나는 로션에서 무향 로션으로 바꾸었다는 데이터를 기반으로 임신 사실을 예측했습니다.

현실에 적용되는 빅데이터의 흥미로운 사례들에 이끌려 데이터 분석을 공부하기 시작했습니다.

머신러닝 공부 하기

먼저, 대학에서 배웠던 통계적 지식을 바탕으로 R 언어로 통계적 머신러닝 모델을 공부하고, ggplot()으로 시각화 개념을 익혔습니다.

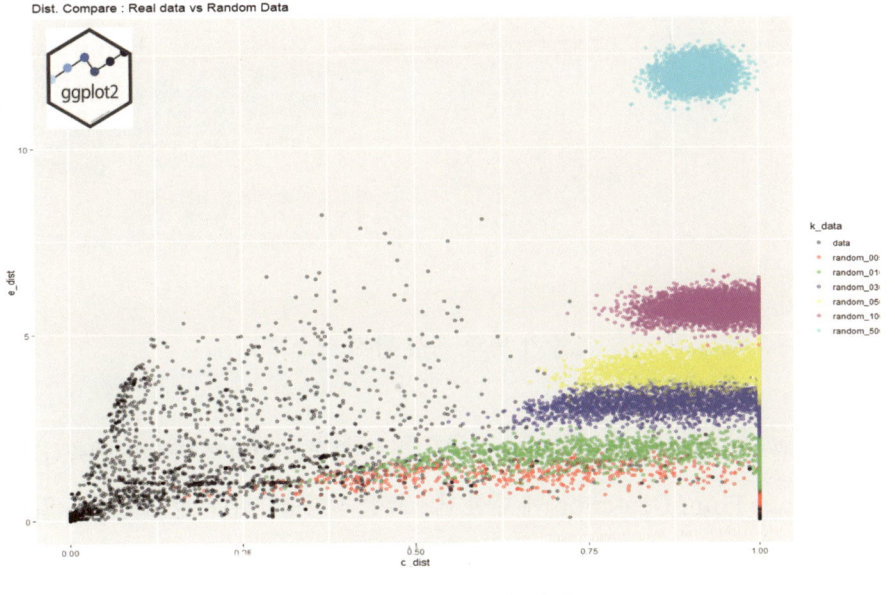

〈 R의 ggplot 시각화 예시 〉

다양한 유형의 데이터에 대한 전처리를 사례를 보고 데이터에 대한 접근법을 생각했습니다. 이와 함께 국내외 머신러닝 활용 사례를 살폈습니다. 머신러닝에 대해서 책을 통해 지식을 익히기는 했으나 항상 무엇인가 채워지지 않는 부분이 있었습니다. 현실에 사용할 수 있는 머신러닝 모델을 훈련하기에는 어딘지 부족했습니다. 이에 주변에서 활용을 할 방법을 찾기 시작했습니다.

초기에는 캐글(Kaggle)에 공개된 데이터를 사용하여 내가 선택하고 훈련시킨 모델 결과와 기존에 공개된 모델의 결과를 비교하였습니다. 활용에 대한 자신감이 생기면서는 직접 주제를 선정했습니다.

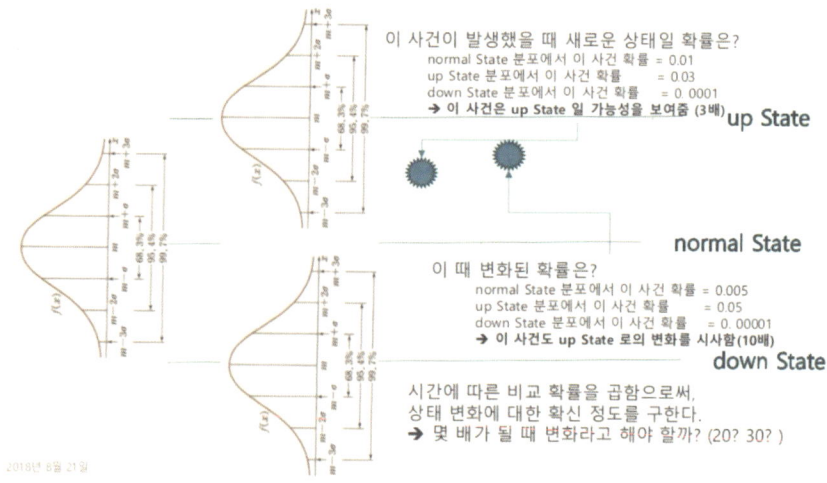

〈 주가 변화 시점 탐지 테스트 〉

주식 투자에 관심이 높았던 2010년대 초반에는 주식 가격을 상승과 하락을 예측하기 위한 변화 시점 탐지(Change Point Detection)에 대한 테스트를 진행했습니다. 분석 결과로 일부 성공적인 부분을 확인했으나 이를 직접 사용하지는 않았습니다.

머신 러닝 적용 어려움 – 극단의 왕국

✓ 정규분포로 설명할 수는 없는 분포 ➔ 극단의 왕국
- 무작위 1,000명 체중합 : 세계 최고 체중 1인 = 60kg *1000 : 300kg = 200:1
- 무작위 1,000명 재산합 : 세계 최고 재산가 = $1M : $50B = 1:50,000

✓ 푸줏간 주인은 1,000일 동안 먹이를 주어 기른 칠면조도 1001날 잡아먹을 수 있다
✓ BigData 기반의 금융공학은 취약 ➔ 금융계는 언제든 Flash Crash를 만날 수 있다.

주식투자에 대한 머신러닝 적용은 부정적입니다. '블랙 스완(Black Swan)'의 저자 나심 탈렙(Nassim Nicholas Taleb)의 의견에 공감하기 때문입니다.

그 후에도 웹 크롤링(crawling)으로 수집한 뉴스 기사의 호감과 비호감을 평가하는 감성 분석, 이미지 컨볼루션 신경망(CNN:Convolutional Neural Network)등을 시도하였습니다.

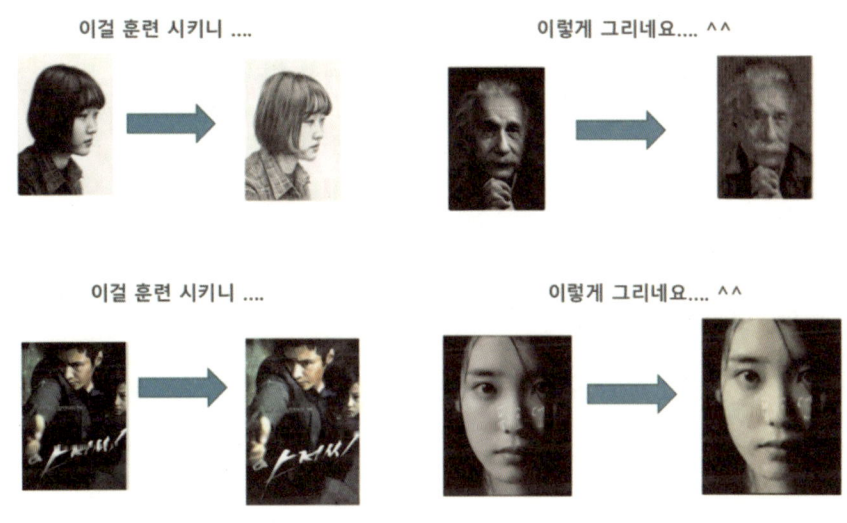

〈캐리커처생성 테스트〉

이후 실제 업무에 적용하는 프로젝트 기회를 얻었습니다. 머신러닝 프로젝트를 진행하면서 다양한 관점에서 머신러닝을 느끼게 되었습니다. 업무에 딥러닝 모델인 오토인코더(AutoEn-coder)를 적용하기도 했습니다. 적용 과정에서 크고 작은 문제가 있었습니다. 그리고, 해결 또는 피할 수 있는 방법을 찾았습니다. 기억을 되살려 당시의 경험을 이 책에 담고자 노력했습니다.

도구(Tool)에 익숙해지기

"만일 내게 나무를 벨 수 있는 6 시간이 있다면,
처음 4시간을 도끼를 가는 데 쓸것이다.
(If I had six hours to chop down a tree,
I'd spend the first four hours sharpening the axe.)"

링컨 대통령의 이 얘기는 작업의 효율성을 높여주는 도구의 중요함을 말하고 있습니다. 잘 갈려진 도끼는 한 그루의 나무를 베고 나서, 다음 나무를 베어내는 데에서도 효과를 발휘합니다.

머신러닝 작업에서도 도구 잘 활용하는 것은 중요합니다. 데이터를 다양하게 시각화하고, 모양(shape, dimension 등)을 바꿔가면서 탐색하는 것은 머신러닝의 방향성 결정에 중요한 역할을 합니다. 그 과정에서 사용하게 되는 머신러닝 도구(tool)는 탐색의 시간을 줄여주고, 데이터에 대한 이해를 돕습니다.

머신러닝 배웠으니 활용해 볼까요?

머신러닝 과정을 돕는 R, Python 등 오픈소스 툴과 판매되는 다양한 툴 중에서 적어도 한 가지는 편안하게 느껴질 정도로 익숙해져야 합니다.

시각화(Visualization), 피봇(Pivot), 그룹화(grouping), 합치기(merge) 등 데이터를 다양한 모습으로 살펴볼 수 있어야 합니다.

일리노이 주 스프링필드에 있는 "링컨 대통령 박물관 및 도서관(Lincoln Presidential Museum and Library)"에는 그가 사용한 마지막 도끼가 전시되어 있습니다.

〈 애브라함 링컨의 마지막 도끼 〉

링컨은 이 도끼로 남북전쟁을 승리로 이끈 그랜트의 병사들을 위해 나무를 베었습니다. 그런 다음 자신의 건강함을 과시하기 위해 한 손 엄지와 검지로 도끼를 자신의 몸과 수직이 되도록 똑바로 들었습니다.

4장 | 머신러닝 학습과정을 돌아보며 새로운 지식 익히기

영화 〈애이브러험 링컨:뱀파이어 헌터〉는 링컨의 도끼 사랑에 영화적 상상력을 입혔습니다. 젊은 시절 실제로 나무꾼 생활을 했던 링컨은 영화에서 낮에는 나무를, 밤에는 뱀파이어를 대상으로 사용하는 도구인 도끼를 익숙하게 다룰 수 있도록 연습에 연습을 거칩니다. 익숙해진 도구인 도끼로 '낮에는 대통령, 밤에는 헌터(President by day, Hunter by night)'로서 미국의 정의를 지킵니다.

새로운 것 시작하기

개성 넘치는 통찰로 시장을 분석하는 세계적 베스트셀러 작가, 강연가, 기업가인 '세스 고딘(Seth Godin)'은 그의 저서 '더 딥(The Dip)'에서 삶에서 승자가 되는 법에 대해 이야기합니다. 평범함으로는 선택을 받을 수 없는 시장에서 비범함을 갖추는 방법을 말합니다.

'딥(Dip)'은 어떤 일에 숙달될 때까지의 길고 지루한 과정입니다. '초보적인 기술'과 현실에 사용할 수 있는 '전문가적 기술' 사이의 간극입니다. 고딘은 이룰만한 가치가 있는 일에는 반드시 '딥'이라는 역경이 따르며 이는 극복할 때 비범함을 얻을 수 있습니다.

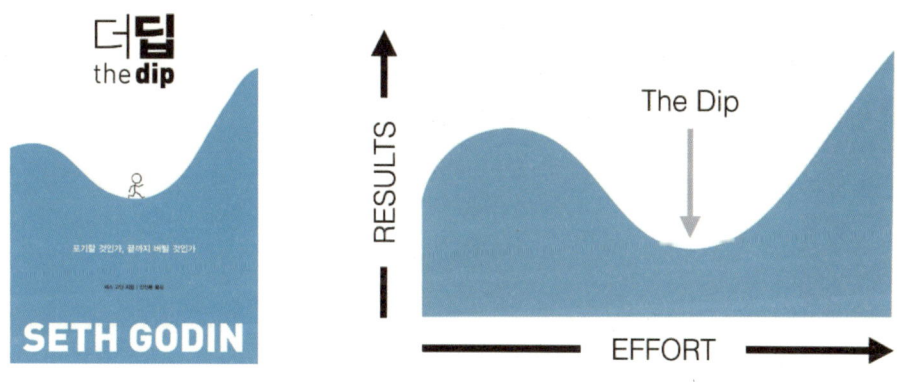

〈 세스 고딘의 더 딥(The Dip) 〉

자신의 사업을 시작하거나, 새로운 지식을 배우는 과정 등 일반적인 일에서도 딥을 만날 수 있습니다. 이를 극복하면 그 노력에 대한 결실을 맺을 수 있습니다. 그러나 많은 경우 딥을 극복하지 못하고 실패하는 것 같습니다.

고딘은 딥을 극복하지 못하고 실패하는 이유로 아래의 5가지를 얘기합니다.

1. 노력할 시간이 없다
2. 새로운 시도에 투입할 돈이 없다
3. 실패가 두렵다
4. 진심이 없다
5. 흥미가 없다

머신러닝 기술은 그 범위가 넓고 깊이도 있어서 배우고 익숙하게 되는 것은 쉽지 않은 일입니다. 쉽지 않지만 그만한 가치가 있는 일입니다. 배우는 과정에서 몇 번의 '딥(Dip)'을 만날 수도 있습니다. 어려움에도 버티고 견디어 딥을 극복하면 그에 대한 보답을 받을 수 있습니다.

미국 행동과학 연구소(NTL : National Training Laboratories)에서는 새로운 지식을 배울 때 방법에 따른 학습 효율성을 관찰하여 발표하였습니다.

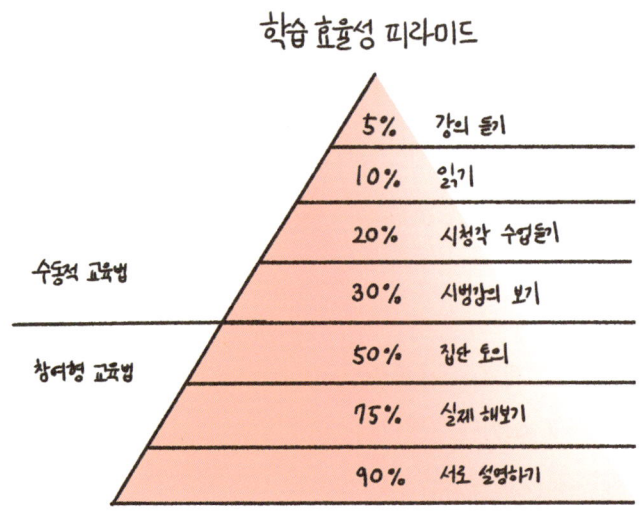

〈 학습 효율성 피라미드 〉

보고 듣는 방법으로도 배울 수 있지만, 가장 효과적인 것은 해보는 것(Practice)입니다. 그리고, 그 결과를 토론하고 가르침으로써 더 많이 배울 수 있습니다. 머신러닝도 다양하게 많은 시도를 해보시면 그만큼 더 배울 수 있습니다. 그리고, 그 배움을 나누시는 과정에서 다시 얻는 게 있습니다.

세스 고딘은 말합니다.
"비범할 수 있는 일을 선택하라. 그리고 끝장을 봐라"

머신러닝은 미래사회에서 비범해질 수 있는 일입니다. 머신러닝을 공부할 시간과 흥미가 있다면 다양한 사례를 읽고 따라 해 보시기를 권해 드립니다. 한 걸음 한 걸음 진심을 담아 노력하면 어느새 '딥(Dip)'을 넘어선 자신을 만날 수 있습니다.

노력을 이기는 재능은 없고, 노력을 외면하는 결과도 없습니다.
꾸준한 노력은 사람을 발전시킵니다.

모든 것은 힘쓰는 데 달렸다. - 조선 최고의 독서왕 김득신

"글이 생긴 이래 상하 수천 년과 종횡(縱橫) 3만 리를 통틀어 독서에 부지런하고 뛰어난 이로는 백곡(김득신의 호)을 제일로 삼아야 할 것이다"
조선시대 실학자 다산 정약용이 김득신의 독서를 인정하고 '김백곡(김득신)의 독서를 변증한다'라는 글에 남긴 문구입니다.

김득신은 임진왜란 때 진주성 대첩을 이끈 김시민 장군의 손자로 백이전(佰夷傳)을 11만3천 번이나 읽은 것으로 전해지는 조선시대 독서왕이자 당대 최고의 시인입니다. 그는 어릴 때 뇌와 시력에 손상을 입히는 천연두를 앓아 당시 세상이 다 아는 바보에 가까운 둔재가 되어버렸습니다.

열 살에 글을 익히기 시작했으나 돌아서면 잊어버렸습니다. 그의 기억력에 대한 전해지는 일화도 많습니다.

하루는 말잡이 하인과 함께 어느 집을 지나치는 데 책 읽는 소리가 들렸습니다. 김득신이 가던 길을 멈추고 한참 듣고 있다가 하인에게 "익숙한 글인데 어떤 글인지 생각이 안 나는구나"라고 했습니다. 이에 하인이 "나리가 평생 매일 읽은 것으로 저도 알겠습니다"라 답했다 합니다. 김득신은 한참 후에야 자신이 죽자고 매일 같이 읽고 있는 '백이전'임을 기억해 냈습니다.

그러니 김득신은 정상적인 사람의 근처라도 따라가려 온 정성으로 책을 읽었습니다. 읽고, 읽고, 또 읽어서 10만 번까지 횟수를 세어가며 책을 읽었습니다.

〈 김득신이 읽은 책과 횟수 〉

4

그렇게 꾸준한 독서로 연마된 그의 재능은 59세의 늦은 나이에 문과에 급제하는 인간 승리를 만들었습니다. 그는 뛰어난 시와 문장으로 시대를 대표하는 시인으로 우뚝 섰습니다.

병으로 잃어버린 재능을 끝없는 노력으로 극복하여 당대의 시인이자 문장가로 인정받은 김득신은 미리 자신의 묘비명을 이렇게 지었습니다.

"재주가 다른 이에게 미치지 못하다고 스스로 한계 짓지 마라. 나처럼 어리석고 둔한 사람도 없었을 것이지만 나는 결국에는 이루었다. 모든 것은 힘쓰고 노력하는 데 달려 있다."

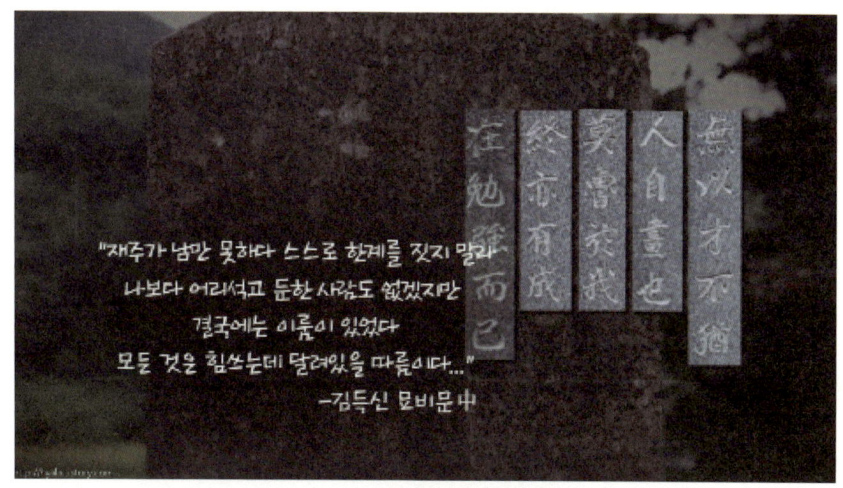

〈 김득신 묘비문 〉

김득신은 타고난 딥(Dip)을 꾸준한 노력으로 극복해낸 삶의 승리자입니다.

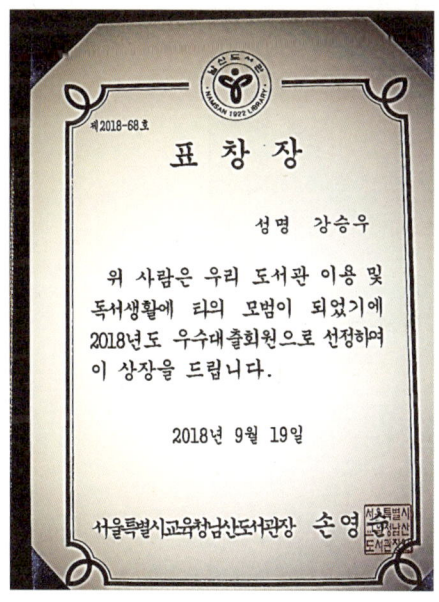

매주 책 가까이 다가가는 시간을 가지고 있습니다. 주말마다 가까운 서점이나 도서관을 다닙니다.
김득신 따라하기를 해봅니다.

머신러닝에 대한 전망

영화 '채피(Chappie)'는 스스로 학습하는 인공지능의 모습을 실감나게 그렸습니다. 채피는 인간이느끼는 감정도 느낄 수 있습니다. 인공지능 기술이 꿈꾸는 궁극적인 목표라 생각됩니다. 가능할런지도 확실하지 않은 미지의 세계입니다.

〈 영화 채피 〉

부족함은 있지만 현재의 머신 러닝 기술은 이미 다양한 분야에서 그 성과를 보이고 있습니다. 다양한 응용 기술을 만들어내며 그 적용 범위가 넓어질 것입니다.

미국 IT 연구 자문 회사인 가트너에서 발표한 2022년 전략 기술 동향에서는 향후 기술 동향을 세 그룹으로 나누어 전망하고 있습니다.

1. 공학적 신뢰 (Engineering Trust) 기술
2. 조직 변화 (Sculpting Change) 기술
3. 성장 가속(Accelerating Growth) 기술

그리고, 각 분야에서 4가지 세부 기술을 언급합니다. 12가지 세부기술에서 많은 부분이 인공지능과 머신러닝에 연관되어 있습니다. 생성형 AI(Generative AI), 자율 시스템(Autonomic Systems), 의사결정 지능(Decision Intelligence), 초자동화(Hyperautomation), AI 공학(AI Engineering), 데이터 패브릭(Data Fabric) 등 다양한 부분에서 머신러닝을 언급하고 있습니다.

기업 업무 담당자를 대상으로 한 조사에서도 70% 이상이 자신의 일에 AI 기술 사용을 원한다는 결과를 보였습니다.

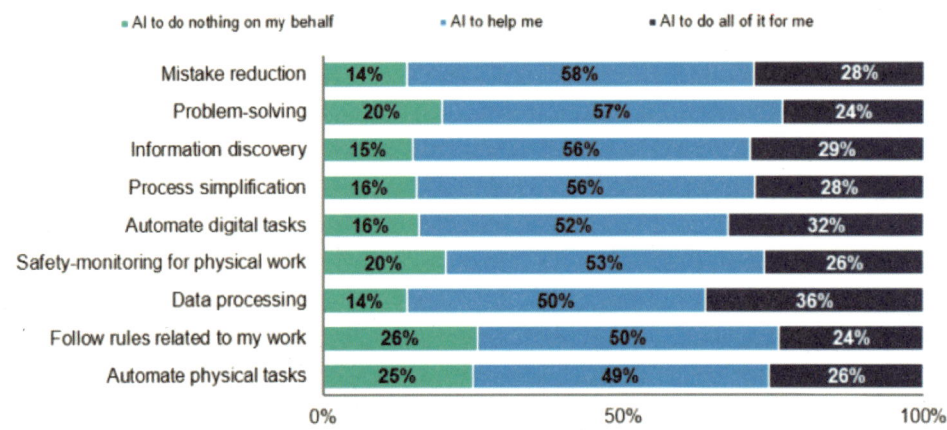

두번의 빙하기를 지난 머신러닝 기술은 이제 활짝 꽃 피우고 있습니다.

AI/머신러닝 기술은 새로운 미래를 열어 가고 있습니다.
AI/머신러닝 기술로 새로운 미래의 기회를 잡아 보세요.

참고자료

| 서문 |

Gartner Says Nearly Half of CIOs Are Planning to Deploy Artificial Intelligence

Why 85% of Machine Learning Projects Fail - How to Avoid This – IIoT World (iiot-world.com)

| 머신러닝이란 |

Arthur Samuel demonstrates how machine learning can be used to play checkers in 1962 - IBM Watson Media — Google Arts & Culture

기계 학습 - 위키백과, 우리 모두의 백과사전 (wikipedia.org)

https://machinelearningmastery.com/what-is-machine-learning/

| 데이터 - 머신이 배우는 경험. 수치화(Digitalization)으로 만든다. |

https://m.blog.naver.com/PostView.nhn?blogId=cjcityblog&logNo=221085979515&proxyReferer=https:%2F%2Fwww.google.com%2F

https://research.netflix.com/research-area/recommendations

http://news.kmib.co.kr/article/view.asp?arcid=0010439901

https://aboorvadevarajan.github.io/Parallel-Checkers-Game/

https://en.wikipedia.org/wiki/Expert_system

https://blog.naver.com/PostView.nhn?blogId=dsjang650628&logNo=221864626337

https://thenextweb.com/news/dall-e-2-shows-power-of-generative-deep-learning-but-raises-dispute-over-ai-practices

| 머신러닝 유형 – 지도학습, 비지도학습, 강화학습 |

https://medium.com/mlearning-ai/mnist-dataset-of-handwritten-digits-f8cf28edafe

https://yefengxia.medium.com/from-mnist-to-the-real-world-why-the-trained-cnn-model-not-works-701fac4b73d2 https://www.scientificamerican.com/article/mail-sorting-machines-are-crucial-for-the-us-postal-service/

AI 허브 (aihub.or.kr)

https://m.dongascience.com/news.php?idx=10919

딥마인드, 아타리 57개 모든 게임 '인간추월' 성과 (daum.net)

MuZero: Mastering Go, chess, shogi and Atari without rules (deepmind.com)

https://www.sciencedirect.com/science/article/abs/pii/S009784932100011X

| 머신러닝 유형별 수행 가능한 작업 |

https://starship-knowledge.com/supervised-vs-unsupervised-vs-reinforcement

Yann LeCun - Wikipedia

https://easychair.org/publications/preprint_open/bxd7

| 통계적 딥러닝과 머신러닝 |

https://towardsdatascience.com/everything-you-need-to-know-about-activation-functions-in-deep-learning-models-84ba9f82c253

https://excelsior-cjh.tistory.com/156

| 머신러닝 모델의 선택 |

https://www.thrillist.com/entertainment/nation/the-netflix-prize

https://towardsdatascience.com/model-parameters-and-hyperparameters-in-machine-learning-what-is-the-difference-702d30970f6)

| 머신러닝 모델의 평가 - 최적의 모델은 무엇인가 |

https://www.kaggle.com/code/janiobachmann/credit-fraud-dealing-with-imbalanced-datasets

| 데이터 전처리|

https://machinelearninghd.com/iris-dataset-uci-machine-learning-repository-project/

https://en.wikipedia.org/wiki/IMDb

https://wikidocs.net/24586

https://www.kaggle.com/c/bike-sharing-demand/data

| 핏봇(Pivot)-데이터 행과 열 구조 변경 |

https://m.blog.naver.com/mktmisumi/221736269422

| 머신러닝의 대상 선전 – 무엇을 목표로 훈련시킬까? |

https://www.weforum.org/agenda/2020/10/these-6-skills-cannot-be-replicated-by-artificial-intelligence/

https://bluediary8.tistory.com/90

https://www.robertparker.com/resources/vintage-chart

https://entrepreneurshandbook.co/how-an-economist-cracked-the-wine-business-by-predicting-prices-with-90-accuracy-3bc996456f80)

| 모델 유효선 테스트 |

https://en.wikipedia.org/wiki/MNIST_database

| 훈련데이터 전처리 방안 |

https://cryptosalamander.tistory.com/178

https://hleecaster.com/ml-normalization-concept/

| 대용량 데이터 처리 |

https://matteding.github.io/2019/04/25/sparse-matrices/

https://matteding.github.io/2019/04/25/sparse-matrices/

https://www.tensorflow.org/api_docs/python/tf/keras/Input

https://www.splunk.com/en_us/blog/platform/dashboard-studio-dashboard-customization-made-easy.html

| 드론 이미지 판정 및 폭 자동 계산 |

https://www.researchgate.net/figure/Drone-based-crack-detection_fig5_324365476

https://machinelearningmastery.com/how-to-configure-image-data-augmentation-when-training-deep-learning-neural-networks/)

| 이상 형태 판정 모델 훈련 |

https://arxiv.org/abs/2106.09708

https://arxiv.org/abs/2106.09708

https://www.cherryservers.com/blog/gpu-vs-cpu-what-are-the-key-differences

https://keras.io/api/callbacks/early_stopping/

https://www.techtarget.com/searchenterprisedesktop/definition/checkpoint

https://keras.io/api/callbacks/model_checkpoint/

| 균열의 길이와 폭 자동 계산|

https://journal.kgss.or.kr/articles/xml/xROg/

| 다중 균열의 분리 |

https://scikit-learn.org/stable/tutorial/machine_learning_map/

https://scikit-learn.org/stable/modules/clustering.html

https://www.researchgate.net/figure/An-Example-Illustrating-the-Density-Based-DBSCAN-Clustering-Method-Applied-to-SMLM-Data_fig4_342141592

https://scikit-learn.org/stable/modules/mixture.html

| 웹 방화벽(WAF - Web Application Firewall) 로그 클러스터링 |

https://www.cloudflare.com/ko-kr/learning/ddos/glossary/web-application-firewall-waf/

https://github.com/SpiderLabs/ModSecurity

| 잘못된 탐지(False Positive) 줄이기 - 기존 논문 확인 |

https://www.colibri.udelar.edu.uy/jspui/bitstream/20.500.12008/29282/1/BMP18.pdf

| 데이터 탐색 |

https://scikitlearn.org/stable/modules/generated/sklearn.neighbors.KNeighborsClassifier.html

https://www.loadbalancer.org/blog/how-to-train-your-waf/

| 군집화 머신러닝 훈련 |

https://towardsdatascience.com/a-gentle-introduction-to-hdbscan-and-density-based-clustering-5fd79329c1e8

https://hdbscan.readthedocs.io/en/latest/performance_and_scalability.html

https://en.wikipedia.org/wiki/Tf%E2%80%93idf

| 책등 분리하기 |

https://nanonets.com/blog/ocr-with-tesseract/

https://www.fin-ncloud.com/product/aiService/ocr

https://www.flickr.com/photos/ccacnorthlib/4774483371

https://commons.wikimedia.org/wiki/File:ISBN.JPG

https://nslib.sen.go.kr/nslib/html.do?menu_idx=33

https://towardsdatascience.com/deep-transfer-learning-for-imageclassificationf3c7e0ec1a14

https://viso.ai/deep-learning/deep-face-recognition/

https://www.ee.cuhk.edu.hk/~xgwang/DeepID.pdf

https://machinelearningmastery.com/introduction-to-deep-learning-for-face-recognition/

https://lilianweng.github.io/lil-log/2018/08/12/from-autoencoder-to-beta-vae.html

| AI는 객관적인가? |

https://www.abbreviations.com/term/1866892

https://towardsdatascience.com/real-life-examples-of-discriminating-artificial-intelligence-cae395a90070

https://www.theladders.com/career-advice/amazon-reportedly-scraps-ai-recruiting-toolbiased-against-women

https://qz.com/857122/an-algorithm-rejected-an-asian-mans-passport-photo-for-having-closed-eyes/

| 인공지능과 저작권 - 인공지능은 법적 권리를 가질 수 있을까? |

https://learningenglish.voanews.com/a/us-copyright-agency-rejects-registration-for-ai-created-image/6455887.html

Monkey does not own selfie copyright, appeals court rules - CNN

https://www.managingip.com/article/b1t0hfz2bytx44/exclusive-india-recognises-ai-as-co-author-of-copyrighted-artwork

| 잠재공간(Latent Space) |

https://bnmy6581.tistory.com/37

https://kawine.github.io/blog/nlp/2019/06/21/word-analogies.html

https://www.compthree.com/blog/autoencoder/

https://www.baeldung.com/cs/dl-latent-space

https://www.theparisreview.org/blog/2019/01/23/what-was-it-about-animorphs/

| 편향(Bias) |

https://ozanozbey.medium.com/how-not-to-sample-11579793dac

https://towardsdatascience.com/how-to-detect-bias-in-ai-872d04ce4efd

https://slideplayer.com/slide/4671021/

https://en.wikipedia.org/wiki/Survivorship_bias

https://en.wikipedia.org/wiki/James_C._Collins

http://www.yes24.com/

| 딥러닝의 3가지 미스터리 : Ensemble, Knowledge Distillation, Self-Distillation |

https://www.microsoft.com/en-us/research/blog/three-mysteries-in-deep-learning-ensemble-knowledge-distillation-and-self-distillation/

| 자체증류 |

차세대 증류기술, 분리벽형 증류탑이란? (chemidream.com)

Knowledge Distillation - Neural Network Distiller (intellabs.github.io)

https://thinkingispower.com/the-blind-men-and-the-elephant-is-perception-reality/

| 설명 가능한 AI (XAI – eXplainable AI) |

https://pyimagesearch.com/2020/03/09/grad-cam-visualize-class-activation-maps-with-keras-tensorflow-and-deep-learning/

https://www.darpa.mil/program/explainable-artificial-intelligence

Microsoft Word - 0127.docx (arxiv.org)

https://m.blog.naver.comPostView.naver?isHttpsRedirect=true&blogId=hyejung5050&logNo=220587842240

https://www.researchgate.net/figure/Types-and-methods-of-explainable-AI-XAI-techniques_fig1_336641970

| 딥러닝(Deep Learning)의 연결 |

https://medium.com/autonomous-agents/mathematical-foundation-for-activation-functions-in-artificial-neural-networks-a51c9dd7c089

https://medium.com/autonomous-agents/mathematical-foundation-for-activation-functions-in-artificial-neural-networks-a51c9dd7c089

https://qbi.uq.edu.au/brain-basics/memory/how-are-memories-formed

| 딥러닝의 연결 모양 |

https://iq.opengenus.org/purpose-of-different-layers-in-ml/

https://towardsdatascience.com/a-comprehensive-guide-to-convolutional-neural-networks-the-eli5-way-3bd2b1164a53

https://stats.stackexchange.com/questions/395018/why-does-each-convolution-layer-require-activation-function-and-weight-initializ

https://stats.stackexchange.com/questions/208936/what-is-translation-invariance-in-computer-vision-and-convolutional-neural-netwo

https://translate.google.co.kr/?hl=ko&sl=en&tl=ko&text=translation%20invariant&op=translate

https://www.analyticsvidhya.com/blog/2019/01/fundamentals-deep-learning-recurrent-neural-networks-scratch-python/

https://norman3.github.io/papers/docs/google_inception.html

https://stackoverflow.com/questions/54959929/concatenate-multiple-cnn-models-in-keras

https://d2l.ai/chapter_convolutional-modern/resnet.html

https://smcho.tistory.com/21

https://blog.naver.comPostView.naver?blogId=ptful&logNo=222312248208&categoryNo=43&parentCategoryNo=0

https://towardsdatascience.com/coding-neural-network-parameters-initialization-f7c2d770e874

https://towardsdatascience.com/parameter-counts-in-machine-learning-a312dc4753d0

https://www.hani.co.kr/arti/international/international_general/1017159.html

http://m.joseilbo.com/news/view.htm?newsid=441117#_enliple

https://www.hani.co.kr/arti/economy/marketing/1023248.html

https://syncedreview.com/2020/04/30/ai21-labs-asks-how-much-does-it-cost-to-train-nlp-models/

| 데이터 드리프트(Drift) - 어떻게 데이터가 변하니? |

https://www.vox.com/future-perfect/21355768/gpt-3-ai-openai-turing-test-language

https://i.ytimg.com/vi/93Xv8vJ2acI/maxresdefault.jpg

https://www.nabla.com/blog/gpt-3/

http://yeogienews.com/today/250280

https://nownews.seoul.co.kr/news/newsView.php?id=20190118601004

http://alonestar.egloos.com/5054260

https://www.edaily.co.kr/news/read?newsId=01863046628917392

| 데이터 드리프트(Drift) – 어떻게 데이터가 변하니? |

http://bc.kyobobook.co.kr/front/subscribe/detailCotents.ink?contents_no=6026&orderClick=7mo

https://towardsdatascience.com/getting-rich-quick-with-machine-learning-and-stock-market-predictions-696802da94fe

https://evidentlyai.com/blog/machine-learning-monitoring-data-and-concept-drift

https://www.analyticsvidhya.com/blog/2021/10/mlops-and-the-importance-of-data-drift-detection/

https://www.superiordatascience.com/frauddetectioncasestudy.html

https://www.iguazio.com/blog/concept-drift-and-the-impact-of-covid-19-on-data-science/

https://www.azquotes.com/quote/851504

| 머신러닝을 돌아보며 |

https://bigdatabigworld.wordpress.com/2014/11/25/beer-and-nappies/

https://filmanddigitalmedia.wordpress.com/2015/09/11/consumer-personalization-through-media-work/

| 도구(Tool)에 익숙해 지기 |

https://jazzerstenhdr.wordpress.com/2017/07/26/abraham-lincolns-last-axe/

| 새로운 것 시작하기 |

https://www.kyobobook.co.krproductdetailViewKor.laf?mallGb=KOR&ejkGb=KOR&barcode=9788990982384#N

http://www.jbnews.com/news/articleView.html?idxno=1338412

| 모든 것은 힘쓰는 데 달렸다. – 조선 최고의 독서왕 김득신 |

http://www.jbnews.com/news/articleView.html?idxno=1338412

https://m.blog.naver.com/PostView.naver?isHttpsRedirect=true&blogId=leesr2006&logNo=220715827183

| 머신러닝 공부 |

https://www.slideshare.net/ksw0710/change-point-detection

https://www.slideshare.net/ksw0710/ss-110855425

| 머신러닝에 대한 전망 |

https://movie.daum.net/moviedb/main?movieId=90020

https://www.gartner.com/en/information-technology/insights/top-technology-trends

https://venturebeat.com/2022/03/25/report-70-of-u-s-consumers-want-to-use-ai-for-their-jobs/

이 책이 만들어지기까지

책을 만든 사람들

책에 관한 회의

책의 방향에 대한 고민

책에 관한 생각

홍보

DBMS 모니터링 솔루션 이지스 무료 다운로드 바로가기
https://wedatalab.com/free-download/

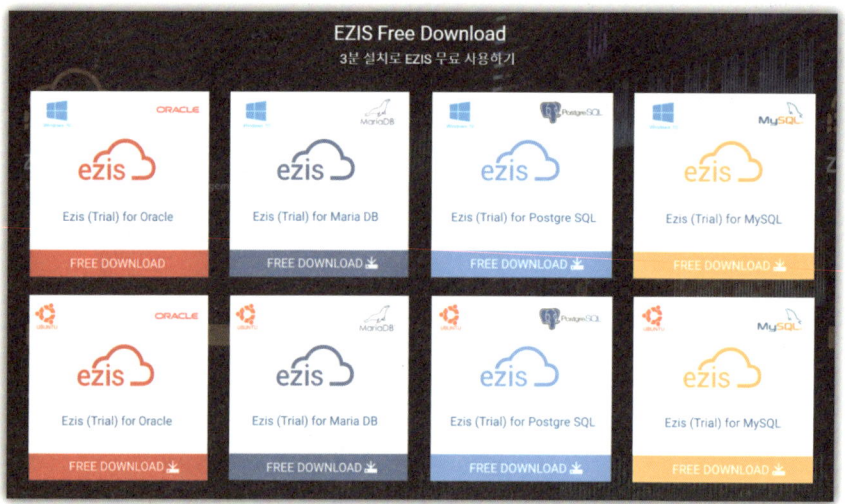

서울데이터과학연구회 인공지능 융합학교
https://cafe.naver.com/seouldsforum

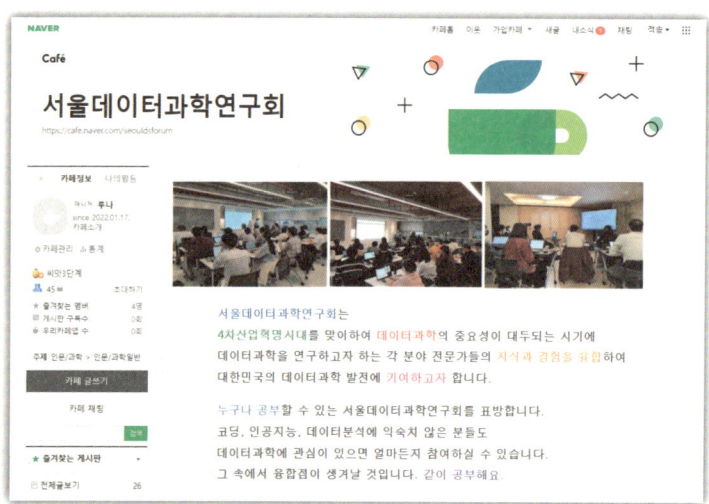